中国企业
知识产权评论

刘 建◎主 编　　王 璐◎副主编

第1卷

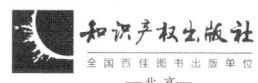

图书在版编目（CIP）数据

中国企业知识产权评论. 第1卷/刘建主编；王璐副主编. —北京：知识产权出版社，2024.6

ISBN 978 – 7 – 5130 – 9386 – 6

Ⅰ.①中… Ⅱ.①刘… ②王… Ⅲ.①企业—知识产权—研究—中国 Ⅳ.①D923.404

中国国家版本馆 CIP 数据核字（2024）第110678号

内容提要

本书基于企业知识产权管理人员的背景，分别从产业、企业、人才三个角度，聚焦企业在知识产权管理方面的案例、策略和实务经验。其中，从产业角度观察了医疗行业、新能源汽车领域、隐私计算领域的知识产权风险防范和企业合规的成功案例；从企业角度观察了知识产权管理体系构建、专利工作思路、标准必要专利培育、商业秘密管理、合规管理的实战策略；从人才角度观察了企业知识产权管理人员的气缸模型理论、核心能力分析以及心性管理的实务经验，可为我国企业知识产权从业人员提供从业指导和参考。

责任编辑：王玉茂　章鹿野	责任校对：王　岩
封面设计：杨杨工作室·张冀	责任印制：刘译文

中国企业知识产权评论（第1卷）

刘　建　主编　王　璐　副主编

出版发行：知识产权出版社有限责任公司	网　　址：http://www.ipph.cn
社　　址：北京市海淀区气象路50号院	邮　　编：100081
责编电话：010 – 82000860 转 8541	责编邮箱：wangyumao@cnipr.com
发行电话：010 – 82000860 转 8101/8102	发行传真：010 – 82000893/82005070/82000270
印　　刷：三河市国英印务有限公司	经　　销：新华书店、各大网上书店及相关专业书店
开　　本：720mm×1000mm　1/16	印　　张：19.5
版　　次：2024年6月第1版	印　　次：2024年6月第1次印刷
字　　数：292千字	定　　价：99.00元

ISBN 978 – 7 – 5130 – 9386 – 6

出版权专有　侵权必究

如有印装质量问题，本社负责调换。

编委会

主　编　刘　建
副主编　王　璐
编　委　柯晓鹏　程　钢　张晓煜　杨洁静
　　　　　　杜建光　郭振鹏　文旷瑜

知识产权的力量：
中国企业的创新征程与法治保障

在这个全球化的知识经济时代，知识产权已成为衡量国家竞争力的重要标尺，更是驱动企业持续创新、实现高质量发展的关键要素。《中国企业知识产权评论（第1卷）》的付梓，恰逢其时，它不仅是中国企业知识产权实践与理论研究的宝贵集成，更是对未来发展方向的深刻洞察与前瞻思考。作为长期致力于知识产权研究与教学的学者，我深感荣幸能够为此书撰写序言，与诸位分享一些思考，共同见证并参与这一历史进程。

自改革开放以来，中国经历了由"世界工厂"向"创新大国"的历史性转变。知识产权制度作为激励创新、保护创新成果的法律基石，其重要性日益凸显。本书的编纂，正是基于对中国企业知识产权实践的全面审视，力求揭示在这一转型过程中，企业如何利用知识产权战略提升核心竞争力，如何在全球市场中维护自身权益，以及如何通过制度创新应对新经济形态下的挑战。

回望过去几十年，中国知识产权制度从无到有，从有到优，经历了从被动适应国际规则到主动参与规则制定的华丽转身。本书通过多位资深企业知识产权负责人对各创新行业所遇到的典型案例的剖析，展现了中国企业如何熟练运用知识产权规则，从模仿者成长为创新者，从国内市场走向世界舞台，提炼经验，总结教训，为中国企业乃至全球同行提供镜鉴。

在数字经济、人工智能、生物科技等新兴领域快速发展的今天，知识产权保护面临前所未有的复杂性与挑战性。本书深入探讨了新技术、新业态下的知识产权保护难题，如数据安全合规、知识产权诉讼、标准必要专利、知识产权人才梯队建设等重要问题，并提出了可行的解决方案建议。通过大量丰富且有价值的实践总结，提出一系列具有前瞻性和可操作性的方法和干货，为企业在创新赛道上的全球竞争提供了宝贵的法律与战略指导。

面向未来，中国已明确提出建设知识产权强国的目标。在此背景下，本书展望了中国知识产权制度在产业落地的发展蓝图，强调了加强国际布局、优化创新生态、提升管理水平的重要性。书中不仅提出了强化知识产权保护力度、完善知识产权保护体系的路径，而且着重讨论了如何培养企业知识产权专业人才，构建支持企业创新的软环境，为实现知识产权强国梦奠定坚实基础。

作为研究者，我深知知识产权事业的推进离不开社会各界的共同努力。本书的出版，不仅是一次知识的汇集，更是一次智慧的碰撞与共享。我衷心希望，通过本书的传播，能够激发更多关于知识产权保护与运用的思考与实践，促进我国知识产权制度的不断完善，助力中国企业在全球竞争中立于不败之地，共同书写中国知识产权事业的辉煌篇章。

吴汉东
2024 年 6 月

前　言

知识产权是一个复杂的体系，其既根植于各国主权架构下的知识产权法律体系，有着丰富的知识产权理论体系予以支撑，又在社会活动、技术创新和商业发展的过程中，充分展现其生命力和价值。虽然对于现代中国而言，知识产权是一个"新的"制度体系，但是关于知识产权的相关研究，从引进开始，不断深入深化，逐步构建起百花齐放、百家争鸣的知识产权理论探索的蓬勃形态。涉及专利、商标、版权、商业秘密等诸多知识产权的专著亦汗牛充栋，研究成果丰富多样，为中国知识产权事业的发展，贡献了很大的智慧。

稍显遗憾的是，在浩如烟海的知识产权学术研究著作中，鲜少涉及知识产权制度的重要作用对象——企业的内容。这一现状的形成，有着很现实的因素：一方面，知识产权法学者往往身处高校和社科类研究机构，很少有实务届转入高校和研究机构的情形，对于知识产权实务知之甚少；另一方面，由于中国知识产权制度体系建立较晚，运行时间较短，虽然有着四十余年的发展，但是真正激发企业关注知识产权、投入资源发展知识产权的，则是在我国加入世界贸易组织（WTO）、开启外向型经济模式、受到美欧等发达国家知识产权环境影响之后。迄今为止，产业界关注知识产权的时间堪堪二十余年的历史。遗憾的是，在这短短的二十余年，企业知识产权实践中，职业经理人自然地把主要精力投注到企业知识产权实务中，虽然实践经验日益丰富，但是依然缺乏对知识产权的系统化和深入思考，也很少产出相关的文章和著作。这就导致了我国知识产权理论界冰火两重天的现状：学术圈热议频仍、专著频出，而实务界多对此视若无物，同时也缺乏系统化能力和相关的理性思考。

而突破这一困境、改善理论实践良性互动的关键，则在于企业知识产权经理人群体，需要基于其丰富的各类型知识产权实务经验，进行系统化思考、总结、归纳和提炼，形成具有建设意义的中国企业知识产权管理方法论，这对于尚显稚嫩、发展历史较短的中国知识产权而言，尤其具有现实意义。

基于此，作为汇聚了中国超过百位优秀企业知识产权经理人的组织，中国企业知识产权发展沙龙理当承担起推动中国企业知识产权实务体系理论化的重任，通过知英会、沙龙年会等形式，将各类企业知识产权经理人聚集在一起，头脑风暴、思维互换，激发企业知识产权经理人勤思考、善总结、勇提升的热情。与此同时，中国企业知识产权发展沙龙以提升企业知识产权管理水准、构建企业知识产权理论体系、促进创新与规范商业秩序为目标，基于中国经济发展形态、国际政经竞争合作的趋势，以企业知识产权实践的视角，组织编纂《中国企业知识产权评论》系列丛书。该丛书将遵循严肃的学术精神、多元的产业视角、系统的专业思维，在全国范围内征集、遴选涉及企业知识产权管理的相关文章，并进一步进行分类，予以结集出版。

《中国企业知识产权评论》基于各类型企业的知识产权实践，以解决企业发展过程里遇到的知识产权问题、推进企业知识产权管理水平提升为目标，包容并蓄、倡导多元化讨论，在实践提炼和思想碰撞中，不断促进中国企业知识产权管理水平的提升，进而帮助中国企业的创新能力、品牌力和全球化竞争力的提升。同时，借助《中国企业知识产权评论》这一载体，期待能够让知识产权理论与实务更好的融合，以理论指导实践、以实务丰富理论，互相促进各自发展，让融合了更多实践要素和现实价值的中国知识产权理论体系，成为世界知识产权理论研究的高地，让中国企业知识产权研究的成果，能够成为中国制定知识产权法律体系、政策的相关参考和依据，从而帮助知识产权法律制定更科学、更有生命力。

企业知识产权管理研究，内容繁杂而丰富，既涉及创新的诸多知识产权制度搭建（专利、技术秘密、软件等），又涉及商业秩序的知识产权要素集合（外观、商标、版权等），更有反不正当竞争、集成电路布图设计以及原产地标记等诸多知识产权考虑因素，叠加技术变革和全球商业环境变化，以及知识产权所承载的社会责任和人身权特性。这一切都使得企业知识产权的研究，既要考虑面上的广度，更要关注点上的深度，对研究者的学术素养和实践经验，都有着很高的要求。路虽远行则将至，希望《中国企业知识产权评论》系列丛书，能够成为企业知识产权管理研究的一束火苗，以抛砖引玉的决心和行动，开启中国企业知识产权管理研究的新篇章。

王海波

2024 年 6 月

目 录

产业观察

整车企业关于车联网数据安全合规的挑战与应对 ………… 董 克（003）
结合欧洲近十年专利诉讼现状看中国新能源汽车出海之挑战 …… 刘肖琛（016）
科技制造企业专利风险管理重难点分析 ………………… 徐 驰（037）
从医疗行业诉讼案例看企业研发过程管理与知识产权建设 …… 徐 涛（051）
浅谈隐私计算产业中企业专利布局策略构建 …………… 李 姝（064）

企业观察

企业消费类产品出海的知识产权与合规管理 …………… 龚春娟（083）
简析知识产权"三位一体"综合管理体系的构建可行性和价值
　　——以互联网云服务型企业为例 …………………… 杨 森（098）
知识产权与企业运营 ………… 邵景春，顾小勇，余黎飞，方 俍（111）
结合后端诉讼反馈探析企业商业秘密管理 ……………… 胡江海（140）
分案申请成就追踪式专利布局 ……………… 岳 强，韩 潇（154）
探索企业的开源合规之路 ……………………………… 王怀章（172）
企业标准专利培育与实现路径 ………………………… 马 骏（199）
探讨技术型初创企业基于技术图谱的专利工作思路 …… 杨 博（219）
小型企业与中型企业的知识产权管理差异 ……………… 陈天伟（231）

人才观察

气缸模型及其单项冠军
　　——以互联网云服务型企业为例 …………………… 岳　强（247）

企业知识产权管理人员核心能力分析 …………………… 李　阳（261）

浅述企业知识产权管理人员的工作能力与职责 …………… 桑　耀（275）

企业知识产权管理人员的心性管理
　　——赋予工作不一样的意义 …………………………… 陶　琴（289）

产业观察

整车企业关于车联网数据安全合规的挑战与应对

董 克

小米汽车科技有限公司专利负责人

一、引言

车联网（V2X）是指车载设备通过无线通信技术，将汽车和其他车辆或其他影响汽车通行的设备所进行的通信，并在车辆运行中提供不同的功能服务。车联网涵盖了车与车（V2V）之间、车与路（V2I）之间、车与人（V2P）之间、车与网络（V2N）之间等多场景的通信，将"人、车、路、云"等交通参与要素有机地联系在一起，具有低延时、高可靠的特点，是新能源汽车技术发展的核心代表技术之一。

一方面，车联网技术使得车辆能够获取丰富的感知信息，促进自动驾驶技术普及与智能座舱的交互应用；另一方面，车联网技术能通过构建智慧交通系统，不断提升交通的效率、降低事故的发生率。随着近些年新能源汽车的快速渗透，车联网的市场规模也在不断快速扩大。

整车企业如何有效地开展车联网数据的安全合规使用，近年来已成为政府和行业机构的重点监管对象。政府和行业机构均陆续出台了密集的政策和指导性文件，但是由于车联网技术涉及产业链条长、使用场景多、业务数据量大，且车联网数据涉及个人信息、车辆信息及地图信息等重要信息的收集，如果缺乏有效的监管而造成相关信息的非法使用或泄露，不仅会对用户造成伤害，而且会对国家安全造成严重危害。因此，如何保障车联网数据尤其最关键的地图和个人数据的安全和合规使用，是车联网技术发展过程中最为关注的话题。

笔者将从车联网数据的定义与分级、地图数据的重要性、个人隐私数据的保护等方面，通过相关的政策和规定的解读和分析，帮助引导企业尤其是整车企业对于车联网数据的安全合规使用。

二、什么是车联网数据？

车辆通过配备激光/毫米波雷达等多种传感器，在车辆的运行过程中或远程控制时，收集车辆的外部环境数据和驾驶员驾车习惯信息，车内座舱的车机娱乐系统也在收集用户个人信息，这些信息既包括车外的环境数据、地理坐标信息，又包括车辆的行驶信息、工作状态信息，还包括大量的用户个人隐私信息等，以上信息均属于车联网数据的范畴。

上述信息由于涉及的内容不同，因而导致包含这些信息的数据一旦泄密造成的影响也不尽相同。为了更好地定义和分类这些相关信息，工业和信息化部在2020年发布了通信行业标准《车联网信息服务 数据安全技术要求》（YD/T 3751—2020），对车联网信息服务数据实施六类三级管理，即将数据分为基础属性数据、车辆工况数据、环境感知数据、车控类数据、应用服务类数据与用户个人信息六类，并按照数据敏感性和影响性，进一步分为一般数据、重要数据和敏感数据三个级别。

为了进一步明确车联网数据的种类，按照数据涉及的主体，从个人、车辆及环境三个维度进行梳理和归纳，如表1所示。

表1 车联网数据分类

序号	涉及主体	数据类型
1	环境数据	环境数据、天气数据/气象数据（交通气象数据、气象灾害数据）、高精地图数据、道路数据（道路路面感知数据、道路类型、道路路况、拥堵情况、道路湿滑/积水数据、针对电动汽车获取的充电桩等设备相关的数据等）及车辆感知的外界运行环境数据
2	车辆数据	①硬件基础数据：车辆使用情况（硬件损耗类）、主机运行有关的硬件数据[车辆识别码（VIN）、设备配置及运行情况、车车通信内容、维保记录、位置信息等]； ②车况数据：例如动力系统、底盘系统、车身系统、舒适系统、电子电器等相关的运行状态、系统工作参数，以及整车控制器等相关的工况数据； ③车控数据：例如车辆驾驶指令数据、智能决策车控类数据、车辆远程操控类数据等
3	用户数据	①身份信息：车主、驾驶人、乘车人、车外人员等（包括声音、指纹或图像等）的身份信息，生理健康信息等； ②驾驶习惯信息：与驾驶相关的信息，例如驾驶习惯、驾驶状态、常用位置及收藏位置等相关信息； ③应用服务信息：与车载终端（车机屏、车上娱乐等）收集的数据、车载终端系统及应用收集的数据、车机联网App收集的数据等、驾驶及行车安全服务类信息（智能辅助驾驶相关服务场景下）、生活服务类信息（广播服务、消息推送服务）及移动终端使用信息

在车联网数据重要性的等级划分上，根据泄露可能造成的影响范围与严重程度，将车联网数据按敏感性划分为一般数据、重要数据和敏感数据三级，如表2所示。

表2 车联网数据分级

序号	数据等级	影响等级	数据类型
1	一般数据	造成一定影响，但影响范围与程度有限，不会对财产和人身安全构成危害	①车辆的车牌号、品牌、型号等一般信息； ②车辆一定时间内的平均行驶速度、年行驶里程等； ③道路路况一般信息、拥堵信息等； ④车联网信息服务的天气预报推送数据； ⑤与车载娱乐系统使用相关的记录行为数据

续表

序号	数据等级	影响等级	数据类型
2	重要数据	造成较大影响，在一定范围内影响经济效益或造成财产损失，或会对人身和财产安全造成较大影响	①车辆的车架号、发动机号、标识等数据； ②车辆在特定时间、特定路线内的车辆停车次数或制动次数等； ③车辆的物理位置、行驶速度、前进方向、变道信息等数据信息； ④车辆远程开关门锁、远程开关空调、远程启动或制动等相关指令； ⑤智能辅助驾驶中的提示信息； ⑥与汽车驾驶行为密切相关的车辆行为数据
3	敏感数据	企业利益密切相关，或直接关系到用户的个人隐私，这些数据一旦未经授权泄露、丢失、滥用、篡改或销毁，会造成严重后果	①与车辆设计相关的核心数据； ②身份鉴权信息； ③车联网平台网络及系统运行状态信息、运行维护日志等信息； ④一定时间段内的出行路线、位置、时间、停车信息等，或驾驶员的身体健康状况等数据； ⑤车辆远程操控相关的指令； ⑥车辆远程监控数据及可分析出的车主某些个人喜好、行为习惯类数据。

另外，由中央网络安全和信息化委员会办公室、国家发展和改革委员会、工业和信息化部、公安部和交通运输部联合发文，于2021年10月1日实施的《汽车数据安全管理若干规定（试行）》（以下简称《规定》），对智能汽车收集数据的范围和边界作出了进一步的规定，旨在规范汽车相关数据的处理活动，保护个人、组织合法权益，维护国家和公共利益，促进汽车相关数据行业的合理开发利用，适用于汽车领域各个环节的经营者，明确区分了个人信息、敏感个人信息和重要数据，并在该规定第3条第6款规定："重要数据是指一旦遭到篡改、破坏、泄露或者非法获取、非法利用，可能危害国家安全、公共利益或者个人、组织合法权益的数据，包括：（一）军事管理区、国防科工单位以及县级以上党政机关等重要敏感区域的地理信息、人员流量、车辆流量等数据；（二）车辆流量、物流等反映经济运行情况的数据；（三）汽车充电网的运行数据；（四）包含人脸信息、车牌信息等的车外视频、图像数据；（五）涉及个人信息主

体超过 10 万人的个人信息；（六）国家网信部门和国务院发展改革、工业和信息化、公安、交通运输等有关部门确定的其他可能危害国家安全、公共利益或者个人、组织合法权益的数据。"

通过上述标准和规定，根据数据内容、应用价值及泄密影响程度等维度，初步实现了对于烦琐的车联网数据的基本分级和分类，为实现更加有效的数据管理和密级管理提供了基础。

一方面，从政府监管角度来看，数据分类和分级为政府部门出台更加详细的政策提供技术支撑，监管部门可对不同级别的数据分别采取不同授权和责任模式的数据处理规则，使数据监管更加高效，更严格地保护高价值和高安全要求的数据，避免因数据价值低估，导致不确定的风险。

另一方面，从企业管理角度来看，数据分级不但可以指导企业明确数据的安全防护等级，使企业减少因盲目开展所有数据安全防护工作的成本和防止巨额的浪费，而且可以向企业明确关键数据的等级，指导企业在数据防护工作中，做到有针对性的重点防范。

从产业发展角度和企业自身来看，行业同样也需要一个统一明确的分类标准来区分不同的业务场景和类型数据，从而降低行业数据交流和共享的难度及成本，也有助于行业构建统一的数据应用及安全防护体系，推动车联网技术的快速普及和发展。

三、地图数据为何被重点关注？

从《规定》中对于重要数据的描述可以看出，其中大部分是涉及地图的测绘数据或关系到国家安全及公共利益的数据，这也说明了地理信息类数据的重要性。

为何地图数据在车联网领域被重点关注？随着自动驾驶技术的快速发展，精度和包含信息远高于常规导航地图的"高精度地图"也应运而生，其包含了更加详细的车道级数据、道路设备数据及实时的环境数据等，可有效弥补目前车辆传感器的性能边界，大大推动了自动驾驶技术的快速发展，同时涉及了更多地图信息数据的采集与分析。

由于高精度地图在自动驾驶技术的重要性，涉及自动驾驶技术研发的整车企业、科技企业和出行企业等，都不可避免地涉及地图信息的采集、传输、存储与使用，而高精度地图相较于常规地图又包含了更加详尽的地理信息，使其具备了国家秘密的属性，在我国关于高精度地图的测绘与使用问题上存在诸多的要求和限制，因此企业也会面临一系列数据合规问题和挑战。

首先，车辆对周边环境数据的采集属于《测绘法》❶意义上的"测绘"，而测绘行为在我国实行的是资质准入，测绘活动的开展应以拥有测绘资质证为前提，即开展地图测绘需要导航电子地图制作甲级测绘资质。

其次，测绘车辆上传的原始数据，被认定为构成国家秘密的可能性较大。根据《测绘地理信息管理工作国家秘密范围的规定》附件中的规定，"国家认定的地理信息保密处理技术算法及参数"属于机密级事项；"军事禁区以外平面精度优于（含）10米或地物高度相对量测精度优于（含）5%，且连续覆盖范围超过25平方千米的三维模型、点云、倾斜影像、实景影像、导航电子地图等实测成果"属于秘密级事项。

最后，关于数据的传输，不得通过互联网公共网络或未加密的有线或无线网络传输。而数据对外传输，尤其是向境外传输相关空间坐标、影像、点云及其属性信息等测绘地理信息数据，需要依法履行自查和对外提供信息的审批和审核程序，尤其是需要对接收方的合规能力进行评估。如果数据包含车外影像数据，包含人脸信息、车牌信息等的车外视频、图像数据等，向车外传输还需要采用匿名化处理方式。

基于高精度地图的测绘资质门槛和对于数据采集、存储和传输的诸多要求，高精度地图的测绘主要是由地图供应商完成，一般包括专业采集和众包采集两种方式，其中专业采集需要依赖于专业采集设备和专业采集人员，通过安装在车端的激光雷达、摄像头、轮速计、惯性测量单元（IMU）

---

❶ 为表述简洁，在不影响读者理解的情况下，本书中有关我国法律文本直接使用简称，其完整表述前面应有"中华人民共和国"。——编辑注

等装置，收集道路的信息，改装成本较高。同时，由于高精度地图精细程度高，动态要素丰富，需要庞大的采集车队进行不间断的外采工作，因此如何提高采集效率和降低成本，也是高精度地图的专业采集过程中重点关注的问题。

为降低高精度地图的采集成本和提高采集效率，众包采集方式应运而生，通过改装普通车辆使其具备采集的功能，并将这些数据进行分发上传。相较于专业采集，众包采集方式改装难度小，成本更低，并且利用众多车队更加灵活，道路信息更新效率更高。不论哪种采集方式，由于高精度地图数据对道路数据属性和粒度要求更细致，地图数据中包含诸多的信息，还要经历数据融合、数据处理等诸多环节，因此如何规范地采集数据，合规地进行数据传输和存储，便成为地图供应商最重要的挑战。

而对于高精度地图使用方的整车企业和自动驾驶企业来说，其认为只要与符合要求资质的地图供应商进行合作，在数据合规性方面就没有任何问题和风险。但是往往事与愿违，即使整车企业与符合要求的地图供应商合作，同样也会要求整车企业与自动驾驶企业的主体，在车辆自动驾驶测试过程和运行与服务过程中，也需要符合对于数据传输和存储、数据使用等各方面的要求。

为了进一步明确各类主体的责任，2022年8月，自然资源部印发《自然资源部关于促进智能网联汽车发展维护测绘地理信息安全的通知》（以下简称《通知》），进一步明确了高精度地图的测绘行为定义，即对智能网联汽车运行、服务和道路测试过程中产生的空间坐标、影像、点云及其属性信息等测绘地理信息数据进行收集、存储、传输和处理的活动。

因此，存在测绘行为的大多数为整车企业、服务商及部分智能驾驶软件提供商，而非获得自动驾驶功能的驾乘人员。各类车载传感器以及智能网联汽车的制造、集成、销售等行为也不属于法定的测绘活动。《通知》明确了测绘活动的主体范围，澄清了以往存在的一些误区，需要特别注意的是，关于整车企业的车辆道路测试，也是属于测绘行为的一种，这往往是整车企业容易忽略的。另外，测绘地理信息数据的传输行为本身也属于法定测绘活动,行为人均应当依法取得相应的测绘资质。这也就说,任何从事使用高精度地图开发自动驾驶技术的整车企业、服务商及智能驾驶软件提供商等,均应依法取得相应测绘资质,或委托有资质的单位开展相应测绘活动。

《通知》的发布,虽然给行业的众多参与者带来更多挑战和警示,但也给整车企业、服务商及智能驾驶软件提供商等的工作提供了更加明确的指引。

四、个人隐私如何保护?

由于车联网生态涉及出行、娱乐、交通管理、导航、车辆远程检测与控制等多种服务,因此整车企业和车联网服务商不可避免要涉及收集和利用诸多的个人用户数据,包括:①个人车内的活动数据,如车主和乘客信息(姓名、身份证、电话、头像和指纹等)、消费与生活习惯信息、用户部分生理数据(体温、心跳频率等)、车主和乘客图像及语音数据;②驾驶活动数据,如驾驶员驾车习惯、地理收藏位置、车辆静态信息(车牌号、车辆识别码等)、车辆动态信息(位置信息、行驶轨迹等)。而根据《个人信息保护法》规定,个人信息包括两大类:一类是信息本身能够识别出特定自然人,另一类是信息由特定自然人在其活动中所产生的信息,与其他信息结合能够识别出特定自然人。如果一条信息识别到特定自然人所需要结合的其他信息越多,那么其本身构成个人信息的可能性就越低,从而得到的法律保护也应该越弱。

对于车联网的个人数据的分级、采集和使用等场景,还存在不小的争议和挑战。

首先,在车联网数据分类分级指南制定之前,相关企业只能自行对数据进行分类分级。根据法律规定,要求企业识别出个人信息、敏感个人信息和重要数据。而车联网数据中存在大量关于车辆行驶过程中、驾驶者与乘客使用某些车联网应用时系统自动产生的数据,如何有效地识别这些数据中哪些是个人信息,哪些是非个人信息,这是不少企业在分级过程中面临的困境。

其次,根据我国个人信息保护原则,个人信息的收集需遵循"知情同意""最小必要""目的限定"三大原则。而处理敏感个人信息需要在具有特定的目的和充分的必要性,采取严格保护措施的情形下,且取得个人的单独同意。由于车联网技术属于新兴行业,管理还在不断的完善中,对于哪些数据可被采集、数据如何利用、是否可以分享给第三方等关键问题,还需要更多细化的监管政策和管理要求,因此应避免企业过度数据采集和滥用数据给个人隐私带来的风险。

最后,车联网服务具有场景复杂化和功能多元化的特点。存储和传输方案主要由整车厂商、车联网服务商等设计实现,由于数据的采集、传输、存储等环节没有统一的安全要求,车联网数据主要存储在智能网联汽车本身和云端的服务平台上,因此在数据内部传输或外部数据传输过程中,可能因访问控制不严、数据存储不当、黑客攻击等原因导致数据被窃,从而导致个人隐私信息泄露。❶

为进一步规范对于个人数据的采集和使用,解决上述争议和挑战,《规定》进一步限定了汽车各个环节的经营者,在境内设计、生产、销售、运维、管理汽车过程中,涉及收集、分析、存储、传输、查阅、利用、删除以及向境外提供个人信息或重要数据的,应该遵守以下四项原则或要求。

1. 遵守精度范围适用原则和默认不收集原则

第一,精度范围适用原则:根据所提供功能服务对数据精度的要求确定摄像头、雷达等的覆盖范围、分辨率。

第二,默认不收集原则:除非确有必要,否则每次驾驶时默认为不收集状态,驾驶人的同意授权只对本次驾驶有效。

---

❶ 刘裕,邬敏华,陈刚,等. 车联网数据安全监管制度研究报告-2022 [EB/OL]. [2022-10-20]. https://assets.kpmg/content/dam/kpmg/cn/pdf/zh/2022/03/data-security-regulations-internet-vehicles-2022.pdf.

2. 明确收集个人信息前的告知义务

第一，告知的途径：用户手册、车载显示面板或其他适当方式。

第二，告知信息处理责任人的联系方式必须有效。

第三，告知收集数据的具体类型。

第四，使得被收集人明晰收集的触发条件、停止方法、删除车内及车外个人信息的步骤等。

3. 明确收集敏感个人信息特定的目的和充分的必要性

第一，特定目的：以直接服务于驾驶人或者乘车人为目的，包括增强行车安全、辅助驾驶、导航、娱乐等。

第二，默认不收集且单次驾驶单次授权：默认为不收集，每次都应当征得驾驶人同意授权，驾驶结束（驾驶人离开驾驶席）后本次授权自动失效。

第三，告知方式：通过车内显示面板或语音等方式告知驾驶人和乘车人正在收集敏感个人信息。

第四，终止应主动且便利：驾驶人能够随时、方便地终止收集。

第五，允许查看查询：允许车主方便查看、结构化查询被收集的敏感个人信息。

第六，要求限时删除：驾驶人要求运营者删除时，运营者应当在两周内删除。

4. 车内处理原则和脱敏处理原则

对于车内处理原则，除非确有必要，否则不向车外提供数据。对于脱敏处理原则，要求汽车数据处理者对汽车数据尽可能进行匿名化、去标识化等处理。

脱敏处理原则可认为是对车内处理原则的补充，建议车辆和设备制造商、服务提供商和其他数据控制者处理数据时应尽可能不涉及个人数据或不将个人数据传输到车辆外部（即数据在车内处理），如为保证行车安全，无法征得个人同意采集到车外个人信息且向车外提供的，应当进行匿名化处理，包括删除含有能够识别自然人的画面，或者对画面中的人脸信息局部轮廓处理或车牌信息遮蔽等以保证用户对个人数据的完全控制。

通过《规定》的进一步限定和规范，整车企业在涉及个人数据和重要数据的采集和处理的场景中，有了进一步的指引和规范，对于涉及个人隐私数据的处理和使用问题，也更具有参考意义。

五、整车企业的挑战与应对

（一）法规和监管

车联网数据安全合规问题涉及数据类型多、数据敏感和重要程度高，导致车联网数据体系法规和监管还存在以下三类问题。

一是整个法规体系、标准体系的建立，虽然密集出台了一系列的政策和指导意见，能够针对行业一些困扰和空白进行及时的纠正，但是由于新能源汽车和车联网技术的快速发展和自动驾驶技术的快速迭代，新的挑战和问题不断涌现，因此政策总体还是相对滞后于产业的发展速度。

二是存在多头监管的问题，新能源汽车和车联网涉及的业务场景众多，涉及政府和行业机构的监管，从行业健康发展的角度出发，还需由主管部门牵头，尽快细化一些行业性的管理要求。

三是缺乏企业的实操指导和意见，虽然有宏观的指导意见，但是企业在具体的操作和落地过程中，遇到的挑战和困难是多种多样的，往往企业会陷入监管与企业实际业务需求的两难境地。

（二）数据的安全合规使用和存储

整车企业在涉及车联网数据的采集、存储、使用和处理等多个关键节点时，承担了更多数据控制者的角色，也就意味着需要承担更多的义务和责任，在面临诸多问题和不确定因素时，如何进行数据的安全合规使用和存储，对于整车企业显得尤为重要，建议整车企业从以下三个问题入手进行重点关注和做好相应措施。

1. 地图类数据

在国内测绘资质稀缺的大环境中,需要重点注意地图数据的合规问题,建议整车企业从以下三个方面入手。

第一,明确与地图供应商的责任边界,由地图供应商负责与测绘相关的数据处理活动,并且需要在数据处理的全生命周期做好风险的隔离。另外,由于测绘成果本身涉密,较难由相关整车企业所接触,因此企业需要对不涉密的合作成果归属进行明确约定并提供技术保障。

第二,注意测试车辆数据传输和存储的合规性,按照有关法律法规,涉密数据不能通过互联网及其他公共信息网络或者未采取保密措施的有线和无线通信中传输,仍需要人工传输数据。数据传输后,数据存储方式也多为保密数据机房断网储存。企业需要特别注意测试车辆和自动驾驶技术开发过程中的数据合规传输和存储,建议企业建立专门的保密机构、人员和制度,测绘成果保管单位应当建立健全测绘成果资料的保管制度,配备必要的设施,确保测绘成果资料的安全。

第三,测绘数据跨境传输需要测绘资质和相关审查流程,相关企业存在跨境传输行为或计划实施的,对所涉测绘地理信息数据的性质及重要性进行初步判断,判断其是否可以出境,并应当根据相关法律法规的规定,履行必要的审批、报备或评估手续。

2. 多样化采集和处理

整车企业涉及个人数据和重要数据的采集和处理的场景具有多样化的特点,包括:①整车企业利用采集的个人驾驶数据,开发或使用与自动驾驶相关的机器学习算法,进行算法优化、自动化决策等;②整车企业基于驾驶员的网络浏览历史、兴趣爱好、消费记录和驾驶习惯等个人信息,向该个人信息主体展示信息内容、提供商品或服务等活动。企业在以上过程中,需重点关注以下两个方面。

第一,使用个人信息不应超出与收集个人信息时所声称的目的,如果因为业务需要,确需超出上述范围使用个人信息的,需再次征得个人信息主体明示同意,并且对个人信息的处理应遵循收集个人信息时获得的授权同意范围。

第二，当涉及使用生物特征识别信息的，应遵循相关标准的要求，例如：①进行算法精度优化。彻底去除与数据主体的关联，充分评估安全风险，并在使用完及时删除；②应当使用可更新、可撤销、具有不可逆性的生物特征识别比对信息进行身份识别，涉及通过可视化界面展示个人信息的，企业应对需展示的个人信息采取去标识化处理等措施，降低个人信息在展示环节的泄露风险。

3. 流程与体系建设

整车企业应重视内部数据管理流程和规范体系的建设，密切关注相关标准和法规的制定与发布，并按照相应的要求在企业内部进行合规管理的落地。在企业内部建立数据治理的标准与流程，包括数据的分类分级制度、漏洞管理制度、安全审计标准等，并且做好信息化系统的建设，将数据的各个环节做成一个安全闭环。通过建立针对各类信息泄露的应急预案和上报机制，指定专门机构或者人员负责运行维护、安全保密管理和安全审计，建立涉密人员管理制度等一系列措施，提高企业的危机应对能力。

六、结语

智能网联汽车本身就是一个新生事物，车联网数据仍然存在一系列法规、体系、监管等诸多待改进的地方，而整车企业也经常会陷入监管与实际业务需求的两难境地，因此，除了需要企业积极应对，还需要政府和行业机构尽快从多个不同的维度，协同推动车联网数据安全和合规的使用。任何事物的发展都不是一蹴而就的，汽车行业有数据安全法规及其细则在逐步实施，行业监管的联动与统筹在逐渐加强，行业要求也在逐渐细化，只有通过政府、行业、企业多方的通力协作和联动，才能切实提高整车企业数据保密和合规意识，推动企业做好车联网数据的安全和合规工作，进而推动车联网技术的快速健康发展。

结合欧洲近十年专利诉讼现状看中国新能源汽车出海之挑战

刘肖琛

上海蔚来汽车有限公司全球知识产权负责人

一、欧洲能源政策为中国新能源汽车出海带来历史性机遇

21世纪以来,随着全球变暖进程的不断加速,降低碳排放和实现碳中和成为世界各国关注的重要议题。为了实现碳中和,欧盟提出至2035年实现新车零排放,这意味着2035年以后欧盟地区将禁止销售燃油车新车。❶同时,欧盟理事会在《欧洲绿色协定》(The European Green Deal)中强调,截至2025年,在欧洲道路上行驶的零排放及低排放车辆将达到1300万辆,由此产生100万个公共充电桩及加油站的需求,欧洲理事会将全力支持公共充电桩的部署,完善新能源汽车的配套公共设施。❷

---

❶ European Commission. Zero emission vehicles: first "Fit for 55" deal will end the sale of new CO2 emitting cars in Europe by 2035 [EB/OL]. (2022-10-28) [2023-06-20]. https://ec.europa.eu/commission/presscorner/detail/en/IP_22_6462.

❷ European Commission. The European green deal [EB/OL]. (2019-11-12) [2023-06-20]. https://eur-lex.europa.eu/legal-content/EN/TXT/?qid=1576150542719&uri=COM%3A2019%3A640%3AFIN.

欧洲各国为实现碳中和的目标而颁布的政策通常从燃油车禁售及新能源汽车补贴两个方面入手。欧盟对燃油车禁售期限的规定预计在2035年实施，欧盟各国的规定则主要在2030年前后实现燃油车禁售，较欧盟总体计划提早实现新车零排放，挪威更是提出于2025年实现燃油车禁售。❶ 在新能源汽车补贴方面，欧洲主要通过减免新能源汽车的相关税款、设置新能源汽车购车补贴实现。例如，英国将于2025年前免征纯电动车的消费税❷；挪威对纯电动车免征购置税、进口关税至2025年，免征增值税至2023年，并于之后以补贴代替免征增值税的方案。❸

随着节能减排不断向前推进，在燃油车禁售期限将近及新能源补贴政策的力度加持下，电动汽车在欧洲的普及率越来越高。根据国际能源署对于电动汽车[包括电池动力汽车（BEV）和插电式混合动力汽车（PHEV）]销量的统计数据，德国2021年度电动汽车的销量为69万辆，销售份额达到26%，较2020年增长12%；法国2021年电动汽车销量为31万辆，销售份额为19%，较2020年增长8%；挪威2021年电动汽车销量为14.8万辆，销售份额高达86%，较2020年增长11%。❹

欧洲的新能源补贴政策及碳中和的目标，为我国新能源汽车出海创造了良好的发展环境。纵观2017～2021年中国汽车企业的汽车出口数据，我国汽车出口总量由2017年仅出口89.1万辆上升至2021年共出口201.5万辆，增长1.26倍；新能源汽车出口量则由4437辆上升至31万辆，增长约69倍。❺

---

❶ Regjeringen. Norway is electric [EB/OL]. (2021-06-22) [2023-06-20]. https://www.regjeringen.no/en/topics/transport-and-communications/veg/faktaartikler-vei-og-ts/norway-is-electric/id2677481/.

❷ HM Treasury. Autumn finance bill 2022 published [EB/OL]. (2022-11-22) [2023-06-20]. https://www.gov.uk/government/news/autumn-finance-bill-2022-published.

❸ Regjeringen. Merverdiavgiftsfritaket for elbiler erstattes med en tilskuddsordning [EB/OL]. (2022-05-12) [2023-06-20]. https://www.regjeringen.no/no/aktuelt/merverdiavgiftsfritaket-for-elbiler-erstattes-med-en-tilskuddsordning/id2912423/.

❹ Internation Energy Agency. Global EV data explorer [EB/OL]. (2022-05-23) [2023-06-20]. https://www.iea.org/data-and-statistics/data-tools/global-ev-data-explorer.

❺ 中国汽车工业协会行业信息部. 2017年中国汽车工业运行报告 [EB/OL]. (2018-04-28) [2023-06-20]. http://lwzb.stats.gov.cn/pub/lwzb/gzdt/201804/t20180428_4865.html；中国汽车工业协会. 2021年中国汽车工业经济运行报告 [EB/OL]. (2022-05-11) [2023-06-2]. http://lwzb.stats.gov.cn/pub/lwzb/bztt/202205/W020220511403033109667.pdf.

由此可见，在汽车出口总量不断攀升的情况下，新能源汽车出口展现了非常强劲的发展势头。

反观欧洲市场，以英国为例，2021年全年汽车销量约为165万辆，其中新能源汽车销量约为74.9万辆，纯电动汽车销量为19万辆。❶英国计划于2030年全面禁售燃油车，于2035年禁售混合动力汽车，由此可能出现大量的新能源汽车和纯电动汽车的销量缺口。而这仅为英国一个国家的销量缺口，若综观整个欧洲市场，毫无疑问其将是巨大的潜在市场，而这将成为中国新能源汽车出海史无前例的机遇。

综上所述，无论是从欧洲的政策环境和市场需求，抑或是中国汽车行业发展需求来看，我国新能源汽车企业出海占据了天时、地利、人和，既是机遇，也是挑战。近年来，中国企业"走出去"的步伐持续加快，所遇到的知识产权纠纷也逐渐增多，很多企业因此遭受较大损失，甚至失去经过激烈竞争才获得的市场。面对日趋严峻的国际知识产权竞争形势，新能源汽车企业应提高知识产权意识，在进军海外市场之前认真评估将面临的知识产权风险，做好功课，尽早作出规划和安排。

二、欧洲主要国家近十年汽车行业的专利诉讼

随着汽车与能源、交通、信息通信等领域相关技术加速融合，整个汽车行业进入一个剧烈变化和进化的时期，知识产权成为智能网联汽车企业竞争的重要手段。欧洲的主要专利诉讼战场包括德国、英国、法国和荷兰。作为传统的工业强国，德国在科技创新领域上获得了巨大的成就，同时建立了非常强的知识产权保护体系，这使得德国成为欧洲涉及专利诉讼案件数量最多的司法管辖区。英国则是许多高关注度、高质量专利诉讼案件的发生地，例如无线星球国际有限公司和康文森无线许可有限公司起诉

---

❶ Cars Registration SMMT News. Covid stalls 2021 UK new car market but record EV sales show future direction [EB/OL]. (2022-01-06) [2023-06-20]. https://www.smmt.co.uk/2022/01/covid-stalls-2021-uk-new-car-market-but-record-ev-sales-show-future-direction/.

华为技术有限公司侵犯专利权案件、康文森无线许可有限公司起诉中兴通讯股份有限公司侵犯专利权案件等。法国作为欧盟一个重要的国家和市场，也有许多专利诉讼案件发生。荷兰市场虽然较小，但由于荷兰在商品进出口贸易中扮演着交通枢纽（主要港口）的重要角色，加之荷兰法院在行使管辖权和授予跨境禁令时一直非常宽容，使得荷兰成为欧洲另一个比较重要的专利诉讼多发地。

经检索分析，近十年来，在欧洲发生的汽车行业专利诉讼主要由标准必要专利权人和汽车零部件供应商发起。笔者通过介绍一些典型案例的方式，讨论分析标准必要专利诉讼及非标准必要专利诉讼的特点。

（一）标准必要专利诉讼

标准必要专利许可一直是传统通信领域的争议焦点，以往相关诉讼均见于标准必要专利持有人和手机厂商之间。随着汽车智能网联功能的普及，无线移动通信技术在自动驾驶等新技术领域扮演越来越重要的作用，标准必要专利相关争议也开始向汽车行业蔓延。

2016 年，全球性专利许可平台 Avanci 专利池成立，就其标准必要专利组合向汽车行业发放许可。截至 2022 年 11 月，专利池已聚集了 52 位专利权人。❶ 根据 Avanci 官网的介绍，专利池本身仅面向整车厂商收取许可费，对于搭载 4G（同时包括 2G、3G 和 eCall）的车辆按 20 美元每台的费率收费。❷

对于 Avanci 的许可模式，有些汽车企业通过"和平"的谈判方式达成许可协议，有些则与 Avanci 之间存在较大纠纷，经历诉讼后才最终达成协议。而从诉讼情况来看，专利权人青睐于在德国提起标准必要专利侵权诉讼，而几家德国地区法院最终也几乎全盘认可了专利权人的许可模式，对抗争的汽车厂商颁布禁令。

以某汽车公司为例，2019 年 3 月 20 日至 2019 年 12 月 21 日，Avanci

---

❶ 参见 https：//www. avanci. com/cn/marketplace/#li‐licensors.
❷ 参见 https：//www. avanci. com/cn/marketplace/#li‐pricing.

专利池中的部分专利权人在德国三大地区法院（曼海姆、杜塞尔多夫、慕尼黑）密集地发起了多件标准必要专利诉讼。尽管该汽车公司及其上游供应商积极准备反诉，在欧盟委员会、美国法院和德国法院对原告提出反垄断、确认公平、合理和无歧视（FRAND）原则费率等诉请❶，但是德国地区法院过快的侵权诉讼审理周期使得在部分重要反诉尚未有定论前，面临禁令压力的该汽车公司便不得不被迫和解。同样地，对于拒绝接受专利许可的福特汽车公司，Avanci 专利池中多个专利权人也是短时间内在美国和德国两地向其发起大规模的标准必要专利侵权诉讼。2022 年 5 月，德国慕尼黑地区法院在知识产权之桥一号有限责任公司与福特汽车公司的案件中向福特汽车公司颁发禁令，随后不到两周时间内，福特汽车公司就加入 Avanci 专利许可平台。❷

从标准必要专利诉讼来看，无论是传统的手机行业还是如今的汽车行业，专利权人都将德国作为重要的起诉地。为此，出海欧洲的智能网联汽车企业应引起足够重视，积极学习德国标准必要专利诉讼的司法裁判规则，并基于此设计符合 FRAND 原则的许可谈判策略。

（二）非标准必要专利诉讼

1. 非标准必要专利诉讼的特点

非标准必要专利诉讼的发起人主要是汽车行业的各级供应商，也有极少量的专利诉讼由汽车整车厂发起，这些专利诉讼的目标非常明确，就是竞争对手之间对市场的争夺。因此，原告的首要诉求通常是禁令，即禁止

---

❶ Continental Automotive Systems, Inc. v. Avanci, LLC, et al., Case No. 19 - cv - 2520 - LHK (Complaint); CHEE F Y. Continental, Valeo seek EU antitrust action against Nokia [EB/OL]. (2019 - 04 - 17) [2023 - 06 - 20]. https://www.reuters.com/article/us - eu - nokia - patents - idUSKCN1RT1XL; MUELLER F. Huawei, Nokia antitrust dispute over component - level licensing of automotive suppliers: dusseldorf complaint over standard - essential patent license withdrawn [EB/OL]. (2022 - 05 - 19) [2023 - 06 - 20]. https://www.fosspatents.com/2022/05/huawei - nokia - settle - antitrust - dispute.html.

❷ Avanci. Avanci announces patent license agreement with ford [EB/OL]. (2022 - 05 - 31) [2022 - 12 - 20]. https://www.avanci.com/2022/05/31/avanci - announces - patent - license - agreement - with - ford/.

或者妨碍被告的产品进入目标市场，诉讼赔偿额并非其核心诉求。

2. 案例详情

法雷奥集团（以下简称"法雷奥"）是一家总部位于法国的世界领先的汽车零部件供应商，为各大汽车整车厂提供一系列核心零部件。

笔者经检索发现，在 2011～2016 年，法雷奥在法国的法院先后针对 13 家中国汽车零配件供应商密集地发起 12 件专利侵权诉讼，法雷奥均获得胜诉判决，法院针对这些侵权产品颁发了禁令，并且判决被告承担侵权赔偿和合理支出，金额范围从 2 万欧元至 24 万欧元不等。

以其中一件诉讼为例，温岭市永杭汽车电器厂（以下简称"永杭公司"）为一家中国汽车零配件供应商，主要产品包括挡风玻璃雨刮、连接器和雨刮片包装，2013 年 10 月，永杭公司参加法国巴黎国际汽车零部件及装备展览会（EQUIP AUTO），在展会上提供其产品样品并派发了产品目录。法雷奥认为永杭公司提供的雨刮片连接器侵犯其专利权，申请于 2013 年 10 月 17 日查封永杭公司的展台，并于 2013 年 11 月 15 日以专利侵权及存在不正当竞争行为为由向法国巴黎大审法庭提起诉讼。

该案经过两审程序，二审法院最终认定，依据法雷奥提供的扣押侵权报告及比较文件等可见，永杭公司的被诉产品构成专利侵权，永杭公司在展会分发的产品目录上复制法雷奥产品及包装的特征元素，在公众心目中造成了与法雷奥的产品及包装相混淆的风险，构成不正当竞争。基于此，法院判决永杭公司向法雷奥支付 24 万欧元的赔偿金，4 万欧元的合理开支，没收涉案侵权产品，并禁止永杭公司进口、销售和在法国境内持有涉案侵权产品。

通过以上案例可以看出，在面临中国企业前来抢占本地市场时，欧洲本土的龙头企业会迅速发起反击，维护自己的市场和地位。如果中国企业没有事先做好充分的准备，在盲目"走出去"的时候，非常容易遭到致命打击，不仅需要赔偿损失，影响企业声誉，而且面临较长时间的禁令，这将对企业开拓新市场带来巨大的障碍。

三、欧洲主要国家近十年其他行业的专利诉讼

笔者介绍和分析了欧洲主要国家近十年汽车行业的专利诉讼情况，包括汽车行业中面对的标准必要专利诉讼与非标准必要专利诉讼。通过对具体案例的阐明，分析了汽车行业中存在的专利诉讼风险。笔者还将通过介绍和分析中国其他行业出海时面临的专利诉讼，探讨中国新能源汽车企业在"走出去"时还应该进行哪些准备和应对。

与新能源汽车行业的发展路径相类似，我国光伏行业亦具有起步晚、发展迅速的特点。我国光伏行业起步于2005年前后，在国家的大力扶持下发展突飞猛进，每年光伏新增装机容量大幅提升，自2013年的12.92GW增长至2017年的53.06GW，年均增速超过40%。❶ 经过这十几年的高速发展，我国已经成为全球光伏制造强国，并且积极地走向国外市场。

中国光伏企业的强势崛起，给其他国家的制造商带来了巨大的压力。自2012年以来，中国光伏企业不断遭受外国竞争对手的专利起诉，例如，2016年，美国照明科学集团公司于美国加利福尼亚州法院起诉深圳珈伟光伏照明股份有限公司及珈伟科技（美国）有限公司侵犯其专利权，并申请临时禁令，禁止侵权产品在美国境内销售；2018年，华为技术有限公司在德国曼海姆地区法院遭到Solar Edge技术公司起诉，后者认为华为技术有限公司侵犯其有关逆变器的专利权，并申请禁制令，要求华为技术有限公司召回其在德国市场流通的侵权产品。

这些诉讼中最引人注意的是中国光伏组件头部企业隆基绿能科技股份有限公司（以下简称"隆基公司"）与韩国光伏组件企业韩华思路信株式会社（以下简称"韩华公司"）之间的一系列专利侵权纠纷。2013年之后，韩华公司一直稳定处于全球光伏组件企业排名第4位或第5位，到

---

❶ 国家能源局. 2013年光伏发电统计数据［EB/OL］.（2014－04－28）［2023－06－20］. http：//www. nea. gov. cn/2014－04/28/c_133296165. htm；国家能源局. 2017年光伏发电新增装机5306万千瓦 居可再生能源之首［EB/OL］.（2018－01－24）［2023－06－20］. http：//www. nea. gov. cn/2018－01/24/c_136920159. htm.

2018年略有下滑，排名第6位。2018年，以隆基公司、晶科能源控股有限公司为代表的中国光伏企业进一步加大了海外市场扩张力度，而几乎与此同步，韩华公司在美国新建组件制造厂投入运营。面临来自中国光伏企业的竞争压力，韩华公司拿起了专利武器，在主要市场针对中国光伏企业提起专利侵权诉讼。

针对隆基公司，韩华公司于2019年先后向美国、澳大利亚和德国的法院起诉其专利侵权，并于2021年扩大诉讼规模，在法国的法院起诉其专利侵权，并向荷兰的法院提起针对隆基公司的简易跨境临时禁令申请，诉称隆基公司侵犯了其通过钝化技术提升太阳能电池性能的专利（美国专利US9893215B2，及其欧洲和澳大利亚的同族专利EP2220689A2、AU2008323025B2）。[1]

在美国专利战场，韩华公司于2019年3月在美国发起"337调查"和专利侵权诉讼，隆基公司快速做出反击，于2019年5月向美国专利商标局的专利审判和上诉委员会（Patent Trial and Appeal Board，PTAB）针对涉案专利的相关权利要求12~14提出双方复审程序。"337调查"经美国ITC初裁和终裁及有关法院的审理，最终认定隆基公司不存在违反1930年美国关税法第337条的行为。双方复审程序经PTAB的审理，认定涉案专利相关权利要求无效。基于此，2022年6月27日，该专利侵权诉讼因韩华公司主动撤诉而结案。

至此，隆基公司在美国专利战场获得了胜利。然而，隆基公司在欧洲的反击却并不顺利。

韩华公司于2019年3月在德国杜塞尔多夫地区法院发起专利侵权诉讼，隆基公司于2019年8月向欧洲专利局针对涉案专利提起异议程序。2020年10月21日，欧洲专利局（EPO）发布初步意见，初步认定相关专利的权利要求不具备新颖性和创造性，但是根据最新查询结果，欧洲专利局尚未作出正式的裁定。

---

[1] 隆基绿能科技股份有限公司董事会. 隆基绿能科技股份有限公司关于韩华起诉公司专利侵权的进展公告［EB/OL］.（2022-03-07）［2023-06-20］. http：//www.sse.com.cn/disclosure/listedinfo/announcement/c/new/2022-03-07/601012_20220307_2_mS2JX5Yi.pdf.

由于德国侵权诉讼程序进行较快,2020年6月,隆基公司就收到德国杜塞尔多夫地区法院的一审判决书,判决隆基公司侵犯韩华公司专利权,并且于2020年7月7日发出一审判决临时强制执行令。2020年7月14日,隆基公司向德国杜塞尔多夫高等地区法院提起上诉,由于2020年10月21日欧洲专利局发出了不利于原告韩华公司的初步意见,该德国上诉案件处于暂停审理阶段,以等待欧洲专利局的正式结果(由于德国裁判文书并不及时公开,该信息系基于隆基公司2022年3月7日发布的公告)。

2021年7月5日,韩华公司向荷兰鹿特丹地方法院提起针对隆基公司的简易跨境临时禁令申请。荷兰鹿特丹地方法院于2021年10月向隆基公司送达判决书,要求隆基公司在欧洲9国(包括比利时、保加利亚、德国、法国、列支敦士登、葡萄牙、西班牙、英国和瑞士)停止侵权行为,若违反禁令则需要向韩华公司支付每天2.5万欧元,最高不超过500万欧元的罚款。随后隆基公司立即向荷兰海牙上诉法院提起上诉,荷兰海牙上诉法院于2022年3月3日向隆基公司送达上诉判决,要求隆基公司停止在欧洲11国(增加了匈牙利和奥地利)的侵权行为,并召回涉诉产品。基于隆基公司在2022年3月7日发布的公告,隆基公司将继续向荷兰最高法院和欧洲法院提出上诉,目前该案没有进一步公开信息。

截至最新查询,隆基公司与韩华公司于澳大利亚和法国的专利侵权案件仍处于诉状答辩和证据调查阶段。

虽然隆基公司在多个相关公告中均声称在欧洲的不利诉讼对公司经营不构成实质性影响,但是由于荷兰和德国的禁令都是可强制执行的,在罚金的压力之下,隆基公司也必须在欧洲被禁的11国停止销售涉案侵权产品并做召回。这也可以从其公告中得到侧面印证,隆基公司提到其在宁夏回族自治区银川市等地工厂的14条生产线已完成升级改造,而所生产的相关产品是韩华公司曾确认与涉案专利无风险争议的产品。❶ 尽管隆基公司强调其涉案产品的方案与韩华公司涉案专利的方案并不相同,但在禁令的压

---

❶ 隆基绿能科技股份有限公司董事会. 隆基绿能科技股份有限公司关于韩华起诉公司专利侵权的进展公告 [EB/OL]. (2022-03-07) [2023-06-20]. http://www.sse.com.cn/disclosure/listedinfo/announcement/c/new/2022-03-07/601012_20220307_2_mS2JX5Yi.pdf.

力下，隆基公司还是针对涉案专利进行了规避设计，而进行产品规避设计以及生产线的升级改造，必然大大增加了生产制造成本。除了上升的生产制造成本，在多国发生的专利侵权诉讼，也使得隆基公司的产品销售处于不稳定的状态，给正在使用涉案产品以及考虑购买的潜在客户带来较多的顾虑，且这些侵权诉讼和并行提出的无效及异议程序，也需要隆基公司付出高额的律师费。

可见，在企业"走出去"参与国际竞争时，出现贸易摩擦是不可避免的，而在面临日益增加的海外专利诉讼时，如何做好预防和应对则是每个计划"走出去"的企业都必须思考的重大课题。

四、中国新能源汽车产业链面对海外风险的应对思考

党的二十大报告明确提出，要"着力提升产业链供应链韧性和安全水平"，而产业链供应链安全，是指在全球产业分工中，一国产业链供应链在受到外部冲击后仍能保持生产、分配、流通、消费各个环节畅通，维持产业链上下游各环节环环相扣，供应链前后端供给需求关联耦合、动态平衡的状态。❶

聚焦于新能源汽车产业，其具有产业链条长、覆盖面广的特点，新能源汽车产业的供应链安全不仅要保证供应链各环节的产品质量安全、物流安全，而且要保证知识产权安全。

中国新能源汽车企业在"走出去"的时候，一方面，必须将企业的关键核心技术牢牢掌握在自己手中，只有严格保护知识产权，才能有效保护企业自主研发的关键核心技术，实现产业瓶颈的突破，这需要企业在日常研发管理中高度重视知识产权保护，做好知识产权资源储备，打造强大的知识产权组合；另一方面，企业还要密切监控海外相关市场和竞争对手，

---

❶ 杜刑晔. 切实维护我国产业链供应链安全稳定［EB/OL］.（2022 - 08 - 23）［2023 - 06 - 20］. https：//baijiahao. baidu. com/s?id = 1742064006626648613&wfr = spider&for = pc.

掌握市场动向与专利状态，要做好风险预警和防范，必要时，更要合理利用法律手段，最大程度维护自身利益及减小风险。

（一）日常研发管理

1. 合同中知识产权条款的制定和完善

为了保护新能源汽车企业的无形财产，企业需要在各类合同中对知识产权的归属、使用、侵权责任、保密义务等进行合理的约定。企业法务人员在制定和审查合同的知识产权条款时，需要根据合同类型、合作目的、合作标的大小、知识产权类型、产生知识产权纠纷可能性等要素对合同知识产权条款设计的必要性和合理性进行审查，从而确定是否需要在该合同中设计相关的知识产权条款，以及如何完善相关的知识产权条款。

接下来，笔者以一件产品的生命周期中不同环节涉及的知识产权问题为例，解释说明应该如何在各类合同中制定这些知识产权条款。

第一，在产品研发环节，按照研发主体，可以分为三类：企业自主研发、合作开发及委托开发。关于企业自主研发，需要在员工与用人单位之间的劳动合同中制定知识产权条款，包括商业秘密条款、职务作品/职务发明创造权属及权益条款；在商业秘密条款中，应明确约定商业秘密的内容、保密义务、保密期限、赔偿等；在知识产权权属及权益条款中，应明确约定知识成果的归属、作品署名权、报酬及奖励等。在合作开发和委托开发的合同中，应当明确约定保密条款、知识产权权属条款、技术成果使用条款、侵权赔偿条款等。其中，知识产权权属条款尤为重要，如果没有约定，委托开发的技术成果专利申请权默认属于受托人，委托人对该专利仅享有免费实施的权利和同等条件下优先受让的权利；合作开发技术成果专利申请权则属于合作者共有，任一合作者不同意申请专利的，该专利就不能申请。因此，对于企业核心技术，需要明确约定技术成果专利权属于委托人，以保证竞争优势。以上知识产权权属的规定是基于国内相关法律法规进行讨论的，当企业有海外研发中心或者在海外与其他企业合作时，在签署员工劳动合同、合作开发和委托开发合同时，需要明确当地法律法规对于职务成果归属、合作成果归属的规定，避免出现因制定了无效条款而导致无法保障权益的情况出现。

第二，在产品生产环节，按照生产主体，可以分为企业自主生产、委托生产和承揽生产。其中比较重要的是，在委托和承揽生产合同中，应当约定保密条款、侵权责任承担条款、新技术权属条款等。通过保密条款规范双方交互的技术信息和商业信息，避免企业的核心技术被泄露。通过侵权责任承担条款，将产品生产过程中可能造成专利侵权的责任进行明确界定和责任分配。通过新技术权属条款，将在生产加工环节对产品或加工方法的改进而产生的技术创新成果通过专利或商业秘密的方式进行保护。

第三，在产品购销环节，主要分为商业秘密条款、知识产权保证和侵权责任承担条款等。商业秘密条款规范的是购销双方对知悉对方的商业秘密特别是商业信息应予以保密。知识产权保证和责任承担条款用于规定，产品提供方保证其提供的产品不侵犯他人的知识产权，并对可能出现的侵权情形进行责任承担。

2. 资源准备

新能源汽车企业在"走出去"之前，需要做好各方面的资源准备，包括形成自身强大的知识产权布局，提前遴选外部法律资源等。

以知识产权布局来说，应当根据企业的发展战略和风格，建立合适的知识产权储备，包括将日常研发设计中的知识产权成果通过专利、商业秘密、著作权、商标等合适方式保护起来。还需要根据企业实际的发展需求、市场发展前景以及竞争对手布局，通过知识产权许可和购买的方式加强和完善自身的布局，以实现对企业自身技术成果的保护，并对竞争对手实现技术围堵，在必要的情况下有进行反诉或者谈判的筹码。

外部法律资源对于中国新能源汽车企业走向海外格外重要。通过选择专业的律师事务所、法律服务机构等，一方面，可以帮助企业提前了解海外市场的相关政策法规、总体的诉讼风险，以及特殊的诉讼特点等，另一方面，还可以针对企业的产品提供具体详细的侵权风险分析，帮助企业提前预知风险并采取必要的措施减小风险。

（二）知识产权诉讼风险

1. 诉讼风险识别和应对方法

新能源汽车企业的海外知识产权风险防控主要包括风险评估和风险控制。风险评估是指根据企业研发、生产和销售等各环节评估知识产权风险发生的可能性以及风险一旦发生后可能带来的损失，具体包括总体行业风险、具体产品风险等。

总体行业风险评估可以通过收集待进入国家或地区的与该行业相关的整体知识产权诉讼案件的统计数据，评估总体的知识产权诉讼风险。通过统计分析，可以获取多维度参数信息，包括年度诉讼量分布、原被告类型分布、赔偿额、禁令授予率、诉讼权利类型（专利、商业秘密、著作权、商标等）分布及涉案技术领域分布等。通过统计年度诉讼量分布，可以获得该行业在该国家或地区的诉讼总体趋势，了解总体的风险程度。通过分析原被告类型分布，可以了解该行业在该国家或地区有哪些主体会比较积极地发起诉讼，以及哪些主体会更容易遭到打击，然后再结合企业本身的类型了解对应的风险程度及风险来源。通过分析涉案技术领域分布，可以了解该行业在该国家或地区发起的诉讼主要集中在哪些领域，再结合企业本身的经营类型和产品了解整体风险。

在对总体行业的风险有了清晰的认知后，还需要对企业的具体产品风险进行评估。首先，在产品研发的立项阶段，通过专利检索或分析等工具来明确行业现有技术的水平和发展，识别并规避潜在风险。其次，将相应的产品或技术拆解为多个技术方案，并结合行业专利分析和技术设计主体，将技术方案区分为公知技术、自研技术、供应商技术；对于自研技术和供应商技术，首先需要通过专利的自由实施（FTO）检索和分析评估是否有侵权风险，对于供应商技术还需要评估是否跟供应商签署了侵权责任保证和承担条款。最后，在产品设计阶段以及应用阶段，还需要关注产品设计是否发生了变化、是否有新的专利授权等，并重新评估风险，制订相应的策略规避和控制风险。

2. 德国专利诉讼制度

近十年来，德国因其独特的专利诉讼制度受到专利权人特别是标准必要专利持有人的青睐，成为全球专利诉讼热地，而德国的专利诉讼的判决结果在一定程度上也将直接影响争议双方的和解进程。对于计划出海，尤其是进入欧洲市场的汽车企业来说，熟悉德国专利诉讼制度及司法实践并针对性规划应对策略，非常有必要。

（1）专利权人热衷于在德国发起诉讼的原因

德国作为单一法域，在其境内发起的专利诉讼却能被专利权人作为解决全欧洲乃至全球许可纠纷的重要杠杆，主要有以下四个原因。

第一，德国作为欧洲和全球最重要的市场之一。在德国面临诉讼赔偿和禁令对于消费产品制造者的商业运营影响较深，很少有全球性企业愿意随意放弃德国市场。

第二，专利侵权程序和无效程序分案制度。不同于大多数欧洲国家，德国司法中专利侵权诉讼和专利无效诉讼由两套不同的体系来处理。德国的地区法院负责处理各自具有管辖权的专利侵权一审案件，而位于德国慕尼黑的德国联邦专利法院则对所有专利无效一审案件具有专属管辖权。由于一审侵权程序的审理周期通常快于无效程序，专利权人往往在其涉诉专利的稳定性尚未有司法定论时便能获得地区法院对其有利的侵权认定。

第三，侵权程序审理周期较快、诉讼支出费用较低。在大多数侵权案件中，德国的地区法院在12个月左右便可作出一审判决，德国曼海姆地区法院甚至只需7~8个月。德国侵权诉讼由于没有美国专利诉讼中的证据开示制度，且由法官全程审理而无须陪审团介入，因此在诉讼费用支出上对于原告较为划算，根据案件复杂程度，通常一件侵权诉讼的费用在6万~24万欧元。❶

第四，容易颁发临时/永久禁令且一审禁令能临时执行。不同于在美国 *eBay* 案中确立的对专利诉讼中被告颁发禁令须满足的苛刻要求，德国专

---

❶ HARGUTH A, CARLSON S. Patents in Germany and Europe. Procurement, enforcement and defense: an international handbook [M]. Alphen aan den Rijn: Kluuer Law International, 2017.

利诉讼传统上遵循"一旦侵权，原则上颁发禁令"的自动禁令原则。尽管德国专利法在 2021 年修改时对颁发禁令提出新的要求，引入比例原则，即当颁发禁令会给被告造成不合比例的困难时，法院可以自由裁量是否还需颁发禁令，❶ 但从该法修改后的司法实践来看，法院仍采取自动禁令原则。对专利权人有利的是，当一审禁令颁发后，尽管因被告上诉尚未生效，原告在缴纳担保金后仍可以临时执行该禁令。此外，德国还有独立的临时禁令程序，针对展会等特定场景下发生的专利侵权情形，能通过加速程序来获取禁令。在司法实践中，德国颁发临时禁令的概率远高于其他施行临时禁令/行为保全制度的国家。

（2）德国专利侵权诉讼程序特点

第一，关于管辖。

根据德国民事诉讼法第 12 条和第 32 条的有关规定，专利侵权诉讼案件地域管辖的连接点可以是被告住所地或侵权发生地。其中侵权发生地可以包括侵权产品制造地、许诺销售地或者市场投放地等。对于许诺销售行为，其管辖连接点不仅可以是要约作出地，而且可以是要约接受地。因此，对于侵权者在其网站上的许诺销售侵权产品的行为，理论上德国的地区法院有管辖资格。这给了专利权人挑选法院的策略性机会，专利权人只需在其中意的地区法院辖区内完成一次测试购买便可建立相应管辖。

德国较为宽泛的侵权发生地管辖规则，还体现在有些情形下尽管侵权行为尚未发生在德国境内时依然可以建立管辖。例如，即便是在德国境外运营的网站，只要其展示的产品侵犯德国专利，且客观上给人留下将德国作为目标市场的印象，尽管该网站运营主体在德国境内无任何关联公司且过去也未曾将产品销往德国，德国的地区法院依然能建立专利侵权的管辖。再如，即便侵权货物的运输发生在德国境外，但只要有充足证据表明该等货物之后将在德国市场售卖，那么德国的地区法院依然可以管辖该境外侵权行为。

---

❶ 参见德国专利法第 139（1）条。

第二，关于实体审理程序以书面审理为主。

德国专利侵权诉讼程序较为流水线化，法院的法官重视双方递交的书面意见，通常1~2次实体开庭审理后就会作出一审判决。德国程序既无美国冗长的证据开示程序，也无中国专利诉讼中的管辖权异议阶段，几乎所有的实体和程序问题都在最终的庭审中一并审理。

在最终的实体庭审前，原被告双方通常各有两次发表书面意见的机会。原告第一次书面意见是递交起诉状，但对起诉状详尽程度的要求远超中国和美国。被送达起诉状后通常2~3个月内，被告需要提交答辩状，详细论述己方观点。在收到被告答辩状后通常4~6个月内，原告还有一次提交书面答复的机会，该答复更像是庭审意见，将就所有争议点补充答复一次。同样地，被告在庭审前2个月也有最后一次书面答复的机会，就案件所有争议点阐述被告的最终观点。

最终庭审则通常持续1~4小时，如前述，法官会在该庭审中处理案件所有争议问题。在庭审结束后几个星期内，法院会下达书面的一审判决。

第三，关于救济措施及其执行。

如果法院认定被告侵权成立，会支持原告相关诉请并作出司法救济决定，包括赔偿原告经济损失、停止侵权（禁令）、向原告提供侵权账目信息、销毁侵权产品、召回侵权产品和/或移除分销渠道等。

对于金钱损害赔偿，在专利权人一审侵权胜诉且主张赔偿后，会另起一个独立程序确定赔偿额。专利权人可以自行选择计算赔偿金额的三种方式之一：①合理许可费；②专利权人因侵权收到的利润损失；③侵权者的侵权获利。不同于中国和美国专利诉讼制度，德国没有惩罚性赔偿这一说法。

关于禁令，如前所述，在一审判决被告停止侵权后，原告可以通过交纳担保金的方式，在终审判决生效前直接临时执行该一审禁令。不同于美国专利法在颁发禁令时需要考虑衡平法原则，德国专利法传统上执行自动颁发禁令原则。尽管德国专利法在2021年修改时引入比例原则，但从后续司法实践来看，自动颁发禁令原则并未因此动摇。对此，被告无法通过反担保的方式解除，但是可以通过提交临时中止申请来尝试暂停一审禁令的临时执行。法院只有在判决明显错误的极端情形下才会批准该中止申请，通常可行的理由应是诉争专利后续被宣告无效。

（3）德国专利异议及无效程序特点

第一，关于专利异议程序。

欧洲专利局和德国专利商标局都配套了专利异议制度，允许除专利权人以外的任何主体在欧洲专利或德国专利授权后 9 个月内提出异议。❶ 当未满 9 个月窗口期或者异议程序尚未完结时，任何人都不能在德国联邦专利法院发起相同专利的无效程序。

通常，欧洲专利异议程序的一审周期为 15~21 个月，而二审上诉周期通常为 16~22 个月。一旦欧洲专利在异议程序中被宣告无效，专利权人就其在包括德国在内的整个欧洲的相关授权将被撤回。德国专利异议程序与欧洲专利异议程序相类似。

第二，关于专利无效程序。

如前文所述，德国联邦专利法院对一审无效案件具有专属管辖权。在法院作出一审判决后，对判决不服一方可向德国联邦最高法院提起上诉。就相同专利的侵权和无效上诉程序，德国联邦最高法院不会合并审理，而是分开各自审理。

德国联邦专利法院的一审无效程序一般历时 22~24 个月，而德国联邦最高法院的上诉程序则需平均 2 年。由此可见，德国专利无效程序远远慢于平行侵权程序。关于一审专利无效程序，通常先由原告提出起诉状，之后专利权人作为被告书面回复反对理由，双方在交换若干书面意见后，德国联邦专利法院会作出书面的初步意见。尽管初步意见不具有任何法律效力，但由于其反映了合议组对重要事实的认定，因此诉讼一方应足够重视该初步意见，并基于此准备庭审。德国联邦专利法院通常会在庭审结束当天口头宣布判决。

第三，关于专利无效程序与侵权程序之间的联动。

如前文所述，德国的专利侵权程序一审周期远快于专利无效程序，且

---

❶ 参见欧洲专利公约第 99 条和德国专利法第 59（1）条。

一审禁令能立即临时执行，这造就了德国专利诉讼特有的禁令缺口（injunction gap）现象，即德国联邦专利法院就涉诉专利的有效性作出判决前地区法院就已经在侵权程序中颁布禁令且该禁令被直接执行。为解决该现象，德国专利法在 2021 年作出一些修改，规定初步意见应当在送达无效诉状之日起 6 个月内提出。在侵权诉讼未决的情况下，初步意见也应依职权转交另一法院。❶ 被告可以在侵权程序中以提出无效为由，申请中止侵权诉讼。但是，通常在德国联邦专利法院尚未作出专利有效与否的无效判决情况下，要想让德国的地区法院中止侵权诉讼极为困难，其要求也极高。该法在修改后，被告有可能在一审侵权程序结束前直接拿着德国联邦专利法院出具的对其有利的初步意见交由侵权审理法院，中止侵权诉讼程序的概率理论上有所增加。然而，由于侵权法院对于是否中止其程序具有绝对的自由裁量权，因此关于该法修改的最终效用性，仍有待后续司法实践观察。

（4）德国标准必要专利侵权诉讼的特点

由于标准必要专利存在特殊性，因此法院在侵权诉讼中颁发禁令较之普通专利侵权诉讼更为审慎。标准必要专利，顾名思义就是实施标准所必须使用的专利，无法通过规避设计等手段绕开。如果专利权人违反其向标准组织声明的 FRAND 原则，即专利权人应遵循公平、合理、非歧视的原则向实施者授予许可，向实施者索要不公平高额许可费，并且以诉讼禁令的手段逼迫实施者接受其要价，那么对实施者而言将极不公平。为此，欧盟法院通过现实案件❷确定了专利权人和实施者在许可谈判中各自义务，以平衡许可双方各自利益。在该现实案件中，欧盟法院要求许可双方应按如下六个步骤进行谈判磋商，并根据双方谈判中的履行程度来确定是否颁发禁令。

第一步：专利权人应向实施者发出书面的侵权警告函，通知后者其产品侵犯了专利权。

---

❶ 参见德国专利法第 83（1）条。

❷ Opinion WATHELET, Nov. 20, 2014, Case C-170/13, *Huawei Technologies Co. Ltd v. ZTE*.

第二步：实施者应向专利权人表达其愿意接受许可的意愿。

第三步：专利权人应向实施者提供符合 FRAND 原则的书面许可要约。

第四步：实施者应当善意回应，不得拖延。如果实施者不同意专利权人的书面要约，应在合理时间内提供符合 FRAND 原则的反要约。

第五步：如果专利权人拒绝了实施者的反要约，实施者必须就其对专利权人专利的使用（包括过去的使用）提供担保。

第六步：如果双方仍无法就许可达成一致，任意一方可以向独立第三方机构请求裁定符合 FRAND 原则的许可条件。

包括德国法院在内的欧盟各国法院都应遵守上述规则，而德国法院在丰富的标准必要专利诉讼案例中对该框架进行了各种细化。其中比较重要的案例是 *Sisvel v. Haier* 案[1]，但在该案中，德国联邦最高法院对平衡原则有所偏离，反而加重了实施者义务并减轻了专利权人的责任。从一审诉讼来看，德国三大地区法院（慕尼黑、曼海姆和杜塞尔多夫）在审理 FRAND 原则抗辩时，和德国联邦最高法院倾向一致，更偏向保护专利权人利益。

（5）应对德国专利诉讼的策略

对于出海德国的汽车企业，应提前准备好应对诉讼及无效的律师事务所、检索机构等资源，并应通过提前梳理诉讼历史来识别排查高风险专利，考虑到德国侵权程序快于无效/异议程序的特点，企业可以"稻草人"的名义针对高风险专利提前发起无效或异议程序，以争取更早地无效掉对方专利，避免"禁令缺口"的出现。

对于标准必要专利诉讼风险，由于智能网联汽车不可避免要使用无线标准必要专利技术，因此企业在出海前也应作好充分准备和设计许可策略。德国是标准必要专利诉讼重地，学习和了解德国案例中确定的许可规则尤为重要。当面临许可谈判时，应尽量做到形式上满足有关案件确立的框架性义务，与专利权人诚信善意谈判，并积极争取合理的权利和条件。例如，如果针对实施者回应某项具体事宜的时间节点已有明确的司法裁判

---

[1] *Sisvel v Haier*, KZR 36/17 Federal Court of Justice (5 May 2020).

规则时，应当尽量在该时间节点前作出相关回应。当作出反报价时，应详细阐述自己主张许可费率的计算方法及理由。哪怕需要拖延许可谈判进程时，也尽量不要采取明显的拖延措施，而是要学会创造合理的拖延机会，可以尝试通过多一轮的技术谈判，既能拖延时间，又能更加准确地评估专利权人的专利组合整体质量。

3. 欧洲统一专利法院制度及其影响

欧洲统一专利法院已于 2023 年 3 月 1 日正式启动，❶ 涉及欧洲单一专利的司法判决可以在包括德国、法国在内的十多个乃至将来更多的欧盟国家执行，其影响力远大于之前仅在德国等单一法域的专利诉讼。因此，进入欧洲市场的国内汽车企业有必要了解欧洲统一专利法院的一些基本制度。

欧洲统一专利法院体系包含一审法院和上诉法院，其中一审法院包括中央法院、地方法院和地区法院。位于法国巴黎和德国慕尼黑的中央法院主要负责审理专利无效/撤销程序，而位于欧盟各国的地方法院则负责专利侵权诉讼。❷ 欧洲专利持有人能够通过在某地方法院发起单一专利诉讼程序、无须逐国进行诉讼的情况下，获得效力及于所有欧洲统一专利法院制度加盟国的司法救济。

欧洲统一专利法院制度施行时间不长，还难以准确判断其较之德国等国内专利诉讼制度，是否在实体法律适用尺度、对专利权人的偏向程度会有所区别。但是，从欧洲统一专利法院的法官任命情况来看，位于德国的慕尼黑、曼海姆、杜塞尔多夫、汉堡等地法院的法官基本上来自德国国内相应的地区法院。❸ 因此，可以谨慎预计，欧洲统一专利法院的专利诉讼司法判决会沿袭德国判例，可能会较易颁发禁令，不太利于产品制造者。

---

❶ Unified Patent Court. Adjustment of the timeline：start of the sunrise period on 1 march 2023 [EB/OL]．（2022 - 12 - 05）[2023 - 06 - 20]. https：//www. unified - patent - court. org/en/news/adjustment - timeline - start - sunrise - period - 1 - march - 2023.

❷ 参见 Article 73 of the Unified Patent Court Agreement（UCPA）.

❸ 知产财经. 欧洲统一专利法院公布司法任命名单，将于明年 4 月受理案件［EB/OL］.（2022 - 10 - 21）[2023 - 06 - 20]. https：//www. ipeconomy. cn/index. php/index/news/magazine_details/id/5985. html.

为此，进入欧洲市场的汽车企业应积极学习和了解欧洲统一专利法院相关制度，并提前规划应诉准备策略。

五、结语

笔者从欧盟为实现碳中和而颁布的各项政策出发，分析欧洲新能源汽车的市场环境，阐明其为中国新能源汽车企业的出海所带来的巨大机遇。与此同时，意图实现弯道超车的中国新能源汽车企业在进入作为传统汽车企业大本营的欧洲，瓜分其市场时，不可避免地将遇到其本土汽车企业的"狙击"，其中一种手段便是知识产权诉讼。笔者通过对欧洲近年来对中国传统汽车行业以及光伏行业的企业出海时所面临的知识产权诉讼情况进行分析，认为中国新能源汽车企业在出海时，面对海外知识产权风险时，应从日常研发管理及知识产权诉讼风险管理两个方面增强自身实力。在日常研发管理中，注意在产品周期的各个环节中均需对合同中的知识产权条款进行完善，做好产品全周期的知识产权条款管理。同时，在产品出海前须做好资源准备，例如知识产权布局与诉讼准备，以降低知识产权诉讼风险。在知识产权诉讼风险管理中，应做好行业知识产权诉讼风险分析，通过对行业诉讼风险评估，对基本情况有所掌握。在对行业案例分析的过程中，应对外国知识产权诉讼中的程序特点等问题进行深度了解，并以此应用于企业自身的前期风险应对准备中。总的来说，中国新能源汽车企业出海为大势所趋，有了欧洲政策与市场环境的加持，更是前所未有的机遇。抓住机遇，更需做好自身的准备，才能够真正地把握住这一历史性的机遇。

科技制造企业专利风险管理重难点分析

徐 驰

深圳麦克韦尔科技有限公司总法律顾问

一、深刻理解专利的第一性原理——"排他权"

无论是企业知识产权管理人员还是外部机构的专利实务工作者,经常可以听到这样的说法:"独立研发,打造具有自主知识产权的产品""做好专利申请工作,消除公司产品的专利风险"。这些说法乍一听正确,但是经过仔细分析就会发现其存在问题,问题就在于没有充分理解专利的第一性原理。

所谓第一性原理,是指最底层的、最根基性的道理,它是一个最基本的命题或假设,不能被省略或删除。❶ 简单地说,第一性原理就是指一项事物最本质的道理。笔者认为,对于"专利"而言,第一性原理就是"专利权本质上是一种排他权,而非自用权"。任何的专利实务工作,无论是专利挖掘、布局和申请,还是专利风险排查或者自由实施(FTO)分析,都需要建立在对这一原理的深刻理解基础上。具体而言,"排他权"的本质在于排除第三方实施的权利,但是排除第三方实施,并不代表专利权人自己可以实施。《专利法》(2020 年修正)第 11 条直接体现了专利是排他

---

❶ 李善友. 第一性原理 [M]. 北京:人民邮电出版社,2021:22.

权这一原理:"发明和实用新型专利权被授予后,除本法另有规定的以外,任何单位或者个人未经专利权人许可,都不得实施其专利,即不得为生产经营目的制造、使用、许诺销售、销售、进口其专利产品,或者使用其专利方法以及使用、许诺销售、销售、进口依照该专利方法直接获得的产品。"由此可见,我国在《专利法》中明确规定了专利权人的权利是阻止他人实施专利,并没有赋予专利权人自己实施自己专利的权利。

可以通过一个简单的例子来更好地理解"专利是排他权"这一原理。如图1所示,假设 A 公司拥有一件授权的专利,权利要求限定"用金属制造杯子",而 B 公司也拥有一件授权的专利,权利要求限定"用铜制造杯子",那么先不考虑专利有效性的问题,单纯从专利保护范围角度分析,很明显 A 公司专利的保护范围比 B 公司专利的保护范围大,因此在图1中 A 公司的专利用一个较大的圆圈表示,而 B 公司的专利用一个较小的圆圈表示,并且 B 公司的圆圈完全位于 A 公司的圆圈之内(因为"铜"属于"金属"的一个下位概念)。

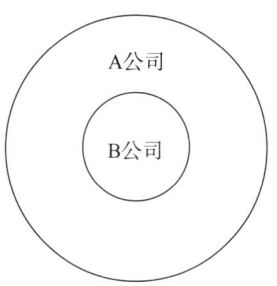

图1　A 公司和 B 公司的专利保护范围示意

在这个例子中,对于 B 公司而言,其可以利用自己的专利阻止 A 公司"用铜制造杯子",但是 B 公司自己能不能用铜制造杯子呢?答案显然是否定的,因为 B 公司一旦用铜制造杯子,就会侵犯 A 公司的专利权。同样对于 A 公司而言,A 公司能不能因为自己拥有一个较大范围的专利权,就认为自己可以自由地用所有的金属制造杯子呢?答案也是否定的,因为如果 A 公司用铜制造杯子,就会侵犯 B 公司的专利权。简而言之,即使 A 公司和 B 公司都是独立研发出了用金属制造杯子、用铜制造杯子,也不能因为这个所谓的"自主知识产权",就简单地认为自己可以自由实施专利技术。

介绍到这里,大家应该都能理解,也会认为这很简单,但是回到专利实务工作中,却经常会出现因为忘记或者没有深刻理解专利是排他权而非自用权这一第一性原理,而导致专利工作的目标和路径出现偏差。

如果能深刻把握"专利是排他权"这一原理,就会很容易地认识到企业自身专利挖掘、布局的唯一目的在于给他人设置路障、设置收费站,阻止他人进入,但是这与企业自己能不能通行、能不能产品自由上市销售并无关系。要判断企业自己能不能通行、产品能否自由上市销售,这属于专利侵权风险排查,也就是自由实施所要解决的问题。这也就引申出了企业专利风险管理的两个重要方面——自身专利布局和专利风险排查。

二、专利布局与专利风险排查工作的异同

对于长期从事专利实务工作的同行来说,大家都清楚专利风险排查与企业自身的专利布局工作无论在工作目标、意义、工作方式和路径方面均大相径庭。但是企业知识产权管理人员在日常专利工作中经常发现,研发团队等非专利从业人员对于这两项工作的区别并没有清晰的认知,而企业知识产权管理人员也经常会忽视从根本上帮助研发团队正确区分这两项工作,从而导致研发团队和企业知识产权团队在专利相关工作中出现"鸡同鸭讲"的情况,耗费了大量沟通、解释的时间。例如,在需要对公司某款即将上市的产品进行专利自由实施排查的过程中,研发人员经常会问:"我们公司之前已经申请了这款产品的相关专利,所以肯定没有问题吧?""请专利工程师帮忙确认一下,我们自己申请的专利和×××公司的专利有没有冲突?没有冲突的话我们就可以正式推向市场了。""×××公司的这件专利中已经提到了这项技术,我们的产品里是不是就不能使用这项技术了?"再如,在对某项技术研发项目进行专利布局的过程中,研发人员也会说:"×××这个概念之前没有人用过,我们要尽快把这个概念申请专利保护起来!""这项技术可以取得×××的优越效果,我们要尽快把这

个好的效果保护起来!"

由此可见,企业知识产权管理人员在专利工作中,务必要让研发人员对于自由实施和专利布局工作的差异建立正确的认知,形成企业知识产权管理人员和研发人员同频交流的基础。

具体而言,自由实施工作的目的是排查企业自己在经营过程中上市的产品、服务等是否存在侵犯他人专利权的情形——通俗说就是判断"自己会不会落入别人已经画好的圈里"。自由实施的工作路径可以大概分为两步:第一步是风险专利筛查,也就是将企业要推出的产品、服务与第三方的专利进行比较,判断是否存在侵犯第三方专利权的情况。注意这里的比对是将企业自己的产品、服务与第三方已授权专利的权利要求进行对比,而不需要与第三方专利的说明书内容进行对比。第二步是风险专利稳定性分析,也就是将筛选出的有侵权风险的专利进行稳定性分析,利用专利检索的手段,判断风险专利是否具有新颖性、创造性等要件。

对于企业自身的专利布局工作而言,其目的是形成企业自身的专利武器或专利壁垒,用来对未来其他企业的产品、服务造成侵权风险——通俗说就是"画个圈让别人钻"。企业专利布局的工作路径简单说就是针对研发成果提取出有创新性的技术方案,然后针对此技术方案进行现有技术查新检索,判断是否有之前申请过的专利或非专利文献披露过这项技术方案,如果没有,那就意味着这项技术方案具有专利性,可以申请专利加以保护。

基于上述内容,企业知识产权管理人员要提醒研发人员,自由实施工作的第二步与企业自身专利布局存在相似之处,都需要进行专利性的判断。自由实施工作的第二步是用来判断第三方已经获得授权的风险专利的专利性,而自身专利布局工作是用来判断待申请专利的技术方案是否具有专利性。企业知识产权管理人员还要提醒研发人员,自由实施工作的第一步是侵权判断,是将企业自己的产品、服务与第三方专利的权利要求进行对比,而无须过多关注第三方专利的说明书披露的内容;但是自由实施工作的第二步和企业自身专利布局工作是进行专利性判断,是需要考虑在先文件(专利或非专利)的所有披露的内容,包括专利文件里面的权利要求书、说明书甚至附图内容。

以上是笔者从实务工作中总结出的研发人员非常容易产生误解或混淆的关键，企业知识产权管理人员非常有必要采取培训、反复宣导等方式让研发人员建立对自由实施工作和专利布局工作差异的正确认知，并知悉每项工作的大概工作路径，为顺利开展企业专利风险管理工作奠定良好基础。

三、企业专利布局工作中的重难点问题

首先要解释为什么笔者将"专利布局"纳入企业专利风险管理的范畴。有人会说，企业专利风险是指企业的产品、服务是否侵犯他人专利。这种说法没错，"专利侵权风险"会导致企业遭到专利侵权指控、面临高额的赔偿，甚至是产品、服务下架的禁令，确实风险极大，需要作为企业专利风险的重要方面加以管控。但是，如果企业能做好自身专利布局工作，同样能够大大降低未来面临侵权指控的风险。俗话说得好，"进攻就是最好的防守"，与其花大价钱应对专利诉讼，缴纳高额的律师费，还不如从头做起，建立自身强大的专利壁垒，从而拥有与其他专利权人谈判的武器。

具体到专利布局，有人总会将企业专利布局工作狭隘地理解为专利申请工作，这会导致企业知识产权管理人员的工作局限为纯粹被动性地接收研发人员提供的技术交底书，然后进行查新检索，再进行专利申请文件的撰写和递交。虽然这种工作方式一年到头看似也能有很多件专利申请，但这样的专利工作方式是点状的，缺乏体系化、系统化的规划，更不能充分体现企业知识产权管理人员的工作价值。"专利布局"强调的是"布局"和"规划"，也就是先确定专利的思路和方向，再进行专利申请，确保个案的申请质量，从整体到局部有章法地系统工作，建立自身的专利护城河。笔者认为，有四个指标可以用来衡量企业专利布局工作的成效：全面性、前瞻性、国际化视野、专利申请质量。

第一，全面性，指的是专利布局是否能够覆盖某项技术的所有核心技术点或者技术方向。要使专利布局具有全面性，必须在一开始自上而下地制定专利布局的框架。专利布局框架的制定方式可以有很多种，取决于专利布局是针对什么样的项目展开。例如，对于围绕一件剃须刀产品的专利布局，可以基于该产品的特点，从"产品结构、电子控制、工艺流程、外观"等几个方面搭建第一层框架。针对"产品结构"，可以进入第二层，分为"刀片结构""刀头与电池连接结构""传动结构""手柄结构"等。针对"电子控制"，可以进入第二层，分为"低电量控制""智能交互""充电控制""转速控制"等，以此类推。再如，对于围绕一项前期研发的电磁加热技术（尚未到产品化阶段）的专利布局，可以基于该技术所要解决的技术问题或者可能的技术路线制定专利布局框架，包括"电磁中心加热""电磁周圈加热""电磁线圈结构""电子控制"等。针对"电磁周圈加热"这一部分，可以进一步分为"单段周圈加热""多段周圈加热"等二级框架。总而言之，在专利布局工作的一开始，就要求企业知识产权管理人员与研发人员一起，根据待布局的标的的特点（产品、技术），讨论制定专利布局框架。在很多情况下，为了保证专利布局框架的合理性和全面性，企业知识产权管理人员可以通过对该项技术或产品进行初步的全面专利检索，通过分析专利信息来梳理技术发展路线和专利技术分类，利用这样的分类信息绘制技术树，技术树绘制之后自然就可以形成专利布局框架。笔者认为，一个好的专利布局框架可以确保专利布局工作不遗漏关键的技术点，时刻提醒企业知识产权管理人员和研发人员按照系统化、自上而下的方式进行技术研发和专利挖掘工作，同时专利布局框架也可作为对专利布局进行复盘、查漏补缺的良好工具。

第二，前瞻性，顾名思义就是指专利布局要具有超前意识。很多制造业的企业在从事专利布局工作过程中，仅仅关注企业自身要研制并销售的产品，自己的产品设计成什么样，就申请什么专利。殊不知，这样做恰恰与笔者提到的专利"第一性原理"是违背的。一方面，例如，对于电饭锅这种产品，可能设计成各种各样的产品形态。一家企业就算实际生产十款电饭煲产品，也不能穷尽所有的电饭煲。如果仅仅关注自己生产或计划生产的具体产品形态，那么专利布局的质量就会大打折扣，竞争对手很容易绕开。另一方面，前瞻性也强调一定要用"发展的眼光看问题"。研发人员经常会说"这种技术路线成本太高，根本没有保护的价值，竞争对手也不会使用""这样的实现方式太复杂，没有必要申请专利"。可是当前的成本高，不代表未来10年甚至更久之后的成本依然高；当前实现方式复杂，不代表未来随着其他技术手段的成熟，实现该技术就变得非常简单。企业知识产权管理人员一定要引导研发人员，在进行专利布局的过程中，提升自己的技术想象力，脱离当前开发的具体产品的束缚，构思所有可能实现的技术路径和解决方案，尽量忽略成本、效率等非技术因素的影响，从而做到专利布局的前瞻性，真正形成旷日持久的专利护城河。以笔者所处的电子雾化行业为例，甲公司是这个领域的专利王者。公开的专利信息显示，对于电磁加热这样的技术路线，甲公司在20世纪90年代就逐渐开始了专利布局，可是其电磁加热的产品直到2021年才上市，由此可见其专利布局的前瞻性。正是因为有这样的前瞻性，竞争对手看到其产品2021年上市后也想模仿并试图申请很多专利，却发现很多创新点都已经被甲公司早早布局了专利或进行了披露，丧失了专利性。还需要指出的是，专利布局的前瞻性与上文提到的全面性是紧密相关的，缺乏前瞻性往往是由于没有制定全面的专利布局框架导致的，研发人员和企业知识产权管理人员都没有想到还有这个技术点存在，更无从提起进行研发探索和专利布局了。

第三，国际化视野，是指对于外向型企业而言，要将专利布局的视角放眼国际，从全球竞争的角度思考在哪些国家布局专利、布局什么样的专利。通常在考虑专利的国际布局时，会从公司重点市场所在地、竞争对手市场所在地、成本、各地专利保护体系和司法环境等维度进行分析。市场无疑是最重要的因素。对于企业的产品、业务重点投放的国家和地区，一般要投入大成本做好专利布局工作，但是各地的专利保护制度和司法环境也是一个重要的因素。以印度为例，其专利申请、审查机制效率较低，笔者曾经遇到一件专利申请都过了20年还没有进入审查状态，在这样的专利体制环境下，即便企业在该地的市场很大，显然也是不需要投入大成本进行专利布局的。

说到国际化视野，还需要关注专利权的地域性淡化这一问题。例如，A 公司位于中国，其制造的产品被 B 公司进口至美国，并由 B 公司后续在美国市场销售。假设 C 公司是美国专利权人，基于传统的对专利权地域性的理解，C 公司无法利用其美国专利权在美国起诉 A 公司侵犯其美国专利，因为 A 公司的制造行为仅仅发生在中国，并且没有任何在美国境内的侵权行为。基于这样的理解，A 公司认为可以无须重视美国专利的布局，而仅仅在中国加强专利布局即可（当然 A 公司基于与 B 公司签署的协议承担合同下的损害追偿责任是另一个问题，在此不论）。然而，随着各国司法实践的变化，例如美国法院已经在若干案例中确立了专利权的"长臂管辖"原则，在特定条件下，可以对美国境外的"行为"追究侵犯美国专利权的责任。因此，企业知识产权管理人员应当及时关注产品销售地的专利侵权司法实践的动态，并相应地及时调整企业的专利申请和布局策略，切不可固守传统认知，错失专利布局的机会。

第四，专利申请质量。毋庸置疑，专利的质量最终是要靠诉讼来检验的，一件好的专利，简单说就是能用于维权，并且稳定。对专利质量的检验往往要在专利申请之后至少 3~5 年（即一般的发明专利审查、授权周期），在没有诉讼发生的情况下，甚至时间要更长。因此，企业知识产权管理人员要充分认识到，专利申请是"良心活"，要本着对专业负责、对企业负责、对自己的职业发展负责的态度认真处理每一件专利申请，并且企业知识产权团队内部要形成完善的专利申请审核机制，严把专利质量关，并且充分利用诉讼过程中吸取的经验反馈到专利申请工作中，形成工作闭环。如果企业知识产权管理人员认为，专利申请做好做坏一个样、丢给外部代理机构撰写、返稿后不认真审核，长此以往，这样的工作态度和方式对于企业的创新成果保护无疑是巨大的灾难，最终会使得企业知识产权团队在内部得不到信任，更加不可能让企业领导充分认识到专利的价值。

综上所述，从全面性、前瞻性、国际化视野、专利申请质量四个维度保证卓有成效的专利布局，是企业知识产权管理人员的职责所在。只有日复一日地坚持如此工作，才能最终为企业建立起强大的专利壁垒，在竞争中占得先机，消除专利风险。

那么如何来整体评价一家企业的专利实力呢？笔者认为，可以用图2来进行说明。整体而言，企业的专利实力取决于两个方面：单一专利价值和专利组合价值。

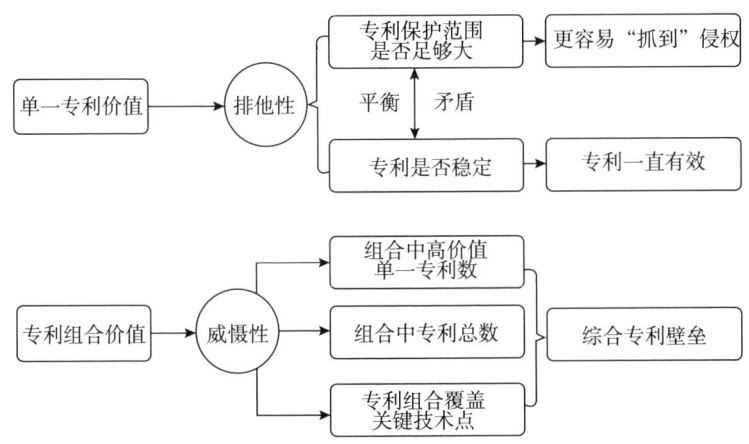

图2　单一专利价值和专利组合价值的区别

单一专利价值主要体现为排他性，排他性的强弱取决于一对平衡且矛盾的因素：一是专利保护范围是否足够大？二是专利权是否稳定？专利保护范围越大，越容易"抓到"侵权行为。专利权稳定就能保证在侵权诉讼中不被宣告无效。但是，专利保护范围大和专利稳定是矛盾的，一般而言，保护范围越大就越不稳定。因此，对于单一专利价值，需要企业知识产权管理人员和外部代理机构在这两个因素之间谨慎把握平衡。

专利组合价值集中体现为企业能否在行业内对竞争对手产生专利威慑力，比如通信行业内的高通公司就是这方面的典范。专利威慑力取决于三个因素：专利组合中的高价值单一专利的数量（前文已述单一专利价值的判断）、组合中的专利总数、专利组合是否覆盖关键技术点。首先，企业的专利组合中要有相当数量的高价值单一专利，同时也要有一定的专利总量保证。足够的专利总量使得竞争对手无法一一分析并无效专利，高价值单一专利可以作为核心武器"攻城拔寨，直接出击"。专利总量过少，即使少数专利均为高价值单一专利，竞争对手也可以想方设法规避设计或者进行无效。专利总量足够大,但是没有高价值单一专利,那么竞争对手也无须忌惮,因为所有的专利都是"纸老虎"。简单来说,就是"数量保证、质量制胜"。只有形成了有足够威慑性的专利组合,企业才能被认为构建了较强的综合专利壁垒。

四、企业专利风险排查工作中的重难点问题

自由实施工作可以说是最直接的企业专利风险管理工作,它直接关系到企业能否充分识别产品、服务上市前的专利侵权风险,是否会让企业陷入侵权诉讼的泥潭,面临巨额的侵权赔偿、产品禁售令、媒体不利报道、资本市场的损失〔包括首次公开发行(IPO)的障碍〕。笔者基于多年企业专利实务工作总结,认为企业专利风险排查工作有如下四个重难点问题需要特别关注。

第一,排查标的的确认。企业知识产权管理人员经常接收到产品开发团队这样的请求——"请专利工程师对我们即将推向市场的×××产品进行专利风险排查"。这里存在的最大问题就是对于一款产品而言,其中涉及的技术点是很多的,即便是一把剪刀这样的简单产品,其中都会涉及包括刀片材料、刀片连接结构、剪刀手柄的结构、工艺流程、外观等方方面面的技术点,遑论手机、计算机、软件服务等复杂的产品类型。因此,FTO 工作的前提条件是要明确究竟需要专利工程师对哪一项或者哪些技术点进行风险排查。这一步需要企业知识产权管理人员和研发人员通过反复沟通确认。一般而言,产品的核心卖点往往是排查的重点,而一些通用型的、市场上普遍存在的技术点就不作为风险排查的工作标的。例如对于一款即将推向市场的电饭煲,产品团队反馈其主要卖点在于该电饭煲可以实现远程无线网络(Wi-Fi)自动启动操作。那么显然"远程自动启动控制"就应当成为接下来企业知识产权管理人员进行自由实施排查的重点。还需要指出的是,以上所述仅为产品上市前的自由实施工作确定排查标的,还有一部分自由实施工作是要在前期研发立项阶段展开的。例如,企

业决定对"电水壶的儿童锁功能"进行预研,希望企业知识产权团队能先行提供自由实施排查报告。此时,因为研发团队尚未对"儿童锁功能"形成具体的技术方案,企业知识产权管理人员的工作实际上主要是针对这一宽泛的功能进行全面专利检索,对检索出的专利进行研读分析,提炼出涉及儿童锁功能的现有专利地图,并告知研发团队,从专利信息分析得知,有6种主要的儿童锁功能的实现方式,其中哪一种实现方式的专利布局数量最多(属于研发红海),哪一种实现方式的专利布局数量最少(属于研发蓝海),主要竞争对手分别在哪些实现方式上进行了何种强度的专利布局等。也就是说,此时的自由实施工作实际上是前期的专利信息分析、技术调研工作,帮助研发团队思考接下来的研发方向。

第二,关于自由实施工作的专利检索。检索关键词的选择是重中之重,既不能太过宽泛导致检索结果噪声过大,又不能太过狭窄导致漏掉风险专利。以上文提到的可以实现远程 Wi-Fi 自动启动操作的电饭煲为例,针对这一卖点功能,如果将关键词限定为"Wi-Fi+自动启动+电饭煲",那么显然限制过窄,因为很多专利在权利要求(或者至少是独立权利要求中)不会直接限定"Wi-Fi",也不会直接限定"电饭煲"。假设一件专利的独立权利要求限定的是一种"通过远程通信控制电器设备的方法",那么依据以上关键词,就会错过很多风险专利。同时,在进行专利检索的过程中,还需要灵活使用上下位关键词、分类号、专利申请人和发明人等,多种检索策略相结合。例如,针对"可以实现远程 Wi-Fi 自动启动操作的电饭煲"这一产品,既可以使用 Wi-Fi 技术所属的无线通信领域的 IPC 分类号"H04W",也可以使用厨房家电所属的 IPC 分类号"A47J",结合其他方面的关键词"自动启动、远程启动"等进行检索。在初步检索结果中,根据所发现的主要专利申请主体和多次出现的发明人,可以针对特定的专利申请人和发明人进一步展开检索。

第三,关于检索结果中对于各类风险专利的风险判断。很多企业知识产权管理人员擅长进行关键词的提炼、专利检索、检索结果的分析,但是惧怕对最终的风险给出结论性的判断。而企业研发团队、产品团队恰恰需要企业知识产权团队给出结论性的判断,风险是高还是低?这个产品究竟能不能推向市场，会不会被起诉侵权？从专业的角度来说，专利如果不经历实际的诉讼和无效，确实很难确认究竟会不会侵权、究竟能不能无效掉风险专利。但是企业的专利实务工作又要求企业知识产权管理人员必须给出结论。

笔者认为，可以依据四个因素来形成最终的自由实施分析结论。其一，要关注风险专利的类型。如果是中国实用新型专利，因为未经实质审查，可以依据个人经验判断其权利要求保护范围的合理性。如果是发明专利，尤其是有诉讼历史、被无效历史，但是无效失败的，要作为高风险专利重点关注。其二，对于未授权专利申请也要重视，特别是美国的连续分案制度。依据该制度，权利人在只要专利家族中有一个申请存活，就可以将说明书中记载的内容加到权利要求中，形成连续申请。很多专利诉讼就是原告不断提交新的连续申请，根据被告在市场上推出的产品，只要这些特征在其原来的说明书中有记载，就可以针对被告的产品连续申请。因此，对于美国的风险专利，不仅要关注其已经授权的专利，而且要关注还在审查过程中的同族专利。不仅要关注权利要求书中的限定，而且要关注说明书的整体内容。其三，要充分考虑风险专利专利权人的特点，有些专利虽然构成风险专利，但是专利权人的维权历史、与其企业之间的关系、企业是否有专利可以反制专利权人的产品、侵权发生地区的司法环境、目标地区的业务竞争强度等因素都是需要充分考虑的，很多情况下综合评估下来完全可以给出"低风险"的结论。例如，对于所识别的一件印度风险专利，相对于一件美国风险专利而言，在不考虑其他因素的情况下，通常来讲风险相对较低，因为印度整体的司法环境、专利诉讼案件量、审判时限、赔偿额等方面的强度均不及美国、欧洲等专利诉讼多发地区。在工作量、时间等约束客观存在的情况下，在检索、分析等流程中优先考虑来自竞争对手的授权专利和专利申请，可以提高项目实施的性价比。其四，要考虑不同形态的产品所对应的潜在侵权风险会有所不同，这是由于产品的不同形态所对应的侵权比对分析难度及侵权举证的难度不同。通常对于机械结构类的风险专利，很容易进行专利侵权检测。而对于软件类或者工艺类的风险专利，则侵权检测难度较高。例如，对于软件算法类的风险专利,要根据风险专利的权利要求判断,能否通过观察软件功能的运行进行侵权判断?能否通过测试的方式进行侵权判断?能否通过从目标代码反向工程得到源代码的方式进行侵权判断?通常对于运行在云端的软件服务,很难进行专利侵权检测。再如,对于工艺流程类的风险专利,也并非一律难以进行侵权检测。笔者在工作中曾经遇到工艺流程风险专利,乍一看权利要求中限定的技术特征都是方法步骤特征,难以进行侵权检测。但是仔细阅读说明书并咨询技术人员会发现,通过该权利要求限定的方法得到的最终产品在结构上会与未利用该方法制备得到的产品有特别差异,这一差异实际上就是专利权人未来从终端产品检测是否侵犯该工艺流程方法专利的手段。

第四,对于自由实施工作和研发、产品开发工作流程的衔接和规范。出于风险管理的考虑,自由实施工作一定要在产品上市前完成(这是底线)。然而,由于产品开发周期较长,包括前期的技术研发、投模、产品测试、验证、中试、样品推广、量产等阶段,耗费较大成本,如果在上市之前突然给出结论,因为专利风险不能上市,那么对企业而言损失就会很大。因此,自由实施工作要前置,而且要进行多轮工作,从前期研发到后期产品设计、测试,一旦有产品特征的改变,就应当根据流程规定,由产品开发人员征询企业知识产权团队意见,进行专利风险扫描,确认后继续产品推广工作。企业知识产权管理人员在实际工作中遇到过,企业知识产权团队已经做完自由实施工作并给出低风险结论,产品推给客户后,客户提出了一些建议,产品设计团队进行更改后并未再次征询企业知识产权管理人员关于侵权风险的意见就直接推向市场,结果导致产品侵犯第三方专利权并遭到侵权指控。

总而言之,专利风险排查工作是一项系统性的、长期的且贯穿研发、产品设计、推广全流程的工作,既需要在排查标的确认、检索关键词选择、专利稳定性分析等技术层面具有较强的专业能力,也需要在最终风险结论判定上综合考虑多方因素并妥善沟通,更需要基于企业实际情况将自由实施工作固化在研发、产品开发流程中,不留风险死角,全面管理企业专利侵权风险。同时需要指出的是,知识产权风险管理的目的最终是保障企业的运营收益，试图将知识产权风险降为零是不可能的，也是不必要的。企业知识产权管理人员需要时时考虑知识产权风险和企业运营收益的比例，把握好两者间的平衡关系，管控风险而不是消灭风险；提示风险并设法降低风险，而不是简单粗暴地阻碍业务的开展，这是企业知识产权管理人员需要始终牢记的工作原则。

五、结语

笔者基于专利的第一性原理——"专利是禁用权，而非自用权"，从企业自身专利布局和专利风险排查两个维度总结归纳了在科技制造企业专利实务工作和专利风险管理工作中的经验和建议。中国企业的知识产权管理制度建设任重道远，对于科技创新型的制造类企业，特别是出口外向型制造类企业，全球专利风险的合理管控十分重要。这需要中国企业知识产权人坚持努力、积累经验，努力学习先进企业的专利管理理念，不断实现专利对于中国企业的更大价值！

从医疗行业诉讼案例看企业研发过程管理与知识产权建设

徐 涛

比亚迪股份有限公司高级专利工程师

一、引言

随着全球人口自然增长、人口老龄化程度提高,以及发展中国家经济增长,长期来看,全球范围内医疗器械市场将持续增长。根据国际知名医疗行业调研机构 EvaluateMedTech 统计,2017 年全球医疗器械销售规模为 4050 亿美元,预计 2024 年将超过 5945 亿美元,其间年均复合增长率将保持在 5.6%。

从区域来看,欧洲、美国和日本等发达国家和地区的医疗器械产业发展时间早,对医疗器械产品的技术水平和质量要求较高,市场需求以产品升级换代为主,市场规模庞大。中国已经成为全球医疗器械的重要生产基地,在多种中低端医疗器械产品领域的产量更是位居世界第一。

《中华人民共和国国民经济和社会发展第十四个五年规划和 2035 年远景目标纲要》指出,要推进国家组织药品和耗材集中带量采购使用改革,发展高端医疗设备。国家发展和改革委员会等编制了《"十四五"优质高效医疗卫生服务体系建设实施方案》,指出国家将集中优势资源提升高端医疗装备的核心竞争力。在市场的迫切要求和国家政策的推动扶持下,国产医疗器械高端化发展势在必行，在研发创新能力不断提升的同时，也要求企业对知识产权能够体系化管理。笔者通过两个医疗器械企业（以下分别简称为"A公司""B公司"）的知识产权纷争，分析企业在研发过程中所要关注的知识产权问题，归纳总结对医疗器械企业知识产权建设的启示。

二、案例概况

（一）原告和被告背景介绍

A公司成立于1995年，产品涵盖患者监护、超声影像、体外诊断等多个业务板块。体外诊断业务是A公司上市后新拓展的业务板块，并将即时检验（POCT）生化分析产品作为切入点，开始体外诊断业务的铺设。A公司于2013年推出其首款自主研发的血气类即时检验产品，其体外诊断产品线在2021年实现全年营业收入2.48亿元，主要系血气类产品贡献。A公司基于其在血气分析领域已建立的一定优势，对该领域进行持续拓展。

B公司自1992年成立以来，致力于从事医学检验诊断产品的研发、生产和经营，专注于快速诊断试剂、快速检测仪器等POCT相关产品的研发、生产和销售，构建了较为完善的免疫定性快速诊断技术平台、免疫定量快速诊断技术平台、微型光学检测仪器技术平台、电化学技术平台，覆盖妊娠检测、传染病检测、药物检测、慢性病检测等领域的丰富产品线，产品广泛用于床旁检测、临床检测、现场检测及个人健康管理等领域。

（二）涉诉产品技术概述

血气分析仪是通过对人体血液的酸碱度（pH）、二氧化碳分压（PCO_2）、氧分压（PO_2）等进行定量测定，分析、评价人体血液酸碱平衡和输氧状态的仪器。

21世纪以来，血气分析系统持续发展，由基础的血气三项参数（pH、二氧化碳分压、氧分压）不断扩展加入多项电解质参数（例如钠离子浓度、钾离子浓度、钙离子浓度、氯离子浓度）和代谢参数（例如葡萄糖浓度、乳酸浓度），由大型的具有复杂管路的维护要求高的实验室设备发展为便携式的内部无管路的免维护 POCT 干式血气分析系统，其可在病床旁由临床医生、护士即时检测患者全血样本，所需样本量少（仅需 100μl 左右）、操作简便（三个步骤以内）、周转时间快［检测周转时间（TAT），5min 以内］，从而满足各个临床场景的使用要求。许多血气分析系统均可通过数据管理系统（DMS）与医院实验室信息系统（LIS）连接，其可自动收集检测数据并处理、存储、传输，避免数据丢失和手工录入误差，方便医院各部门对于患者数据的管理和使用，是医院提供优质服务的关键因素之一。在医院各临床科室对危重症患者的诊断治疗过程中，使用 POCT 血气生化分析系统动态监测患者的动脉血气分析，对于判断这些危重症患者的呼吸功能和酸碱平衡紊乱类型以及指导治疗、判断预后有着重要的作用。

血气分析技术按照方法学，基本上可以分成以下三大流派。

第一是测试片型，即通常所称的干式血气分析仪。其特点是每个测试卡分别用于接收单个患者的血液后装入机器检测。干式血气分析仪所需样本量少，设备便携，这种产品最开始是为战地医院这种极端情况设计的，对于样本量少的基层医院，干式血气分析仪有着不可替代的竞争优势。

以雅培（Abbott）公司的 i-STAT 为最经典的代表机型。本文提及的涉诉产品也是这种类型的设备。

第二是床旁测试包型，即通常称的湿式血气分析仪。其特点是操作简单，用户仅需将采集血液样本注入设备的指定输液口，设备即可自行完成检测，湿式血气分析仪无须频繁换卡，设备会自行在每两次检测之间完成管路清洗。由于湿式血气分析仪会持续运行、定期清洗，因此更适合大样本量的大型医院，否则会导致设备长期空转。代表产品是沃芬（Werfen）公司的 GEM3000、雷度米特（Radiometer）公司的 ABL80/90、罗氏（Roche）公司的 Cobas b 123，以及西门子（Siemens）公司 RAPID Point 500。

第三是传统大电极型，其有着无可比拟的优势，特别是当样本量足够大的时候。因此，对于一家医院仅有检验科可以进行血气分析的情况下，其参数齐全，价格合适。但是缺点也较为明显，包括操作复杂，维护困难,耗材种类繁多。在国内,很少会有医院选择这类设备。但在国外很多国家和地区,特别是发展中国家,传统电极产品依然是血气检测的主力。

(三)原告和被告专利布局情况

随着近年来,国内对知识产权的日益重视,医疗器械企业也逐渐增加对知识产权的投入。就血气分析细分领域而言,如图1所示,A公司从2011年开始进行专利布局工作,且专利申请量在2013年达到峰值,2013年A公司推出了其首款血气生化分析仪;其后数年A公司陆续进行专利申请,主要是对该领域的持续拓展及二代产品研发。B公司自2016年起开始对血气分析领域专利有所布局,2017年推出血气生化分析仪,其后亦在该领域陆续布局相关专利。

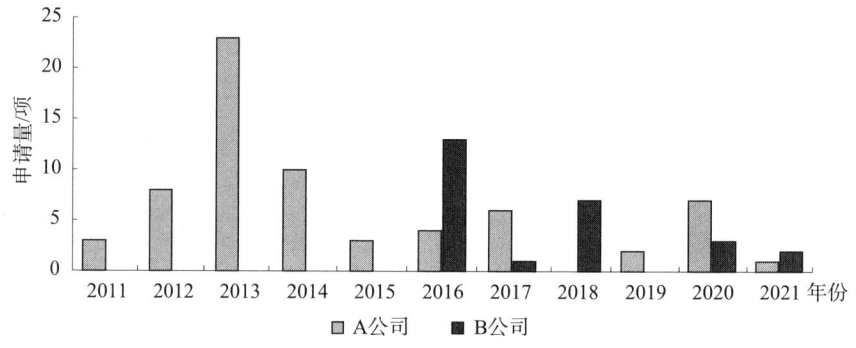

图1 A公司与B公司血气分析技术专利申请情况

A公司与B公司的纠纷最早开始于2017年,即B公司的血气生化分析仪上市前后。A公司通过技术引进开启了血气产品的研发,B公司虽然是即时诊断领域的行业巨头,但也是血气分析领域的后来者。两者的纠纷是A公司为维护其在血气分析领域的市场而发起的,但是详细案情显示,B公司曾录用多名A公司的离职员工。

A公司与B公司的系列案件除专利侵权纠纷外,还涉及两个问题:①A公司的美国子公司所申请的专利是否应该先进行国内保密审查的问题;②B公司提交申请的,包含以A公司离职员工为发明人的多份专利的归属问题。笔者结合这两类典型的案件,尝试阐述在研发过程中需要关注的问题。

(四) 保密审查对专利有效性的影响

A 公司的美国子公司曾在美国递交一份专利申请,申请日为 2012 年 12 月 6 日,后续以此为优先权在期限范围内向中国递交 3 件发明专利的申请,该 3 件专利分别对应血气分析设备的诊断装置、测试卡和试剂包,并先后获得授权。

B 公司在 2018 年对该 3 件专利提出无效宣告请求,以诊断装置涉及的专利为例,在无效宣告请求审查决定书中显示,B 公司提交了大量血气分析项目在国内的项目申请材料及项目、发明人等的奖励公示材料,称其未经保密审查程序,先通过美国子公司向美国专利商标局(USPTO)提出申请,再要求优先权进入中国,并申请该专利,该行为不符合《专利法》(2008 年修正)第 20 条第 1 款和第 4 款的规定,故请求国家知识产权局专利局复审和无效审理部宣告该专利全部无效。

A 公司的美国子公司则声称该发明创造早于 2010 年之前就已经完成,早于发明人加入 A 公司组建团队并启动项目,并提交了其成立的背景材料及几位发明人在美国研发相关产品的记录证据。

国家知识产权局专利局复审和无效审理部合议组最终作出了维持涉案专利有效的决定。合议组认为,该案的核心在于对"在中国完成"的认定,在判断一项发明的研发活动中技术实质性内容的实际完成地时,需要综合考虑多个因素,包括发明人研发活动所在地、实质性内容完成地,如果在不同地方各有研发,可能还需要考虑实质性内容贡献的比重,即发明实质性内容形成地等。在该案中,专利权人提供的发明人之间技术研发过程的交流邮件已体现其技术构思形成的大致情况,并说明了该专利从构思之初至基本成形的研发过程,即技术的实质性内容在美国的完成情况。由于邮件中的图纸作为认定发明人技术构思形成的载体,其在判断中的关键作用在于技术实质性内容的比重通常能够得以呈现,因此能够作为与该专利技术构思进行比对的基础。

虽然请求人提交了许多发明人在国内获得资助及人才认定的证据,但因为其没有充分的证据证明其与该专利有关的研发过程，且不足以支持从零开始的研发过程，所以无法确认其发明创造是否在中国完成。

（五）申请权纠纷

2017年11月30日，A公司向广州知识产权法院提起诉讼，要求判决B公司提交的涉案发明创造的专利申请权属于A公司。该类案件涉及4件发明专利与4件同日申请的实用新型专利。

B公司认为，发明创造的完成耗费了B公司大量人力、物力和财力；专利申请权应归B公司所有。A公司则认为职务发明的判断应采取相关性标准，对于离职后的职务发明纠纷，在相关性能够确定的情况下，寻找发明人离职后的研究开发活动是毫无意义的。

最后，最高人民法院对8件专利均已作出最终判决。最高人民法院维持了广州知识产权法院作出的判决，即涉案发明创造的专利申请权为A公司所有。

该案中，最高人民法院提出了确认涉案发明创造为职务发明创造应同时满足以下条件：一是作出发明创造的发明人曾是主张权利的单位员工；二是该员工对发明创造的实质性特点作出了创造性贡献；三是发明创造是员工离职后一年内作出的；四是发明创造的内容与该员工在原单位承担的本职工作或者原单位分配的任务有关。

此外，最高人民法院也强调，即使涉案发明创造是由B公司组织研发或者主要利用了B公司的物质技术条件取得，同时涉案发明创造的研发思路和采用的技术手段与A公司已有专利技术方案或技术成果存在区别，亦不能得出涉案发明创造归属于B公司的结论。《专利法实施细则》（2010年修订）第12条［现为《专利法实施细则》（2023年修订）第13条］关于员工离职一年内作出的发明创造归属原单位所有的规定，充分考虑技术研发具有的连续性特点，评估了员工离职后利用其在原单位工作期间产生的研发构思进行后续发明创造的情况，一方面支持人员正常流动、保障劳动者的择业权，另一方面保证原单位的合法利益的立法选择。

该案比较明确地规范了离职引发的发明创造是职务发明还是非职务发明的判断标准，为原单位、新单位在用人方面均提供了较好的指引。

三、对研发过程管理的启示

根据最高人民法院知识产权法庭公开的数据显示，如图2所示，2019~2021年新收的各类民事案件中，专利申请权及专利权权属纠纷、技术类知识产权合同纠纷、技术秘密纠纷仅次于发明专利权、实用新型专利权侵权纠纷和计算机软件纠纷，分别排名第4~6位，且案件数量均超过百件。

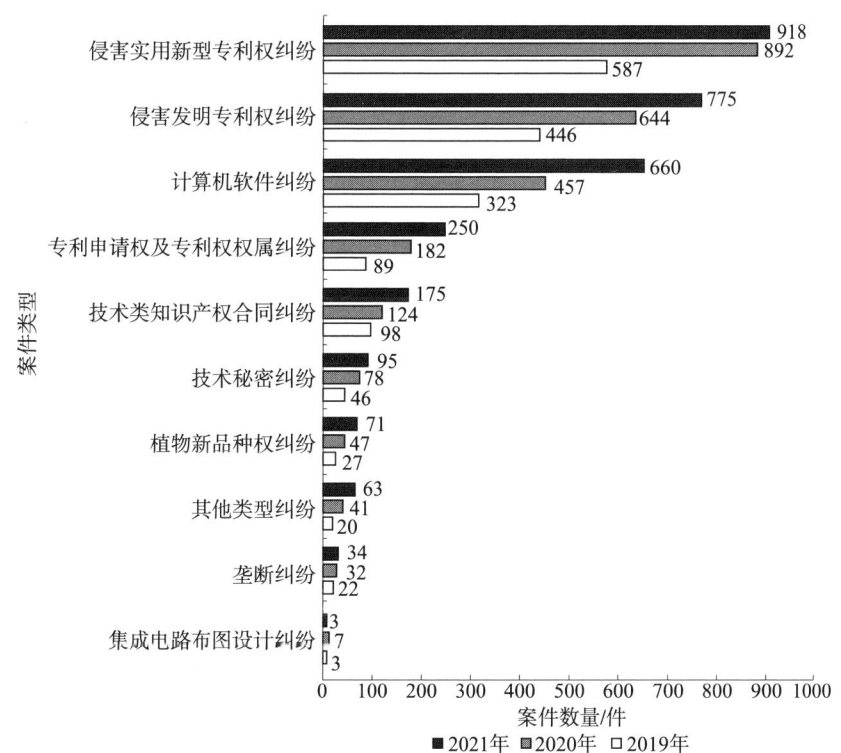

图2　2019~2021年最高人民法院知识产权法庭新收各类民事案件❶

---

❶ 最高人民法院知识产权法庭［EB/OL］．（2022-03-25）［2023-06-30］．https：//ipc.court.gov.cn/zh-cn/news/view-1929.html.

这些案件与侵害专利权纠纷相比，往往案情更为复杂，需要追溯双方产品研发过程，对研发资料管理要求更高，可能需要整个研发体系乃至全企业的全力配合。笔者基于上述案例对以下四个可能涉及的方面进行分析，尝试在此类问题上给出对应的建议，为企业在预防此类问题上提供思路。

（一）入职和离职管理

在企业发展期间，其关键研发岗位需要选择在相关技术领域具有突出技术实力的工程师所从事，以快速提升研发团队的整体实力。国内虽然医疗器械企业众多，但是在每个细分领域都仅有少数的企业专攻。招聘专员在选择适合岗位的人才的同时，也往往会瞄准竞争对手的对应岗位。而竞争对手为防止关键人才的流失和技术秘密的泄露，也往往会采取一定防范措施。如果不仔细应对此类情况，就很可能为以后的研发工作埋下隐患。

所以，在员工入职之前，企业应该充分了解其是否与原公司工作内容相关，是否签署竞业限制、保密协议等文件，是否可能带来舆情风险，以免引起不必要的麻烦。

员工在离开原公司后，通过就职期间掌握的商业秘密牟取非法利益的事件时有发生。上述案件中涉及的几位技术人员大多是参与涉案项目的整个过程，针对这样的关键技术人员，更应该在其离职环节进行从严管理，如签订竞业协议等，核查原单位的工作电脑、公司服务器等存储的文件是否有泄露，是否已经归档和交接其工作邮箱、文档等，避免其有意或者无意将技术秘密泄露。

针对关键岗位的离职员工，还需要在其离职后进行定期的监控，如果在离职期间向员工明确竞业协议生效的，应该在竞业限制期限内向离职员工支付补偿金，同时核查员工是否履行协议约定；如未签订竞业协议的，也应该定期调查其就业情况。关键岗位的离职员工既可能被其他竞品公司挖角，也可能自行创业，后者情况更为复杂，调查所需的资源或人力也必然更多。有的专利可能涉及多次修改发明人及不公开发明人信息的情况，存在离职员工以亲友等的名义成立了新公司，又以他人名义将原公司的技术申请专利的问题。因此，企业人事部门或负责有关工作的部门应该重视该项风险管控，如果发现存在侵权或违约可能的，应当及早处理。

（二）文档与保密管理

技术秘密是企业不为他人所知悉的专有的技术信息。技术秘密在未被他人公开之前，可能具有现实的或者潜在的商业价值，属于受法律保护的商业秘密。商业秘密没有明确的保护期限，其保护效力主要依靠权利人保护措施的有效性。专利申请权则是决定专利的权利归谁所有。

研发档案是企业研发活动的过程记录，如果企业没有对研发过程形成记录，就很可能无法回溯研发过程以证明技术成果的归属。考虑到员工择业的正常流动，可能存在企业无法避免一些技术信息在有意或无意中泄露的问题。企业为避免此类事件发生，或将其影响降至最低，至少应该从档案与节点两个方面做好保密管理工作。

档案，最重要的就是对研发档案的完整保存，制定完善的文档管理制度、提升研发人员的文档完整保存意识是其中关键的办法。此外，还要针对特殊事件进行细致处理，以免留下隐患。在上述无效案件中，正是因为A公司整理出详细的设计图纸和沟通记录才还原了其专利在美国的研发过程，避免专利遭到无效。技术引进作为公司的重要事件，其技术资料更应该被妥善收纳与整理。

节点，实际就是对应制作、提交文档的人，也是防止信息泄露的关键。最基本的是所有研发人员要签订保密协议，对于企业特殊级别的重要研发项目，建议单独签订保密协议。针对研发过程文件或研发项目资料，应该根据不同职责、不同级别设置不同的获取权限，且最好是通过个人唯一的身份标识（ID）进行访问，以便留存访问记录。密级特别高的部分（例如关键配方、工序等）更可以拆开为多个子单元，让不同人负责不同的子单元，子单元之间通过特定的代码或者口令进行衔接，以规避因个人掌握全部信息而引起的泄露风险。

（三）研发合作管理

企业的产品、技术开发经常存在借助外部资源单独完成或共同完成的情况，例如委托开发、合作开发等，也是除员工离职以外的另一类频发产权归属纠纷的情况。对于医疗器械企业而言，与高校、医院的产学研结合、配附件的委外设计加工及接受外部企业的原始设备制造商（OEM）和原始设计制造商（ODM）业务都是常见的研发合作类型。

企业对外委托开发、合作开发管理不当，对接受外部委托开发时产权归属约定解读不明，均容易引起研发成果和知识产权流失，也可能会因合作失败造成重大损失。

企业应该事先明确自己希望保有的技术成果和知识产权范围，是否同意共有等，对强势的合作方应该知道自己的底线。基于此，在合作协议中明确合作的具体内容，双方的权利义务、交付内容、验收标准等，并约定委托开发、合作开发的知识产权成果归属。

即便如此，项目合作过程中仍然存在各种复杂的情况，例如合作双方可能因为对合同条款解读的不同而产生矛盾，这就要求企业应做好研发过程的管控和记录，以便在必要的时候可以证明自身的价值贡献。

（四）知识产权管理

企业应该充分认识知识产权在建设创新型企业中的重要地位和作用，逐步建立科学完善的知识产权管理体系，以市场需求为导向，提高自主创新能力和产业竞争能力，不断探索创新驱动发展模式，用好用活奖励激励机制，使知识产权工作成为公司创新发展的强力支撑。

医疗器械产品的研发周期一般都比较长。以上述专利无效案件为例，A公司的血气分析产品至少从2009年就开始研发，直到2013年才得以上市，整个研发过程不少于5年。企业在研发项目开始之初就要对产品的知识产权（特别是专利权）布局思路存在清晰的认识，这样才能有针对性地开展知识产权规划，并在漫长的研发过程中清晰地按照规划执行并使技术成果得到有效保护，同时也能减少因人员离职造成的成果流失。企业可以从以下三个方面着手进行知识产权管理。

首先，企业应该明确产品开发、技术研究的商业目的，调查市场竞争态势，确定产品特色和竞争优势，以便后续围绕以上特色和竞争优势挖掘基础专利。针对这些基础专利，企业应该尽可能地投入资源对其进行深度挖掘和规避对抗。

其次，随着研发项目的进行，产品的具体实现方案也应该给予尽可能的全面保护。由于医疗器械研发周期长，在研发过程中很可能出现多种方案依次迭代的情况，企业知识产权管理人员应该具备专利管理统筹的能力，尽量避免前后案相互影响。

最后，对于整个项目的专利包，企业应该定时复盘，保证布局工作一直按照规划开展，以便能够及时根据项目的调整或者市场的变化而改进。

四、医疗器械行业知识产权维权建议

（一）医疗器械行业特点

第一，我国医疗器械整体规模较小，行业集中度低。截至2016年年底，我国共有约1.5万家医疗器械生产企业，这些企业中90%以上规模在2000万元以上，年产值过亿元的仅有300~400家。而且，我国医疗器械行业集中度较低。2017年以前10位医疗器械企业市场份额占比约为39%，前20位医疗器械企业市场份额占比约为54.5%，前30位医疗器械企业占比约为64%。

第二，我国医疗器械企业研发投入偏低，创新能力不足。2017年，我国营业额排名前20位的医疗器械企业的总额588.6亿元，研发投入32.5亿元，研发占营业收入比例5.5%。由于我国医疗器械企业大多规模较小、研发人员少，因此多数企业的原始创新能力不足。

第三，我国医疗器械企业中高端市场占有率低。我国医疗器械进入中高端医院特别是三甲医院存在困难,一方面,我国高端医疗器械总体水平与国外进口相比确有一定的差距,另一方面,受限于高端医院的思维定式,认为国外医疗器械普遍优于国内。

近年来,随着国产医疗设备技术的进步、品牌的崛起,我国医疗器械企业通过创新产品实现弯道超车,上述情况开始出现改善,但依然会留存许多问题。

(二)医疗器械行业维权建议

医疗器械作为一种专用设备,其绝大多数为专供医院使用的医用设备,这样就造成了医疗设备具有取证难的特点,再加上医疗器械行业的特点,又造成了医疗器械行业维权收益低的问题。

即便存在已知的困难,医疗器械企业在建设知识产权管理体系、做好专利布局规划和构建专利池之余,如果确实碰到知识产权受到侵犯的情况,还是应该积极行使诉讼权利,将损失降至最低,而且其中的每一步都应该走得更加扎实。

第一,产品侵权行为监控。国内医疗器械企业大多规模较小,取证难,导致医疗器械企业不管是作为原告取证涉嫌侵权产品,还是作为被告寻找在先产品作为现有技术抗辩的证据,都会特别困难。企业知识产权管理人员应该充分调用资源,利用各种渠道获取竞品信息,例如经销商的信息收集、国内外市场的调研以及展会、企业网站的调查等,同时结合产品注册信息及竞争对手的专利公开信息,初步预估竞品的研发进度和上市计划。

第二,知识产权部或相关应对部门收集证据及建议维权方案。针对相关竞品的技术、市场等证据,需要筛选保护范围适合的专利文件。同时,在分析竞品相关专利时,如果注意其申请专利的时间与公司前员工离职的时间极为接近,那么在制定维权策略时,也可以初步考虑采用权属的方式。这样,公司法务部和知识产权部可以有针对性地制定维权策略,例如具体的维权策略包括但不限于警告、诉讼、谈判等方案,并将相应的方案报公司决策层确定。

第三，决策层决策维权方案。企业决策层应该基于产品销售情况、侵权对手专利储备量等情况，有针对性地协调资源来进行相应的维权。在确定方案的过程中，企业应该充分考虑对方的股权结构、产品战略、过往诉讼历史及结果等，明确维权的目标及各种结果对市场的助益和预期等。企业决策层同意通过诉讼方式进行维权的，企业法务人员或企业知识产权管理人员应该及时安排相关诉讼准备工作。

第四，组织律师进行维权和诉讼。针对项目相关的重点产品，公司法务部、知识产权部应协调外部律师，针对侵权方通过民事诉讼、行政执法等手段，多方位地进行维权；当然，也不排除在合适的时机选择和解。

浅谈隐私计算产业中企业专利布局策略构建

李 姝

深圳雾芯科技有限公司知识产权总监

一、隐私计算概况

（一）隐私计算的需求

1. 数据是数字经济时代的核心资产

随着大数据时代的到来，人工智能（AI）等数字经济时代的新兴技术已日益成熟，并在日常生活中得到广泛应用，各行各业沉淀下来的数据背后所蕴含的潜在价值越来越受到大家的高度重视，数据已成为国家和企业具有战略价值的核心资产。在不远的将来，基于大数据、人工智能等技术的智能决策将会推动经济运行、社会生活、国家治理真正迈向数字化、智能化时代。

2. 数据流通是数字经济时代企业的刚性需求

在现实世界中，任何单一机构，即便是如互联网巨头这样的强大机构，也只能掌握一部分数据，不足以全面、精准地勾画出目标对象的全部特性。数字经济时代，越来越多的企业或组织需要与产业链上下游业务伙伴在数据流通和交易领域进行深度合作，这是因为只有通过各方数据协同计算，才能更好地释放数据更大的价值，提升生产效率，推进产业创新。因此，数据共享和流通必将成为刚性业务需求。

3. 隐私保护和数据流通之间的矛盾日益凸显

保证个人信息、商业机密或独有数据资源等隐私信息在数据处理、流转过程中不会泄露，是企业或组织参与数据共享和流通合作的前提条件。但出于数据权属、数据泄露及自身商业利益等诸多因素考虑，手握大量数据的企业或组织对于开放自己的内部数据，尤其是核心数据持极其谨慎的态度，导致数据隐私保护和数据高效流动之间的矛盾日益凸显。"隐私计算"这一概念正是为解决这一矛盾而诞生的，"隐私计算"致力于打破数据在行业、企业之间的流动壁垒，有望开启数字经济时代数据利用新商业模式。

（二）隐私计算技术

隐私计算是指通过技术手段实现在保护数据隐私的前提下，完成对数据的安全处理的过程。从密码学角度来看，隐私计算采用以安全多方计算和同态加密等为代表的现代密码学技术，在保证原始数据安全隐私性的同时，实现了对数据的分析计算。

二、整体行业洞察

（一）隐私计算产业特点

隐私计算产业整体特点包括以下四点。

第一，属于技术密集型、人才密集型行业。

第二，受法律和政策影响较大，国家陆续出台的法律法规为隐私计算提供了有力保障。

第三，行业处于初步发展阶段，各大企业和高校纷纷进行专利布局，支付宝和微众银行布局专利数量较多，有望成为隐私计算领域的巨头。

第四,中国发展迅速,美国相对缓慢,欧洲略显滞后。

基于上述特点,隐私计算产业中企业的专利布局策略需要自上而下地进行构建,如图1所示,首先需要调研产业的整体商业环境,其次需要了解产业的整体专利保护情况,最后需要开展企业自身的专利布局策略构建。

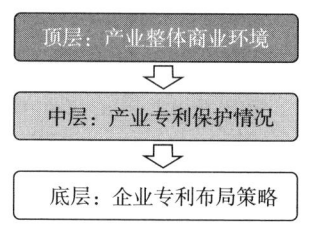

图1 企业专利布局策略构建的方式

(二)调查产业特点的方式

1. 分析产业研究报告

隐私计算属于新兴产业,可以通过阅读专业机构发布的行业发展报告或者白皮书了解整个产业发展的现状和态势。例如,上海艾瑞市场咨询股份有限公司(以下简称"艾瑞咨询")于2022年3月发布的《中国隐私计算行业研究报告》❶指出,中国隐私计算在法律政策和市场需求的双轮推动下,实现了产、学、研协同发展。中国隐私计算商用时间领先于国外,技术发展各有千秋。2021年中国隐私计算市场规模为4.9亿元,预计至2025年将达到145.1亿元。隐私计算处于基建期,市场需求集中于基础产品服务,数据运营商业模式因拥有巨大市场发展空间而被广为看好。

2. 制作专利分析报告

企业在调查产业整体专利布局阶段,可制作一份《隐私计算知识产权分析报告》,从宏观到微观识别整个产业的整体专利布局现状。

这份报告对于企业专利布局而言,可作为开展工作的切入口,用于了

---

❶ 艾瑞咨询. 中国隐私计算行业研究报告 [EB/OL]. [2023-06-20]. https://report.iresearch.cn/report_pdf.aspx?id=3958.

解行业内的其他企业布局专利的现状，是一个知彼的过程。值得一提的是，隐私计算属于新兴产业，相关工作该如何开展对于公司的各职能部门来说都是一个全新探索的过程。因此，这份报告除了对于企业内部的知识产权部门有价值，对于企业内的其他职能部门可能也具有相应的价值。例如，有利于给市场部打开市场洞察的另一视角；有利于让研发部了解其他公司的相关技术，打开研发技术创新的思路，从而站在更高的视角进行研发设计；有利于产品部了解市面上的产品设计方案，开拓产品设计的思路。

关于这份报告的架构设计，企业除了基于专利布局策略构建的自身需求，还可以基于其各职能方向的需求统计来进行设计。例如，可以参考图2

目录

第一章 技术概况 3
　1.1 隐私计算的需求 3
　1.2 隐私计算技术 4
第二章 数据来源 6
第三章 专利概况 8
　3.1 中美欧概况 8
　3.2 中国概况 10
　3.3 美国概况 11
　3.4 欧洲概况 12
第四章 中国专利分析 13
　4.1 申请人分析 13
　4.2 发明人分析 23
第五章 重点申请人分析 28
　5.1 概况 28
　5.2 下游企业 29
　5.3 中游企业 32
　5.4 上游企业 37
　5.5 高校 37
第六章 重点领域分析 39
　6.1 联邦学习 39
　6.2 多方安全计算 41
　6.3 同态加密 42
第七章 软件著作权 44
第八章 总结与建议 46
　8.1 总结 46
　8.2 建议 48
参考文献 50

图2　隐私计算知识产权分析报告架构（目录）

所示的隐私计算知识产权分析报告架构,第一章描述技术概况,第二章描述数据来源,第三章描述全球专利概况,第四章分析重点区域(中国)专利,第五章分析重点专利申请人,第六章分析重点领域等。

3. 企业内部人员访谈

企业除了阅读产业发展报告,还可以采用对内部的相关部门负责人等进行访谈的形式获取行业的相关信息。例如,可以与市场部的负责人沟通整个行业的市场分布情况以及市场的内在需求;可以与研发部的负责人沟通整个产业的技术分布情况以及研发的内在需求;可以与产品部的负责人沟通整个行业的产品的分布情况以及产品的内在需求等。

三、专利布局的目的

进行专利布局遵循的主要原则是"以终为始"和"知己知彼",为了做到这一点,企业需要从自身专利布局的价值出发,在充分了解产业格局和竞争格局的基础上进行专利布局。

(一)专利价值拆解

在进行专利布局之前,需要先确定专利布局的目的。为此,可以将专利能为企业实现的价值进行拆解。如图 3 所示,笔者将专利能为企业实现的价值分解为七个方向。

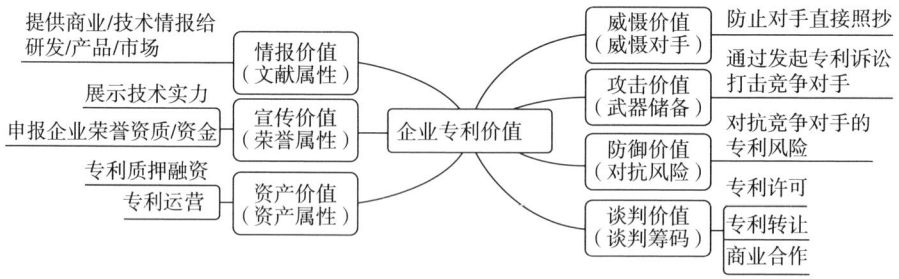

图 3　专利价值拆解

第一,威慑价值:通过专利布局防止竞争对手直接照抄专利技术。

第二，攻击价值：通过发起专利诉讼方式直接打击竞争对手。

第三，防御价值：通过专利布局对抗专利风险。

第四，谈判价值：通过专利作为筹码用于专利许可、专利转让或促进商业合作。

第五，情报价值：通过专利作为技术情报提供给研发，作为商业情报提供给产品/市场。

第六，宣传价值：通过专利展示企业的技术实力，或通过申报政府项目为企业带来荣誉或资金。

第七，资产价值：通过专利作为无形资产质押融资或通过专利运营为公司带来现金流上的收益。

其中，威慑价值和攻击价值是将技术/产品优势通过专利保护获得的垄断权利，可以达到增加先发优势的时长从而延缓竞争对手进入的目的。

对于隐私计算企业，考虑到该产业还处于从学术界到产业界落地阶段，专利还处于跑马圈地的状态，企业要尽可能加强布局基础专利；考虑到该产业属于技术密集型产业，笔者认为企业需要通过更多地申请专利来形成行业内的技术优势。对于创业公司，可以通过专利进行宣传和融资；对于跟随企业，可以通过专利作为前沿技术分享给研发部、产品部和市场部相关人员。

（二）产业格局分析

2022年中国市场隐私计算市场参与者类型如图4所示，2022年中国隐私计算产业图谱如图5所示。从图中可以看出，多方协同是隐私计算商用事件的一大特点。不同于其他类型计算，隐私计算在商用环境中，因为技术服务商除了提供平台建设，还会为客户提供数据调用（寻找数据源）服务，且隐私计算也经常需要两方以上的参与者展开联合计算，所以多方协同特性十分明显。中国隐私计算市场的参与者越来越多，除了垂直的隐私计算厂商，各类技术企业纷纷入局，包括隐私计算厂商、综合类科技公司、区块链厂商、大数据服务公司、金融科技公司、人工智能厂商、云计算厂商和IT解决方案厂商等。

隐私计算相关厂商包括了上游的硬件厂商、中游的隐私计算服务商、下游的数据使用者和数据提供者。隐私计算技术应用商处于下游，其特点是申请人数量少，但申请量大，申请人主要聚焦在金融、医疗和政务等领域。可见，隐私计算作为一项新的基础技术，正在加速推动各项产业升级。解决方案提供商处于中游，其特点是申请人数量多，但申请数量相对较少，申请人多为算力解决方案供应商，例如"金融+区块链"的解决方案供应商，产品为安全计算平台、联邦学习平台、硬件加速产品等。底层硬件提供商处于上游，其特点是申请人数量少，申请数量也少，其主要原因是底层硬件产品［包括现场可编程门阵列（FPGA）、图形处理器（GPU）等］多为国外巨头垄断，并且上游产品的研发周期较长，下游将需求反馈到上游也需要一定的时间进行产品的迭代更新。

因为隐私计算技术主要以下游为中心、自下向上辐射带动中游和上游的发展，所以笔者推测未来将会有更多的中游企业进来推动产业升级，进行专利申请布局，上游企业也会接收到中游和下游传递过来的信息，加速迭代自身的硬件产品。笔者相信未来会有更加适用于人工智能加速的芯片的设计，届时将会有一定数量的专利布局产生。

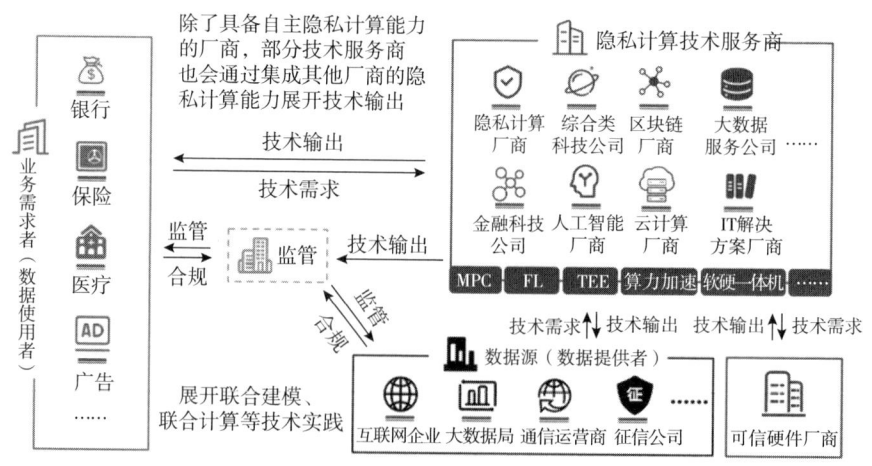

图4　2022年中国市场隐私计算市场参与者类型

注：图中MPC表示多方安全计算，FL表示联邦学习，TEE表示可信执行环境。

多数厂商布局了"MPC、FL、TEE"中的多项技术方案,且各具优势。艾瑞研究团队和产业专家团认为,应该鼓励企业进行多元化技术方案创新探索,因此产业图谱不对企业进行苛刻的"唯一性定位(每个企业仅展示自身「最优」的技术方案)",而是采取了"最大兼容性"原则。但是行业用户在进行厂商选择时,需要考查并明确各厂商的具体技术优势所在。

注释:1.图谱中所展示的公司logo顺序及大小并无实际意义,不涉及排名。2.各种类型的市场参与者"上下/左右"位置并无实际意义,不代表排位。
来源:艾瑞咨询研究院自主研究及绘制。

图5 2022年中国隐私计算产业图谱❶

隐私计算作为一个新兴产业发展迅速,企业需要持续观察整个行业的发展变化和趋势变化,及时进行相应的专利布局调整,并且有必要每隔一个固定周期就更新一版报告的内容,及时发现专利布局的变化趋势。

通过了解整个产业格局,进一步调查企业的发展现状来判断企业处于整个产业格局中的哪一个部分,属于上游的硬件厂商、中游的隐私计算技术服务商,还是下游的数据使用者和数据提供者。需要注意的是,在了解企业发展现状的同时,不应止于企业当前的发展和定位,更要着眼于未来,这是因为专利实质上是面向未来的布局,一件专利从提案,到提交申请,再到最后授权,中间要经历一定的时间,而专利若要真正产生价值,需要的时间就更久。

对于每个层级的企业,在进行专利布局的时候,都要考虑整个产业

---

❶ 艾瑞咨询. 中国隐私计算行业研究报告 [EB/OL]. [2023-06-20]. https://report.iresearch.cn/report_pdf.aspx?id=3958.

链，既要考虑保护好自身的新设计，又要考虑在一定程度上保护下游的应用和解决方案等。这样做的主要原因是：一方面可增强专利的新创性，另一方面可以对下游企业起到一定的制衡作用，有利于在产业链上保持竞争优势。

在具体调查企业发展现状及未来发展规划时，企业可以采用对内部的相关部门负责人等进行访谈的形式获取行业的相关信息。例如，可以通过和企业的执行负责人沟通，了解企业战略定位以及未来的发展方向。

（三）竞争格局分析

企业在进行专利布局之前，需要了解产业的竞争格局，梳理清楚企业在竞争格局中所处的位置和企业的业务目标，一方面要将助力实现企业业务目标的关键技术或产品做好专利保护，另一方面针对企业要实现的业务目标，识别上游竞争对手和下游竞争对手。针对上游竞争对手，要提前布局防御专利或武器专利做好防御或攻击的准备；针对下游竞争对手，要提前布局威慑专利或攻击专利做好威慑或攻击的准备。

四、专利布局的规划

（一）调查企业专利发展现状

企业在进行专利布局前，需要了解企业专利发展现状，在整理专利布局策略之前，需要尽可能复盘整个企业内部的专利，将企业整体专利布局概况和每一件专利进行盘点，专利盘点的最终目的是全盘识别出企业专利布局的方向和侧重点，以及优势和劣势，进而识别出有待调整的专利布局方向等。企业在进行整体专利盘点时，可以从专利申请的类型维度、地域维度、时间维度等多个方面进行盘点，统计出每种类型专利申请的比例、不同地域的专利申请比例。在进行具体专利盘点时，可以从技术维度、商业维度和法律维度等多个方面进行盘点。

技术维度可以从专利的撰写质量角度进行评估。商业维度可以从技术重要性、商业上是否实施、是否为企业带来营收等多个角度进行评估。法律维度可以从权利的法律状态等角度进行评估。值得注意的是，由于其他的外部环境在实时动态地发生变化，因此企业需要定期对其内部的专利布局策略进行盘点，以及时调整专利布局的策略，包括专利布局的方向和侧重点等。另外，由于企业的战略也会不定期发生调整，尤其是像隐私计算这样的新兴产业，因此企业需要围绕其战略发展方向及时调整专利布局的策略，从而确保专利布局的策略能够与企业的战略发展方向及时对焦，始终保持一致性。

（二）识别企业的产品特点及技术特点

在调查了企业专利发展现状以后，需要进一步识别出企业的产品特点及技术特点。关于技术特点，可联系企业内部的研发人员获取，主要从技术的重要程度来进行判断，例如从技术的先进性、不可替代性角度进行评估，有特色的先进的技术是专利布局的重点。关于功能特点，可以联系企业内部的产品设计人员进行获取，主要从功能卖点的角度进行判断，例如哪些功能是客户比较认可的、特别好用的功能，或者未来可能成为客户比较认可的功能，越是市场反馈好的，商业上越成功的功能设计，越是专利布局的重点。

（三）进行产品功能及技术解构

企业在进行专利布局前，还需要进行产品及技术解构。产品解构是按照功能模块的维度，将产品进行拆解；技术解构是从技术的维度上将产品进行拆解。

这样做一方面有利于进行地毯式的专利布局，尽可能地避免产生遗漏；另一方面通过将自身专利及其他厂家专利进行分类，可以识别出企业专利布局的侧重点，以及行业的专利布局重点，并且识别出是否存在尚未进行专利布局的空白点。在进行产品解构时，企业可以和内部的产品部门合作完成；在进行技术解构时，企业可以和内部的技术部门合作完成。拆解后的内容可以用思维导图的方式来呈现，以获得更为直观地呈现效果。

（四）规划高价值专利

通过以上对行业、企业和产品/技术的充分了解，需要从管理层面对专利布局进行规划，围绕企业的竞争优势和产业发展趋势等综合进行专利布局，主要包括以下三种重要类型的专利。

1. 商业模式专利

由于隐私计算还处于从学术界到商业界的转化阶段，各个企业都在积极探索隐私计算商业落地方案，因此若能找到商业落地通路，及时将相关技术方案进行专利保护是非常重要的。

对于商业模式的专利，需要从顶层进行规划设计。具体来说，企业知识产权部应从顶层设计专利，并下沉到技术交底书中，先确定需要的技术材料有哪些，再组织相关人员提供相应的素材。企业知识产权管理人员就好比一个烹饪高手，在对厨房有哪些菜以及菜的品质都非常熟悉的基础上，需要构思出一道能最大化其价值的菜品。

以商业模式的技术交底书举例，需要产品规划人员提供商业模式的框架，在此框架下，研发人员进一步提供相应的实施例素材。企业知识产权管理人员可协同产品研发人员，一起合作完成技术交底书的撰写，最终提供满足于该商业模式申请专利所需要的素材。如图6所示，企业可参考隐私计算的商业模式，并在此基础上，结合自身的商业模式进行专利布局。

2. 软硬件架构专利

隐私计算作为立足于软件技术的一个全新产业，软件架构专利对行业或企业至关重要，如果能从整体系统结构搭建上进行底层保护，可在更大程度上抢占更有价值的基础专利。

浅谈隐私计算产业中企业专利布局策略构建

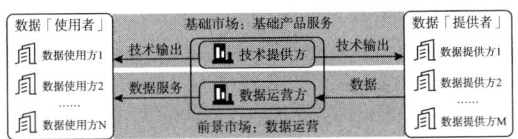

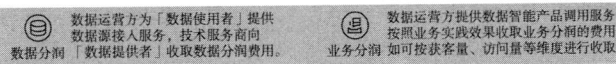

- **基础市场：基础产品服务**
  - 产品销售：对客户进行产品销售（产品形式可分为软件、硬件、软硬件一体机）。目前主要的实施方式为本地化部署。产品销售根据系统部署节点数量、功能模块等维度进行收费。如整体方案中含有硬件，也需涵盖硬件成本。
  - 技术服务：对系统更新维护等相关技术服务的费用

- **前景市场：数据运营**　迈向"隐私计算+"时代
  数据运营的理想模式是在 M×N 的数据运营网络（如上图）中，数据「提供者」通过与数据运营方合作，将数据接入数据智能产品，数据运营方向数据「使用者」提供数据智能产品的调用服务，我们可以框架性地将数据智能产品理解为封装了算法模型和多方数据的综合性产品，来为数据「使用者」提供"数据调用+算法模型"的一揽子服务。在其中，数据运营需要通过数据运营能力来持续创造价值¹。基于此，衍生了两种商业模式：数据分润、业务分润。

  - 数据运营方为「数据使用者」提供数据源接入服务，技术服务向「数据提供者」收取数据分润费用。
  - 数据运营方提供数据智能产品调用服务，按照业务实践效果收取业务分润的费用。如可按获客量、访问量多维度进行收取。

  数据运营服务需要在行业用户完善隐私计算平台建设的基础上展开，目前的实践主要是满足客户的数据源接入需求，业务分润的模式相对较少，而各厂商的数据智能产品也处于建设之中。

注释：1. 关于数据运营方如何通过强化数据运营能力来持续创造价值，在报告「iResearch：隐私计算发展周期洞察矩阵（对趋势的研究，中国市场）」对「应用层场景实践」的解读中，给出了进一步的分析和实践策略建议；2. 结合本报告对数据运营的定义，我们将[建模咨询]纳入数据运营范畴。

来源：艾瑞咨询研究院自主研究及绘制。

图 6　2022 年中国市场隐私计算的商业模式❶

隐私计算以"数据可用不可见"的方式，为破解数据保护与融合应用的难题提供了可行思路，逐渐在各个行业落地，并逐步成为一项新的人工智能基础设施。但相较于传统人工智能，由于隐私计算引入了大量的密码学算法，数据加密后体积膨胀导致计算效率严重下降，因此算力提升就成为大规模隐私计算的关键挑战。

以深圳致星科技有限公司为例，它是一家专注于高性能隐私计算算力产品研发与技术创新，致力于将隐私计算规模化落地打造算力"基建"，赋能多源数据高效、安全、合规流通与综合应用的技术提供商。为了解决上述隐私计算的算力瓶颈，该公司从 2019 年开始专注于对隐私计算中算力问题的解决方案进行持续探索和研发投入，并积极探索在各类解决方案跨主体数据协作场景中的落地应用，其中针对联邦学习的 FPGA 加速方案已经成熟并已商用，并在积极探索更普适的高规格、新品级算力加速解决方案。经过长期自主研究，该公司创造性地提出了一种针对联邦学习的业务场景下的芯片级技术解决方案。因此，对于该公司来说，围绕自身企业技术优势进行硬件加速的架构专利布局至关重要，包括对用 FPGA 和 GPU 进

❶ 艾瑞咨询. 中国隐私计算行业研究报告 [EB/OL]. [2023 - 06 - 20]. https://report.iresearch.cn/report_pdf.aspx?id=3958.

行硬件加速的方案和芯片等进行专利布局。

3. 标准相关专利

隐私计算作为数据流通的基础,其开源的必要性不仅在于技术本身优化迭代的通用需求,而且是基于其服务数据要素流程的特殊性。香港科技大学计算机与工程系讲席教授、FATE 开源社区技术指导委员会主席杨强表示:"如果隐私计算和联邦学习技术只是掌握在少数寡头手里,我们还是得不到真正的数据流通,也得不到真正的数据经济发展,因此必须把门槛降低,其中一个有效手段就是开源,能够让人人都可以使用这样的技术,人人都能贡献这样的技术。"❶ 他还同时担任开放群岛(open islands)开源社区的执行主席。

因此,开源对于隐私计算产业是至关重要的。从 2017 年至今,隐私计算行业内的巨头和大厂纷纷领头开源自身隐私计算平台,积极搭建开源生态,隐私计算产业开源现状如图 7 所示。

机构	项目名	技术路径	开源时间
OpenMinded	Pysyft	多方安全计算、联邦学习	2017年
阿里巴巴	TF-Encrypted	多方安全计算	2018年
微软	EzPC	多方安全计算	2018年
谷歌	Asylo、TF-Federated、Private J&C	TEE、联邦学习、多方安全计算	2018年、2019年
百度	MesaTEE、PaddleFL	TEE、联邦学习	2018年、2019年
微众银行	FATE	联邦学习	2019年
Facebook	CrypTen	多方安全计算	2019年
字节跳动	Fedlearner	联邦学习	2020年
矩阵元	Rosetta	多方安全计算	2020年
蚂蚁集团	KubeTEE	TEE	2020年

• 资料来源:隐私计算与大数据研究所,Plug and Play China 移动出行团队汇总整理。

图 7　隐私计算产业开源现状❷

注:图中 TEE 表示可信执行环境。

---

❶ 胡群. 杨强:隐私计算为何要开源?[EB/OL].(2022-05-20)[2023-06-20]. https://baijiahao.baidu.com/s?id=1733342140926360706&wfr=spider&for=pc.

❷ PLUG AND PLAY. 出行洞察:风口上的隐私计算要何去何从[EB/OL].[2022-01-10]. https://www.pnpchina.com/resources/PNP20220111.

因此，在进行专利布局时，可结合开源和标准规范进行专利布局。一方面可以将企业参与开源的技术方案进行专利申请保护；另一方面可以围绕虽未参与，但企业可提供的技术方案进行相应的专利布局。

具体来说，企业应结合自身参与开源生态建设的实际情况，有针对性地进行开源专利布局，常见的开源专利布局方式如图8所示。

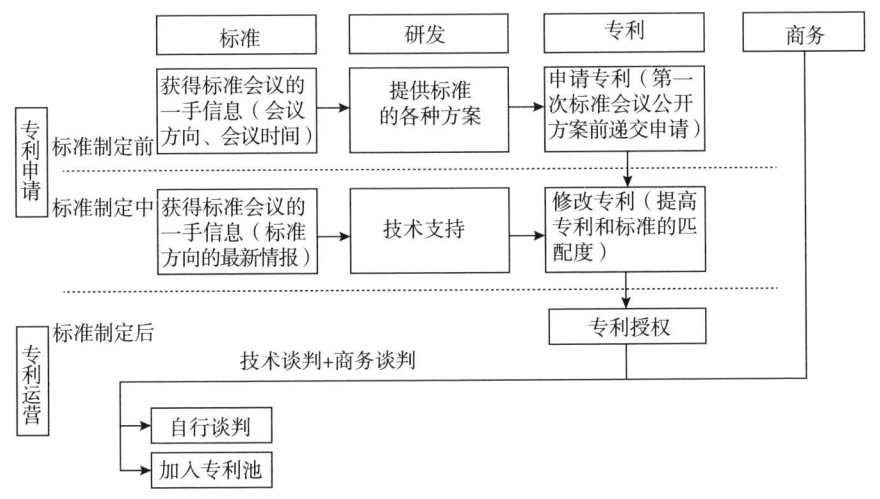

图8 开源专利布局方式

五、需要注意的其他问题

（一）专利申请周期的把控

不同产业的技术迭代周期不同，隐私计算产业属于新兴产业，相较于其他的传统行业，其具有技术迭代速度快的特点。企业可以利用审查加快相关制度，可以向相关知识产权行政管理部门申请审查加快。审查加快一般分为两种：一种为优先审查，审查周期为12~18个月；另一种为预先审查，审查周期为3~6个月。企业可以通过分析行业内的专利数据，从宏观上统计出专利的审查周期，同时从微观上统计出哪些方向在加速审查。

隐私计算企业可结合企业的实际情况，规划一定比例的专利申请进行审查加快。对于核心级别专利中保护范围较为确定的技术方案，可以考虑进行预先审查；对于重要级别专利，可以考虑以优先审查的方式进行审查加快。

（二）专利代理师的选择

隐私计算产业是一个多学科交叉的产业，涉及的技术范围包括人工智能、软件、硬件和算法等。专利代理师只有深入理解技术交底书后，才能够保证将技术交底书准确地转化为专利申请文件，进一步地，才可能基于对技术的理解，进行一定程度的上位和扩展。

专利代理师是企业知识产权部的外部合作伙伴，需要和企业知识产权管理人员及研发人员进行较为紧密的配合，通过和研发人员沟通，准确了解技术方案；通过和企业知识产权管理人员沟通，获取专利的价值和保护的目的，才能够更好地撰写专利申请文件。

在进行撰写之前，选择一个合适的专利代理师至关重要。企业知识产权管理人员需要和专利代理师进行充分沟通，让专利代理师了解隐私计算的行业特点、企业的特点，熟悉相关的技术，让专利代理师尽可能对技术和企业感兴趣，愿意投入更多精力进行学习和了解，才有可能写出更高质量的专利申请文件。企业知识产权管理人员在这个过程中，需要和专利代理师密切沟通，在撰写之前，可组织专利代理师、发明人进行三方会议，在会议中梳理技术，解决技术疑问和专利撰写方向的疑问，确定针对方向性问题进行充分沟通后，再启动专利申请文件的撰写；在撰写完成权利要求以后，企业知识产权管理人员和发明人需要对权利要求进行审核，发明人负责对技术的描述进行审核，企业知识产权管理人员负责对撰写质量进行审核，一旦发生分歧，则需要再次与专利代理师进行沟通；在权利要求审核完成以后，专利代理师进行说明书的撰写。在这个过程中，企业知识产权管理人员要做好专利代理师和发明人的沟通桥梁，同时也要将对这件专利的期望有效传递给专利代理师，让专利代理师在高效沟通的基础上，输出高价值专利。由于隐私计算是新兴产业，企业也要允许专利代理师适当出错，并给专利代理师提供尽可能多的支持和配合，通过多次合作后，专利代理师通常就可以逐步熟悉隐私计算这个新兴产业，同时也和企业知识产权管理人员及发明人建立起更有效的联系。

（三）专利布局地域的选择

企业在进行专利布局时，需要结合企业的产品销售区域、竞争对手所在区域等综合确定专利布局的地域。我国企业可重点布局中国区域的专利，同时，考虑美国市场也在逐步发展，而且该技术起步于美国，美国大型互联网公司也在布局相关专利，美国也是司法保护较为完善的国家，因此，企业也可考虑将一部分重要专利在美国进行布局。

（四）专利布局后的商业宣传

隐私计算产业的科技属性较强，申请专利以后，企业要重视后期的商业宣传工作。例如，可以联系市场部的工作人员进行相应的商业宣传，通过一定程度的市场宣传，提高企业的技术影响力和核心竞争力。

六、结语

笔者认为，企业在对隐私计算企业进行专利布局时，可以从四个方面开展工作，包括：①根据行业特点，确定专利在行业的重要程度；②根据行业特点、企业特点、业务特点，确定企业专利方向；③根据行业特点、企业特点、业务特点，确定专利布局所要实现的目的；④根据行业特点、企业特点、业务特点，制定企业专利布局的策略。

企业观察

企业消费类产品出海的知识产权与合规管理

龚春娟

深圳无尽瓦特科技有限公司知识产权与合规总监

一、引言

消费类产品是面向消费者研发设计和销售的产品,消费类市场容量巨大。仅 2021 年的全球消费电子市场的规模就有 10369 亿美元,且一直持续向上发展。[1]

随着我国产业结构调整,各个行业技术改进升级,我国正从全球的制造工厂向智造创新基地转变,消费类市场也涌现了大批走向海外的优秀自主研发品牌,在海外重要国家和地区市场的相应细分门类下占据重要市场地位,且这一良好趋势正在不断扩大。而中国品牌在走向海外的过程中,会遇到各种各样的法律风险,例如知识产权、用户隐私、进出口管制、市场宣传、反垄断、反不正当竞争、质量问题造成人身/财产伤害。笔者将具体阐述自主研发的消费类产品,尤其是消费电子产品,在企业"走出去"的过程中所面临的法律风险的管理方法和操作建议。强调分析问题特

---

[1] 中商产业研究院.2022 年全球消费电子产品市场规模及市场容量分析 [EB/OL]. (2022 – 01 – 07) [2022 – 12 – 22]. https://www.askci.com/news/chanye/20220107/1657381717910.shtml.

点、梳理管理思路、详解管理方法和推荐操作技术。

知识产权问题中的风险排查是规避侵权的问题，即避免产品违反知识产权法律法规的问题，属于合规范畴。而知识产权问题中的获权和实施虽不直接属于合规范畴，除应诉外，大部分也属于迫使竞争对手合规的手段，无论在管理思路还是操作技术上逻辑接近，且二者可以复用人员减少成本，因此，笔者将知识产权和合规问题合并讨论，本文不涉及企业"走出去"必然要做的强制性标准认证和环保问题。

二、问题特点

"走出去"过程中的知识产权和合规问题具有海外监管环境严苛、违规后果严重、对产品研发宣传销售多环节影响深入、涉及法律范围广且事项繁杂的特点。

消费类产品的终端是面向消费者，其销售渠道，尤其是海外销售渠道，以线上平台和商业超市这些大销售平台为主，也就决定了稳定的销售容易受到大销售平台的政策影响。即便有很小的合规问题，都有可能直接体现为产品下架，甚至被销毁。一旦知识产权或者合规问题不能短时间内解决，产品不能上架，就会出现企业资金链断裂风险，大销售平台对产品失去信任的问题也会如涟漪般扩散到其他国家的销售平台，甚至同品类产品。一旦同品类产品短时间内不能恢复销售，针对该品类的前期研发投入、销售投入就有打水漂的可能。因此，合规问题是消费类市场不容忽视的问题。

部分国家和地区合规监管严格，罚金高昂，违规的代价惨重。例如，欧盟的《通用数据保护条例》（General Data Protection Regulation，GDPR）规定的罚金可高达企业全球营业额的4%，美国的质量问题、市场宣传不合规问题可能导致企业面临集体诉讼和高额赔偿金，美国的进出口管制问题更是除了高额罚款，还有可能导致法定代表人或者高管面临刑事追责、公司被列入制裁实体名单等一系列难题。

自主研发的过程是创新的过程，技术的创新离不开前人的技术支撑，因此要考虑专利问题。专利是国家赋予技术创新者的垄断性权利，因专利问题导致产品下架、大金额赔偿的新闻屡见不鲜，尤其欧洲和美国等地除了大额赔偿，还经常下发有关禁令。消费电子产品研发通常涉及结构件、电子电路开发、用户交互界面等侵权取证容易的产品特征设计，使得解决专利问题的紧迫性显得更加突出。

除了可能引起严重的后果，知识产权和合规问题往往还涉及产品本身的结构、功能、质量，宣传文案的措辞，销售的行为，与供应商的合作内容等多个方面。做到研发、生产、宣传、销售、售后各个环节的合规不能只是表面的文本工作，应当是各个"研、产、销"环节的言行规范和自身知识产权能力建设，这些问题处理方法虽然不简单，但也不需要多高的成本。因此，和上述巨大风险和严重后果相比较，企业是否需要严格推进知识产权与合规工作的结论显而易见。

此外，消费类产品在海外常见的知识产权与合规问题除了专利，还包括商标、域名、著作权、开源软件、商业秘密、用户隐私、进出口管制、市场宣传、反垄断、反不正当竞争、质量问题造成人身/财产伤害，以及消费者权益保护、反商业贿赂等。可见涉及的细分领域繁多，兼具法律性和技术性。而且专利、商标、域名、著作权、开源软件的数量动辄成千上万，细节繁多，内容琐碎。

三、合规管理思路梳理

企业需要将知识产权和多领域法律的合规管理融入企业的各个业务节点，确保业务稳定向前发展。企业管理工作一方面涉及各不相同的法律领域，另一方面涉及各不相同的业务环节管控。其中，专利、用户隐私和进出口管制问题技术性强，用户隐私、商标和著作权问题繁杂琐碎，进出口管制问题法律逻辑复杂，但要梳理上述复杂的问题集合，其实也不外乎挑重点、管理人、进流程、检查改进，形成计划（plan）、执行（do）、检查

(check) 和修正 (act), 即 PDCA 循环。

笔者以在"走出去"企业中占比较高的消费电子产品的自主研发企业为例,假定该企业产品的欧美市场营收利润占企业总营收利润的比例较高,产品的研发重点包括但不限于结构设计,说明该企业重视全球的知识产权和合规问题。笔者讨论的合规管理框架下包括的知识产权涵盖专利(发明、实用新型、外观设计)、商标、著作权(软件、字体、图片)、域名、商业秘密、开源软件,其他合规问题包括用户隐私、市场宣传、进出口管制、反垄断、反不正当竞争和质量风险。

(一)挑重点

企业从重要性和复杂性两个角度对上述问题进行筛选,重点问题重点解决,可以大大提高工作效率和效果。

1. 专利

选择专利的原因是专利的对抗方是直接竞争对手,对抗是常态,专利的对抗结果有可能使产品下架、产线停产、模具报废,甚至产生高额赔偿金,专利涉及产品的所有技术细节,专利的管控时间节点从选品开始一直贯穿到产品上市,专利的运用除了侵权与否的直接对抗,还可以助力产品销售、辅助产品研发、窥探行业发展、增值无形资产、申请资质补助。

2. 用户隐私

用户隐私是 2018 年欧盟《通用数据保护条例》落地后涌现的新合规问题,违规结果是高额罚款,其也是受消费者和媒体关注的高敏感话题,包含摄像头、声音、指纹等生物信息采集装置的产品尤其被关注。用户隐私合规对企业的信息安全管理系统有明确、具体和详细技术参数指标要求的门槛性条件,既需要企业建立一套独立的多级制度保障,成立以隐私合规官为首,包括所有可能触碰到个人可识别信息(personal identifiable information, PII)的部门人员的隐私合规团队,梳理欧洲、美国、中国、俄罗斯、韩国等多个国家和地区的隐私法律法规变更并内化为内部动作要求,深入核查所有 PII,尤其是敏感个人可识别信息(sensitive personal identifiable information，SPII）的从收集到传输、储存、拷贝、销毁、加密整个链条的合规性，这些 PII 和 SPII 还会在第三方合作机构处被处理。因此，企业核查工作还包括和第三方合作机构关于用户隐私的合同谈判和监督执行，搭建响应流程，严阵以待每一个外界的质疑和调查，并在规定时间内响应每一位用户（即数据主体）的每一项权利，对每一款产品从设计之初开始做隐私合规审核以真正做到设计合规（privacy by design），并修订众多场景下的隐私政策，对相关工作人员定期开展隐私培训，并为公司和产品进行隐私认证。

3. 进出口管制

进出口管制是近些年备受关注的合规问题。消费电子产品难免包含各式各样的芯片和应用多种设计开发软件，相当一部分的芯片和设计开发软件包含来自美国、欧洲的技术，甚至直接采购自美国、欧洲的原产地，很有可能触及美国、欧洲的进出口管制问题。因为消费类产品大部分是非定制化的纯民用产品，应用场景距离军用都比较遥远，所以进出口管制的合规工作更多地在于筛查不合规风险和限制销售地和服务提供地，防患于未然。

虽然对企业的业务影响不一定大，但复杂的合规筛查工作不能有半点马虎疏漏。以美国的出口管理条例（Export Administration Regulations，EAR）为例，判断物料是否落入管辖范围，包括四种应用场景（是否过境美国、原产于美国、非美国制造实物的最小占比原则和直接产品原则），上述四种场景涵盖了硬件和软件、物料的出厂和运输、一定占比的美国部件/软件销往一定国家的情况，也就是对生产一款产品的所有环节和所有技术部分拆解进行判断。经过判断后，对于落入 EAR 管辖的物料需要根据技术细节来划分归属于哪一种出口管制分类编码（Export Control Classification Number，ECCN），每一个 ECCN 都有详细的管制要求，对最终用户、最终用途和最终目的地、是否需要申请许可证或者许可例外都有明确要求，不能出口至受管制国家和销售给受管制主体。当然有相当多的物料不会有归属的 ECCN，而是落入 EAR99（该分类号下的物料受 EAR 管制，但没有明确具体的出口管制要求，且没有根据其技术划分的单独的 ECCN），这部分物料一般是不需要许可证的。由于企业要判断自己产品的受管辖情况需要知道所有物料,甚至所有开发应用软件的受管辖情况,因此企业还需要对所有供应商和所有物料进行问卷调查和梳理总结。仅就美国而言,除了美国商务部工业与安全局(Bureau of Industry and Security, BIS)的EAR,还有美国财政部海外资产控制办公室(Office of Foreign Assets Control, OFAC)管理的特别指定国家和被封锁人员清单(Specially Designated Nationals and Blocked Persons List,以下简称"SDN清单"),企业一旦与SDN清单中的被制裁实体交易,将面临禁用美元结算系统的风险。此外,还包括美国国防部认定的涉军企业清单。由于这些法律条例和清单是高频次增补的,尤其在美国针对某些国家和企业集中制裁时,因此需要高频定期更新法条和清单。

除了上述三个已详细阐明重要性和复杂性的问题,商标和市场宣传对企业来说也是很重要的工作,但由于其复杂程度稍显逊色,且不属于近几年受关注的合规问题,因此不在此进一步阐述。笔者虽以消费电子产品为例,但是不能涵盖所有消费电子产品的重要合规问题进行阐述,比如搭载内容提供平台的著作权问题、软件产品的开源问题都很重要。

(二)管理人

厘清问题后,可以从问题本身的技术性、法律性和复杂性三个角度对知识产权与合规范畴下的各个岗位模型进行分析,构建人才画像,进行招聘、培训和考核,从而稳定提高工作效果。

1. 技术画像

除了专利问题,用户隐私、市场宣传、进出口管制和质量风险问题都具有较强的技术性,适合寻找具有理工教育/工作背景的人。专利覆盖产品的所有技术领域,可以将专利工程师简单划分为结构、电路、软件三个领域。由于用户隐私工作需要对数据传输、加密、软件编程技术有一定了解,因此有数据或者软件技术背景的人更适合。因为市场宣传合规工作中需要对产品的所有与物理量、参数有关的卖点进行推敲,参数宣传的合理性需要研究标准中的测试条件、推敲自定义的测试条件对其他品牌产品是否公平，新宣称的物理量是否会对用户构成误导，所以这些研判工作最好由有技术背景的人担当。企业的进出口管制合规工作在 EAR 的规定下判断其是否满足直接产品原则时，在做 ECCN、EAR99 归类时，都需要充分熟悉自家产品技术才能准确辨别。由于人才市场上同时拥有法律背景、技术背景和良好英语水平的人集中在专利领域，而且专利工程师因为专利本职工作天然熟悉产品技术，中型企业的人力预算也未必适合所有合规领域都分别单独配置全职人员，因此这几种工作可以复用专利工程师。

2. 法律画像

由于用户隐私和进出口管制是近几年新兴的合规领域，而且基本法律框架源于国外，因此人才市场上既熟悉法律，又有丰富实操经验的人较为稀缺且成本高，企业在有限成本下可以优先考虑有国外法律教育背景和技术背景的人才，到岗后在工作中边干边学，继续对其培训用户隐私和进出口管制的相关法律。用户隐私的工作人员可以通过考取国际隐私专业人员协会（International Association of Privacy Professionals，IAPP）的信息隐私管理认证项目得到行业认可。

专利工作包含关键专利的申请和风险排查，对专利工程师的技术技能和专利相关法律技能（含诉讼阶段）以及英语要求都比较高。在岗位设计时，企业可以通过毕业院校、原工作单位和工作年限结合优选。

3. 素质画像

商标、著作权、用户隐私、进出口管制和专利流程工作的人均处理单量都很高，而且容错率低，一个商标、专利流程工作的疏忽很有可能导致一个核心品牌、一个重要全球专利族的失效，一份隐私政策的修订失误可能引发舆情波动，一位用户行使权利邮件的漏回复可能导致被投诉，一颗芯片物料的 ECCN 辨析错误很可能导致整机管控分析错误。因此，细致谨慎、认真负责是对工作人员的重要要求，企业需要在招聘工作中特别注意。

4. 培训和考核

找到合适的人才之后，要想充分适应企业岗位的工作需要，人才仍会有很多新业务需要学习适应。例如，在将各项合规嵌入对应的流程节点时，员工就需要学习各个工作流程；各项合规涉及的法律都不是一成不变的，员工需要定期学习新规定新案例。而且公司处于不断发展壮大之中，会涉及新业务，这些新的业务都需要干中学、学中干。员工可以从同行处请教宝贵经验，可以在合作过程中向专家体系性学习，这些学习机会既可以使工作更上一层楼，又可以为员工自身提高能力，因此，企业应当鼓励员工积极主动学习和挑战新工作。

考核是照镜子发现问题和提升工作质量的有效方法，也是 PDCA 循环中的检查这一项不可或缺的环节，可以在年中/年终考核中和对接部门以问卷和面谈方式展开，例如专利工程师的工作可以调查项目经理、研发和产品经理，商标工程师的工作可以调查宣传部门、销售部门和财务部门对接员工，用户隐私工作可以调查软件产品经理、软件研发和宣传部门对接员工，进出口管制工作可以调查采购经理，市场宣传合规工作可以调查宣传部门对接员工。在考核中，不仅可以听到对接员工的意见，而且可以让对接部门感受到合规同事想切实做好合规工作的态度，收获对接员工在自身角度观察给出的进一步工作建议和后续的良好沟通意愿。

（三）进流程

1. 专利申请和风险排查

相当多企业的专利工作已被纳入研发工作流程，成为其中的一个节点，但根据企业实际需求不同，融入的程度也有所不同。将结构设计作为研发重点之一的消费电子产品企业应该属于最重视专利工作的那一部分企业。如图 1 所示，以整机开发流程为例，说明专利工程师在里程碑节点关于专利申请和风险排查的交付和检查设置。

图 1　整机开发流程示意

第一，商业计划书节点之前：交付产品重要功能点的专利风险报告。

第二，立项节点之前：检查产品设计文档（product design document，PDD），对设计方案进行专利风险排查和牵头讨论规避设计修改降低风险，交付专利风险报告和相关的专利文献供研发参考。

第三，结构架构设计完成节点之前：检查结构架构设计文档，对设计方案进行专利风险排查和牵头讨论规避设计修改以降低风险，交付专利风险报告和相关的专利文献供研发参考。完成结构架构专利挖掘，并尽快完成专利申请的递交。组织会议向项目经理、产品经理、结构研发同事同步专利规避点和专利申请点。有些结构架构设计对外观有所影响，这部分的风险排查工作需要在外观基本确定之前完成。

第四，结构和电路详细设计完成节点之前：检查结构和电路详细设计文档，对设计方案进行专利风险排查和牵头讨论规避设计修改以降低风险，交付专利风险报告和相关的专利文献供研发参考。参与新供应商、新物料的采购合同中知识产权部分的沟通，将合作中产生的新知识产权权属和侵权风险承诺内容落实在合同中。侵权风险承诺部分的条款设置强烈建议详细罗列从收到起诉到结案各个节点各种情况下采购方可能面临的困难和损失，要求对方承诺解决和赔偿，洽谈中地域范围是不能退让的。在模具制造之后，尽快开始软件专利的风险排查和专利申请。完成结构、电路和已有软件设计的专利挖掘。组织会议向项目经理、产品经理、结构/电路/软件研发同事（为了保护技术秘密，不同研发部门分别组织会议）同步专利规避点、专利申请点和专利申请状态变更。对于外观设计有大幅变更的产品，在外观基本确定时尽快申请外观设计专利。

第五，软件详细设计完成节点之前：检查软件需求文档，进行专利风险排查和牵头讨论规避设计修改以降低风险，交付专利风险报告和相关的专利文献供研发参考。完成已有软件设计的专利挖掘，将已申请的架构、结构和电路设计变更点加入申请文件或者形成新申请。分部门组织会议向项目经理、产品经理、软件研发同事同步专利规避点、专利申请点和专利申请状态变更。在产品外测之前完成所有外观设计，包括 GUI 外观设计专利的申请递交。

第六，制造验证完成、进入大批量试制节点之前：完成专利风险排查的二次确认和所有专利的申请工作。有时市场宣传的预热会在该节点之前，要根据市场宣传材料判断，将公开和可能被猜测到的技术内容在宣传之前完成专利申请递交。由于早期申请的专利可能会对在后申请的专利造成阻碍，因此在后申请的相关专利要求在先专利的优先权。

需要说明的是，有些产品的开发周期较长，早期申请的专利需要提前做好延期公开的准备工作，等产品发布后再统一申请提前公开。

上述专利风险降低方式仅提及规避设计，是因为规避设计对产品影响最大，对研发工作影响最大，规避设计方案的最终确定往往需要经过包括外部律师在内的多角色共同多次讨论，即便如此依然未必能够达成共识。此时需要引入专利风险评估流程，针对不同情况不同处理。专利风险评估流程的主要设计思想就是，根据专利风险在不同国家和地区的风险高低程度，逐级引入更高层级、更多部门的人加入讨论，寻找更优的解决办法，例如诉讼成本计提、控制出货国家范围、选择部分销售渠道等不同的风险应对方案。

为了保障上述风险排查和专利申请都能够规范作业，使不同产品之间的作业质量保持恒定。需要分别制定作业指导文件和质量管理要求，例如风险排查在何种情况下需要企业知识产权管理人员背靠背双重检索确定，检索方式包含重点专利申请人和关键词检索，重点专利申请人的相关产品专利需要逐篇分析，同族专利需要逐个检查有效状态和权利要求保护范围，仍处于审查中的专利需要通过说明书尽量预判授权前景，告知研发人员并在产品发布后持续跟踪审查状态。将质量管理要求直接纳入绩效考核，质量管理要求的关键在于倡导和禁止明确区分、简单明了容易执行、严格执行不遗漏。

由于专利风险排查工作不是一时一刻的工作，也不是个人就可以完成的工作，因此维护专利风险状态表有利于降低风险的彻底贯彻落实。专利风险状态表可以包括风险发现时间、解决方案与缘由、方案遗留未完成动作，对未完成动作应进行定期状态更新，直至风险闭口。审查中专利可以根据数量庞大与否单列成表或者集合在风险状态表中。产品发布后的新增风险专利也可以集成落入专利风险状态表。可以看出，产品研发阶段的专利风险排查工作完成并不代表可以高枕无忧，风险监控工作需要一直持续。从另一个角度看，风险监控工作的持续是后续同系列产品风险排查的高效反馈基础，不需要每一个新的设计方案都要等半个月甚至一个月的风险排查完成之后才能有所输出，而是当日甚至即时给出初步意见，大大缩短研发等待时间。

2. 用户隐私

企业要实现隐私设计，需要将隐私风险排查纳入整机开发流程。

第一，在立项节点之前：针对隐私设计核查用户隐私风险，牵头组织会议讨论方案变更降低风险。

第二，在软件详细设计完成节点之前：针对软件需求文档核查用户隐私风险，牵头组织会议讨论需求变更降低风险。

要做好用户权利行使工作，例如信息删除、建立小流程、保证存储在各处的用户信息删除干净。

由于用户隐私是高敏感度的话题，因此在产品公开文案中要做好文案审核，包括宣传文案、包装说明书文案、销售链接文案。

3. 进出口管制

进出口管制的节点控制主要体现在新供应商和新物料的引入过程中，企业应将其纳入整机开发流程。

在结构和电路详细设计完成节点之前：排查新的供应商和新物料的被管控情况，通过问卷调查、书面承诺、控制物料占比等方式降低风险。

进出口管制的节点控制进一步应纳入采购工作子流程，包括在供应商初筛阶段就加入供应商评估团队，要求供应商出具其主体及其关联主体的受制裁情况以及用于推断每一款物料的受制裁情况的问卷调查，由采购经理对供应商提供信息进行复核，并由合规工程师对问卷中的可疑点进一步沟通协商。因为合规工作的记录本身就是很好的自证材料，所以将问卷调查和沟通记录尽可能纳入采购流程管理软件，落入电子流程管理是很好的实施方法。

4. 市场宣传合规

市场宣传的合规主要是指在对产品进行公开宣传时，文案需要符合当地的相关法律法规，不能误导消费者，主要涉及反不正当竞争、用户隐私、商标、专利等方面，文案主要包括包装、展会、网站、销售平台上的视频、图片和文字。有些国家和地区因为广告宣传中不公允地抬高自己、贬低竞品的行为而被巨额判罚的情况很常见。企业对其审核的工作也应被纳入整机开发流程，因为待到文案初稿形成再提出疑问，重新安排测试已晚。

第一，在立项节点完成之前，需要针对隐私设计中的重要卖点如何宣传、可以宣传的物理量给出建议，并牵头讨论测试方法可行性，有标准的遵守标准，没有标准则会同当地律师，全球范围一般选择欧洲律师，共同确定对不同品牌产品都公平合理的测试方法。

第二，在结构和电路详细设计完成节点之前，跟踪硬件相关宣传点测试结果，检查测试报告并存档。

第三，在软件详细设计完成节点之前，跟踪软件相关宣传点测试结果，检查测试报告并存档。

在整机开发流程之外，和用户隐私文案审核进流程类似，审核产品的公开文案尤其需要关注参数以及新物理量宣传用语和比较性用语，并做好必要的脚注。

5. 商标

商标是很重要的无形资产，企业需要做好风险评估和提前布局，其中风险评估的部分需要被纳入流程，主要是宣传部门的工作子流程，需要在新的产品商标、技术商标命名时就尽快进行在先商标的检索，确定是否全球可用，如果可用，则尽快注册。此外，和市场宣传和用户隐私类似，商标也需要做产品的文案审核，除了商标需要规范使用，还需要考虑有技术或者功能含义的短语和图形可能已被注册商标。

至此，在挑重点、管理人和进流程的详细阐述之后，合规管理工作的骨架部分已经大体形成，关于PDCA循环中的检查和修正环节，和其他领域差别不多，不再赘述。

四、操作技术建议

搭建整体管理框架后，具体操作技术是下一步需要关注的问题。笔者介绍一些常规工作方法之外的具体操作技术上的要点建议，涵盖知识产权和合规范畴下多个方面的内容。

（一）专利申请

企业在一些重要国家和地区的专利权建议尽可能保持长久有效，尤其是美国，可以在市场上出现跟随型产品时修改权利要求对竞品造成威胁。实现方式可以是在首次递交申请时即布局多组具有单一性的权利要求一并写入说明书，并在第一组权利要求即将授权时分案递交第二组权利要求，以此类推。第一组权利要求获得授权的时间可以根据竞品跟进速度决定，消费电子产品往往一年左右就会出现近似结构或功能。

专利的挖掘关键在于找到本案和现有技术之间的最大差异的交集，并将其结构、使用场景、原理、效果的区别深入分析纳入说明书，同时作不同方式的概括形成不同的权利要求树。独立权利要求为树根，从属权利要求为树枝，不同的独立权利要求作为不同的树根，相同的从属特征构成多棵树的连接点，从而实现对单个改进技术的网状交叉保护。例如对于结构权项，可以根据和不同结构件之间的几何位置关系、结构细节、使用场景、物理参数、原理和功能构造多组不同的权利要求树对产品进行网状交叉保护。多个改进技术之间一样可以找到相同特征的连接点，多个技术专利之间交叉连接，可以实现对整个产品的网状保护。

一名优秀的专利代理师可以撰写一篇符合中国、欧洲、美国等不同国家和地区的形式和实体要求的专利申请文件，并同时出具中文和英文两个版本，且不会出现两种语言上的技术术语不清楚、不一致，还能够在说明书中做到多角度、多场景描绘技术方案，给足所有创新点的说理和功能效果描述，对相关的软硬件方案作短期或长期的前景预言，熟悉答复通知书技巧，并能够梳理清楚同一系列产品下不同专利之间的差异点、关联性和各个国家同族专利的通知书答复情况，做好答复策略统筹。一个优质专利族的产生也离不开优秀的专利工程师，优秀的专利工程师能够做好和研发人员之间的挖掘工作，将说明书的所有素材为专利代理师准备好，并构建权利要求树的框架，如果说专利代理师是炒菜的厨师，专利工程师在专利申请的工作中就是制定菜谱、采购和配菜，重要性丝毫不低于专利代理师。

将不同级别的专利在不同阶段的处理方式尽量细分，例如次级重要的专利在答复通知书阶段由专利工程师独立处理即可，驳回和复审阶段由两位专利工程师讨论决定，甚至会同研发和产品线专利负责人共同讨论确定。重要专利申请是关键节点，专利负责人应该尽量多参与，能够了解和推动重要专利申请的关键事项。

（二）商标申请

海外商标注册采用商标国际注册马德里体系可以大幅降低成本，在选择马德里体系的基础商标时可以选择美国商标，特别是技术商标容易因为显著性问题被驳回，所以可以在美国基础商标被驳回后尝试将商标注册从主簿（principal）注册改为辅簿（supplemental）注册，辅簿注册具有成功率高的特点，待商标因市场投放具有知名度从而提高显著性之后再转回主簿注册，这样的操作方法可以大大提高商标的整体注册成功率。

（三）知识产权下的其他问题

著作权（含软件正版化、字体、图片）、域名、商业秘密、开源软件也属于知识产权，也是企业知识产权管理人员必不可少的工作。

著作权工作除了自有著作权的登记，还需要重视侵权风险，尤其在融资、上市的关键阶段，控制侵权风险的主要抓手是合理购买正版软件、字体、图片，员工办公电脑安装软件的管理，做好内部的培训和规章制度的设定和定期存档。

域名工作在申请上和商标类似,都强调提前布局,都是被抢注的高发领域。如果商标已提前布局,则可以通过域名争议程序取回相应域名,例如在域名争议解决机构采用统一域名争议解决政策(Uniform Domain-Name Dispute-Resolution Policy,UDRP)、法院或者仲裁委员会。在商标和域名都没有提前布局的国家和地区想通过法律途径拿回权益是比较困难的。

商业秘密工作以企业信息安全管理系统的完善落地为前提条件,需要做好员工入职离职时保密协议和竞业限制协议的分级别签订。

开源软件的合规工作强烈建议不使用遵从通用公共许可协议(General Public License,GPL)的代码,避免企业自身代码受感染而被迫全部公开。

(四) 其他合规问题

其他合规问题包括反垄断、反不正当竞争和质量风险。

企业的反垄断合规工作首先需要关注避免对渠道经销商控价,尤其是欧洲和美国的渠道商。

反不正当竞争是规制恶意竞争行为的兜底性条款,此处单独罗列的目的是想提示企业应避免涉嫌操控销售平台用户评价。

质量问题在美国容易遭到集体诉讼,在其他国家和地区也会被要求召回。如果质量问题严重到造成消费者人身伤害,则还可能面临刑事调查,近几年美国司法部(DOJ)和消费品安全委员会(Consumer Product Safety Commission,CPSC)处罚消费类产品企业的案例时有发生,提醒企业应重视这一新型合规风险。对于可能引发消费者人身安全的产品质量风险,企业应当积极主动克服自身缺陷和应对调查,不能抱侥幸心理企图蒙混过关。

至此,笔者提出了针对消费类产品研发企业在"走出去"过程中可能遇到的知识产权和合规问题的管理方法以及操作建议,所提内容只若此类工作内容沧海之一粟,仅供参考。未来,中国企业"走出去"将遇到的知识产权和合规问题会越来越复杂,这将会是一项越发严峻的挑战。

简析知识产权"三位一体"综合管理体系的构建可行性和价值

——以互联网云服务型企业为例

杨 淼

北京金山云网络技术有限公司知识产权与数据合规高级总监

一、引言

根据国家知识产权局数据统计,2022 年,我国授权发明专利 79.8 万件,实用新型专利 280.4 万件,外观设计专利 72.1 万件。受理《专利合作条约》(PCT)国际专利申请 7.4 万件。截至 2022 年年底,我国发明专利有效量为 421.2 万件,每万人口高价值发明专利拥有量达到 9.4 件。世界知识产权组织(WIPO)发布《世界知识产权指标 2022》(*World Intellectual Property Indicators 2022*)显示,2021 年的中国发明专利有效量已经位居世界第一。在专利数量稳步增长的同时,专利质量也随之提升。2022 年,我国高价值发明专利拥有量达到 132.4 万件,同比增长 24.2%,占发明专利有效量的比重超过四成。数字领域的技术创新,是 2022 年中国发明专利的一大亮点。按照世界知识产权组织划分的 35 个技术领域统计,截至 2022 年年底,我国信息技术管理、计算机技术等数字技术领域有效发明专利增长最快,数字经济核心产业发明专利授权量为 32.5

万件，同比增长17.9%。❶

数字领域的技术创新数据绝大部分来自互联网企业，面对如此庞大的知识产权数字和增量，如何进行高效管理就变得十分重要。采用哪种知识产权管理体系以强有力地支撑一个企业的快速发展，需要人们从多个角度去思考和构建。

二、云服务型互联网企业的定义

所谓的互联网企业一般是指以计算机网络技术为基础、利用网络平台提供服务并因此获得收入的企业。而广义的互联网企业可以分为：基础层互联网企业、服务层互联网企业、终端层互联网企业。

笔者所在的企业是比较新型的互联网类型，整体可以概括为云服务类型的互联网企业。云服务是基于互联网的相关服务的增加、扩容、使用或者交互模式，通常是通过互联网来提供动态易扩展、虚拟化的网络资源或者硬件设备，而"云"就是网络、互联网的一种比喻说法。云服务类型的企业通过提供按需、易扩展网络资源的方式获得相应收益。这种服务可以是信息技术（IT）硬件、软件或者互联网相关的存储、分发、算力等内容，当然也可以是其他服务，例如扩容、维护或者网络安全等。这种服务形式的出现表明互联网的某种服务或者计算能力真正成为一种可交易和规模化核算的新型商品。

简单来说，云服务就是将企业所需的软件和硬件资源放到互联网或者由特定软件和硬件结合构建的私密空间里，在较为方便的不同时间、地点，使用不同的IT设备互相连接，进行智能运算，以实现资源存取、运用的更加便捷、合理和智能。当然，随着上云程度的持续加深，用户在服务形态、平台性能、数据安全、建设成本等方面的需求也在不断变化。

通过概念介绍可以看出，云服务类型的互联网企业是一种软硬结合、偏重运算和存储能力的类型，是一个比较特殊的互联网企业模式。一个独

---

❶ 刘峣．"数"看中国知识产权成绩单［N］．人民日报海外版，2023-01-19（9）．

立的云服务企业往往是一些互联网企业的服务器、中转站或者连接器，其中所涉及的企业服务和规范内容极其多样，这也导致企业相对应的法律关系和风险更加复杂。可以不夸张地说，对云服务型企业而言，其日常工作基本覆盖了所有的知识产权概念，包括了域名、商标、著作权、专利、商业秘密等内容。

所以，讨论云服务型企业的知识产权管理工作就必须结合企业类型，进行系统化的调整，建立一个综合管理的大知识产权体系。

三、简析"三位一体"知识产权综合管理体系概念

基于经济与社会环境的不确定影响，在新型互联网企业类型和"互联网+"的特殊大背景下，为了更好地节约成本并体现知识产权的价值，更多新型互联网企业开始尝试集中企业资源统一调配和管理，以最小的成本呈现最大的效果，同步加强企业发展中的各类知识产权运用效果和降低法律风险。由此，构建了一种名为"三位一体"的知识产权综合管理体系。

什么是"三位一体"的知识产权综合管理呢？

简言之，就是将企业涉猎的知识产权问题，由统一的知识产权管理部门统筹管理，这种管理不是形式上的管理，而是一种资源集中、分工明确且跨部门配合非常明确的管理制度。

将狭隘知识产权中的品牌（包括商标、域名）、产品或作品（包括源代码、开源代码、美术、文字）、技术（包括专利技术、技术秘密）和商业运营、法律风控系统地管理起来，其中建立明确的知识产权管理制度并嵌入各种产品立项至消亡的流程之中，以形成统一的、综合的、立体的管理方案。

四、"三位一体"知识产权综合管理体系构建的背景和时机

2018年3月21日，中共中央印发了《深化党和国家机构改革方

案》，提出要重新组建国家知识产权局，且强调其综合管理和保护的职能：强化知识产权创造、保护、运用，是加快建设创新型国家的重要举措。为解决商标、专利分头管理和重复执法问题，需要完善知识产权管理体制。

同时，随着我国知识产权的快速发展和盲目申请的初级阶段完结，国内商业竞争环境的日益严峻，企业对知识产权的认识程度不断提高，国家管理机构和企业的知识产权管理概念开始发生了从量到质的方向改变。随着知识产权确权及数量为王的初期阶段逐渐结束，知识产权开始更加务实和贴近市场，知识产权的有效性和价值被重点关注，怎么用最小的成本得到最大的价值成功，成为企业管理越来越追求的一个共性话题。

在当今国内知识产权发展阶段，一些较早布局知识产权的企业已经开始享受知识产权带来的红利，包括标准必要专利（SEP）、专利池或者专利交叉许可、买卖等，特别是互联网行业已经开始将知识产权作为市场竞争的武器被使用的时候，其力量变得格外引人注目，例如行业中经常被提到的"百度与搜狗"专利大战、"网宿诉白山云"专利侵权等。

越来越多的知识产权被当作法律武器运用于市场竞争，如果未来维权获益越来越多，那么司法环境必将助推企业更加重视知识产权管理和价值最大化的问题。当企业意识到一件专利、一幅作品、一件商标都可能对应天价的诉讼标的，知识产权工作一定会变得格外受关注，那么知识产权的综合管理、灵活运作和维权也必然成为人们探寻的方向。

五、"三位一体"知识产权综合管理体系的构建方法和意义

（一）知识产权综合管理的关键节点是人才培养和管理模型的构建

我国知识产权行业从业人员的背景大体可以分为两类：一类人员有理

工科背景，这类人员思维缜密，技术理解能力强，在知识产权领域特别是专利工作领域中占据绝对的主流地位；另一类人员有法律背景，在商标、著作权、域名领域从业或者综合法务转型，这类人员法律程序熟练，思维跳跃，综合法律运用能力强，在知识产权诉讼或者合规管理领域占有较大比例。

随着企业发展，企业为了追求一揽子服务或者员工价值最大化，往往希望知识产权从业人员可以更多地理解企业发展需求，将知识产权的确权工作与后期的运用、运营工作能够更好地有机结合起来。特别是云服务类型的企业，不同的知识产权从业人员会深入产品研发的过程中，如果在解决商标、著作权、专利、开源代码等问题时，一个研发人员需要同时对接不同的知识产权人员或法务人员，会影响研发人员的工作效率和工作进展，甚至会降低其将技术转化为知识产权的想法。为了解决这类问题，企业要加强对知识产权综合型人才的培养。

企业可以通过组织内部定期培训、学历教育、与外部机构合作等多种形式的人才培养计划，让有理工科背景和法律背景的知识产权从业人员逐步接触新的知识产权工作内容，让其具备一定的综合处理问题的能力。这样建立的人才模型可以称为典型的"T"字形人才，即在知识产权某一领域非常资深，同时解决问题的综合素质也不错。这样才能完整体现出知识产权人才的最大价值，使其得到企业的高度认可。

在组织机构方面，笔者较为认可大法务架构形式的知识产权管理模式，即企业设置统一的法律管理部门，知识产权作为法律管理部门中独立分支。在大法务架构下成为一个独立部门或者一个独立工作组，知识产权职能向上对法律管理部门负责人负责（负责人级别不能过低，建议在副总裁以上），例如法务总经理，向下全面主导、管理与企业经营相关的所有知识产权事务，包括专利、商标、著作权、商业秘密和其他知识产权风控等。由于同属法务架构，有可能专利工作内容，会和商标、著作权等工作内容拆分开，由法律管理部门其他模块负责，但设立知识产权集中、统一的负责人比较好。这一模式的优点是管理权责清晰明确，处理知识产权初期确权和后期运营问题能够协调统一，工作更加高效，有助于进行企业整体的知识产权风险防御和系统化管理。

（二）知识产权全部工作内容的统筹管理

知识产权全部工作内容的统筹管理是指将狭隘的品牌（包括商标、域名）、产品或作品（包括源代码、开源代码、美术、文字）、技术（包括专利、技术秘密）和商业运营、法律风控系统管理起来。

例如，可以将产品与知识产权的对应关系比喻成"鸡蛋"，企业知识产权管理人员的工作就是用相应的知识产权来映射和武装这个"鸡蛋"。

"蛋黄"是核心的思维创新、解决方案等可落地的且拥有新颖性、创造性和实用性（以下简称"三性"）特点的技术方案，需用专利进行提前布局。往往一个产品的诞生，最初可能就是基于要解决一个技术问题或解决一个社会需求。当然，企业在实践生产这款产品的时候，往往发现要解决的可能不是一个问题，而是众多问题，这样针对每个问题产生的创新性方案，企业都可以申请专利。

有一个技术解决方案还是不够的，还需要将其转化为可以现实化的载体，这些载体可能是图片、文字，也有可能是源代码。而对这些载体的创意，需要用著作权给予保护，按照作品类型分为一般作品著作权和计算机软件著作权，这部分就像是"蛋清"。

产品做好准备投放市场时，一个便于宣传的名称有助于提高产品销量。这个名称，通常需要用商标的形式来保护。一个注册成功的商标可以让产品在同类和近似产品中获得独一无二的名称，这对商品市场来说极其重要，这个名称或者对外包装的内容可以比作"蛋壳"。

在形成这个鸡蛋的过程中还会涉及经营秘密、技术秘密或者开源代码等很多问题，这些也是企业日常接触的综合管理问题。因此，不同的知识产权从不同的角度和范围保护产品，但彼此又互补。"三位一体"的综合知识产权管理就是通过更系统的统筹思维来让一个企业或者产品走得更稳、更远。

同时，企业的知识产权工作一定是一个动态的过程，并不是静止的。

企业的知识产权管理是随着产品的发展阶段而不断匹配的过程，必须在产品发展的不同阶段，让知识产权与产品不断碰撞和融合，而且在专利满足新颖性或者商标注册在先原则的基础之上，至少要做到两者同步产出。比如在产品立项的时候，企业通常要做尽职调查，通过专利检索了解现有技术、竞争对手和企业自身所处的位置，然后在空白领域或者薄弱环节做出一定的专利布局，明确研发方向。尽职调查之后，知识产权人员可能需要与产品团队有一定的碰撞，但这不应妨碍产品的研发进度。企业知识产权人员的工作需要积极协调，配合研发寻找解决方案，还要将这个解决方案采用专利的形式保护起来。尽职调查之后，企业需要对产品或者项目的名称进行可用性评估，提前布局商标储备。产品研发过程中，企业知识产权人员要不断跟进技术团队，深挖技术创新点，实时产出专利。产品第一次研发或者测试之后，基本框架一般已经确定，这个时候企业需要对其产品界面或者表层装饰进行外观设计申请和著作权登记，包括图形界面、美术设计和源代码。产品正式上市之后，企业知识产权人员也要查漏补缺，让产品与知识产权共同发展和升级迭代。这也是"三位一体"综合管理思维方式中的一种动态思维。

（三）知识产权全部生命周期的统筹管理

知识产权全部生命周期的统筹管理是指实现基础业务、风险防控、运营增值"三位一体"的侧重管理。

无论是处于初创期还是成熟期的企业，都已经离不开知识产权管理制度的加持。无论是通过知识产权获取市场竞争力，还是利用知识产权规避法律风险或者增加资产价值，知识产权都已经成为每个致力于长远发展的中国企业所必须面对的现实问题。那么，要想长远发展，企业就要对知识产权的工作模块进行适度分配，规划不同的工作内容。基础业务、风险防控和后期的运营增值都要做适度考虑，工作不能局限于某一点，要做长线、统一管理，在做好基础工作的前提下，要根据企业现有状况多做延伸布局，尽可能实现知识产权的最大利用率和价值最大化。例如，随着高价值专利理念的提升，企业知识产权管理人员需要加强"专利撰写和诉讼统筹"的系统思考方式。互联网企业多数在建立较为严格的专利内部审查和质检说明制度，要求在专利撰写初期就把技术和专利进行一定的排查和分级管控，确定其撰写方向和保护范围，要求起草专利申请文件时兼顾后期诉讼取证等实务问题，确保撰写和诉讼实现统筹运作，而不是脱节工作。

当然，关于怎么风险防控、怎么运营增值，这需要根据行业特点进行有针对性的规划。

（四）知识产权全部链条部门的统筹管理

知识产权全部链条部门的统筹管理是指至少实现产品部门、知识产权部门、宣传部门的"三位一体"协调管理。

企业经营环境不断变化，发展模式及产品技术日新月异，一个企业或者产品在用户心中的形象和品牌价值变得更加重要。如何能够让用户对企业或产品有一个积极正向的认识？如何让技术产品的研发能力得到宣传却不影响专利的新颖性？这些问题都需要仔细思考与解答。

产品部门是知识产权的源头部门，由其产生专利的技术创新点、名称、代码、设计等需求，企业要加强对产品部门的培训及启迪，提高该部门的主动性和需求量。

知识产权部门是加工部门，经过知识产权部门的加工整理，产品的需求会变得更加升华且具有条理、方向，由其为企业建立一个进可攻、退可守的知识产权保护体系。

宣传部门是品牌提升部门，负责提升产品的名誉及口碑，提升企业和产品的整体形象。

知识产权部门可以负责支持、监管对外宣传内容，使宣传内容不违背产品的法律属性和客观条件，从而让宣传内容变得可提前感知并清晰可控。

通过对源头、加工、宣传进行"三位一体"的立体管理，企业可以对产出内容全方位挖掘并反哺，对输出内容做到提前感知和合规，三个部门协商可控,从而确立起一个知识产权循环和反哺的良性促进系统。

六、互联网云服务类型企业构建"三位一体"知识产权管理

(一) 重视系统化构建和层次分明的布局理念

互联网云服务类型的企业一般对技术能力要求较高,这是由于这类企业通常技术沉淀较多,技术相对更加复杂、抽象,同时,云服务类型企业往往相对重视技术体系的搭建,对基础设施即服务(IaaS)、软件即服务(SaaS)、平台即服务(PaaS)、数据即服务(DaaS)各层技术都有涉猎,其产品层次比较丰富,可能从底层到应用层都有所涵盖。针对技术和产品内容的特殊性,知识产权管理必须跟上企业的整体布局节奏,布局在先,以与企业的战略发展相匹配。换句话说,知识产权管理部门最好与各产品线的一级负责人直接沟通,明确产品的长远方向和每年技术研发、产品上市的重点。

知识产权管理工作需要根据负责人的反馈,构建出系统的知识产权"武器库",为企业的发展保驾护航。

第一,建立一个由企业管理层认可、清晰明确的企业统一知识产权管理制度,明确知识产权分工和转化流程,名正言顺地为法律管理部门或者知识产权部门赋予权利,这是非常重要的。

第二,明确跨部门沟通及管理机制具有一定的必要性。知识产权工作很大程度是一种转化和加工的工作,企业需要把技术人员的技术创新成果转化成专业的专利语言和格式,还要把产品的名称或者图形转变成商标文件等。这就要求企业知识产权管理人员积极参与到各部门的生产、加工流程中,及时了解产品研发和上市进度,从而提前布局知识产权。所以,知识产权人员与对应的直接关联部门一定要处理好关系,其中特别是产品研发部门、产品宣传部门和产品运营部门等。

第三，建立立项体系和上线、下架体系的综合管理流程。仅靠沟通、主动获取信息是不够的，企业应在制度上构建一个条理清晰、职责明确的流程通道。例如，产品立项流程需要知识产权人员的尽职调查；产品上线流程需要知识产权人员进行专利、商标申报或者排查风险等。知识产权人员要明确地参与产品整个生命周期中，与其实现共生，让知识产权工作实现最契合的保护。

（二）重视综合管理，加强非传统意义的知识产权工作

由于互联网云服务类型企业的技术要求较高，因此其中很多内容需要企业的技术沉淀，涉及的自研产品和源代码创作内容极多。而该行业的产品竞争压力较大，各种保密研发和快速功能突破成为各企业争分夺秒的任务。知识产权作为产品的护航工具，其重要性不可忽视。企业知识产权管理人员就必须加强自身的学习，突破传统知识产权工作的范畴，实现对产品服务更匹配的综合管理。

1. 加强商业秘密的综合管理

一旦技术创新成为公司竞争的优势之一，那商业秘密就必不可少地需要被提上知识产权管理的工作日程。企业知识产权管理人员需要与人力部门、技术研发部门、IT设备部门和安全管理部门相配合，建立一整套技术秘密管理制度，且需要做到风险提示和知识产权设计，包括人员入职、岗位调整、离职；技术研发过程中的会议存档、文件存储和文件分级；IT设备的密钥锁定和防泄露措施；安全部门的安全手段、内网权限等。同时要重点注意，知识产权部门本身也属于涉密部门，应该做好相应保密工作。

2. 加强开源代码的综合管理

作为云服务类型企业，源代码的创作和使用量都是巨大的，特别是行业内为了更好地构建产品功能，对开源代码的使用也在逐渐成熟和完善。如何保证开源代码的合规使用，特别是强传染性的源代码如何与自研代码能够统一协调使用，这都是企业面临的重要问题。企业需要针对不同的开源代码协议进行认真分析和辨别，要在企业内部建立一套完整的开源代码

使用安全制度，例如，建立备案和专家评审制度，用于明确规定在项目研发过程中，无论使用何种开源代码均须报备，报备之后由专家组进行风控评审，通过评审规范源代码的使用和存储方式，判断怎么隔离、怎么封装等。企业可以优先构建一套开源代码使用手册，约定源代码使用的通用规则，针对一般情况，例如白名单内的开源项目，业务团队备案后即可以优先使用。

3. 加强知识产权权属、开发和源代码交付等合同的综合管理

由于企业涉及的产品和服务内容较为广泛，涉及较多私有云的开发或者定制化开发工作，因此企业要对这些工作内容涉及的知识产权风险做好防控工作，特别是委托开发中的权利归属、私有云开发中的源代码交付或者定制化开发的责任和权属等合同风险。因为这个内容往往和法务合规审核人员的工作职能有较大的交叉和融合，所以在这个工作中，要构建一套基本原则和审核要点。在一般项目中，法务合同合规人员仅需要按照这些知识产权基本原则确定审核内容即可。如果遇到重大项目，则需要及时组成风险应对小组，协调知识产权人员与法务风控人员共同面对，统一解决问题。

（三）扎根于技术和法律，时刻做好法律或者金融运用的准备

云服务类型企业是重视技术，也重视销售节奏的企业，在这个过程中，企业知识产权管理人员的工作不仅要起到基本的防护作用，而且要时刻提高知识产权的其他价值，包括"排他"特点、"资产"属性等。

1. 加强销售端综合服务能力

在企业的日常经营过程中，知识产权能起到很多作用。其中很重要的一点就是协助云服务类型企业的销售工作，企业知识产权管理人员通过对其知识产权的提前布局和包装，让产品具备了一些其他竞品不具备的技术优势或者标签。通过这些标签，企业知识产权管理人员可以在企业投标或者销售过程中给予商务团队大力支持，包括提供资质证书、技术先进性说明文件等，从而让销售工作成功率更高。

2. 加强法律风险研究的综合能力

随着云服务类型企业经营内容的不断发展，知识产权涉及的风险领域也会逐渐增多，企业知识产权管理人员要注意法律风险的综合研究，提前预知风险。建议企业建立一定的竞品监控制度和法律动态研究分享机制，让企业对业内最新情况有直观的了解。应该将相关信息及时反馈给业务负责人，同时，在最新风险问题研究之际，还应积极分享研究成果，建立培训和分享机制，让大家共同提高认识。

3. 加强金融或者资本市场属性的综合管理

云服务类型企业是高技术含量的企业，而知识产权保护情况是技术含量和品牌价值的直观表现，很多市场分析和观察媒体都会从专利、商标或者源代码等问题上着手分析企业的价值或者创新能力，这就让企业知识产权管理人员工作增加了很多金融属性或者无形资产价值提升的管理工作。不管是相应的技术评优、政府项目评选，还是环境、社会和公司治理（ESG）报告的披露，均需要企业知识产权管理人员配合进行知识产权数据或者项目的包装。因此，企业知识产权管理人员需要学会在务实的基础上，增加企业无形资产的资本特性，从而增加企业的整体价值。

七、结语

随着全球经济竞争压力越来越大，笔者相信随着时间的推移，"三位一体"的知识产权综合管理模式会被更多的企业所接纳。当然，因为企业的性质不同，所以命名方法或综合管理方式会有所不同，但是知识产权由单一向综合管理的趋势是非常明显的。综合管理的概念让企业知识产权的预算及布局更加集中和直观，便于集中企业更多的优势资源来应对各种突发情况。例如商业竞争中，如果企业面对突发的知识产权诉讼，可以迅速组建一个知识产权应急虚拟小组，不管是应诉还是反诉、行政诉讼等，共同讨论一个明确的诉讼思路，以增加后期应对、谈判和诉讼筹码。

综合管理体系也更符合知识产权申请及维护的法律程序特点，进一步验证了"凡事预则立，不预则废"的理念。若能布局在先并全面考虑，可以在很大程度上节省后期处理法律漏洞时的时间和经济成本。但对于企业来说，在不同的发展阶段，应根据企业特点进行针对性的综合分析和综合管理。通过全面的分析和比较，为企业量体裁衣，将著作权、商标权、专利权、源代码、商业秘密等灵活有机地结合在一起，实现全面的知识产权保护，从而帮助企业在激烈的市场竞争中取得收益的最大化，这才是知识产权管理的真正价值和意义。

知识产权与企业运营

邵景春[1]　顾小勇[2]　余黎飞[2]　方　偎[3]

1. 普源精电科技股份有限公司知识产权总监；
2. 普源精电科技股份有限公司知识产权工程师；
3. 国家知识产权局专利局专利审查协作江苏中心专利审查员

一、引言

知识产权原意为"知识（财产）所有权"或者"智慧（财产）所有权"，也称为智力成果权，是指人们就其智力劳动成果所依法享有的专有权利，通常是国家赋予创造者对其智力成果在一定时期内享有的专有权或独占权。其本质上是一种无形财产权，它的客体是智力成果或者知识产品。知识产权属于民事权利，受国家法律保护。在企业经营过程中，常见的知识产权包括专利、商标、著作权（作品著作权、软件著作权、开源软件版权）、集成电路布图设计等，而这些知识产权贯穿企业发展的全过程中，全面处理好上述知识产权的创造、保护、管理、运用等方面工作，将有助于提高企业核心竞争力和经营利润，树立良好企业形象，促进企业永葆生机。

二、贯彻实施《企业知识产权合规管理体系　要求》

知识产权有助于提高企业的核心竞争力，其中最主要的工作是实施高效的知识产权管理,知识产权管理贯穿于知识产权创造、保护和运用各环节中,促进企业自主创新、增强企业核心竞争力。国家大力推行及贯彻的《企业知识产权合规管理体系 要求》(GB/T 29490—2023)常被称作知识产权管理体系贯标,已代替《企业知识产权管理规范》(GB/T 29490—2013),是我国面向企业的知识产权管理国家标准,用以指导企业策划、实施、检查、改进知识产权管理体系。该标准将知识产权放在企业管理的战略层面,从企业知识产权管理理念、管理机构、管理模式、管理人员、管理制度等方面视为一个整体,界定并努力实现企业知识产权使命的系统工程。

全面贯彻《企业知识产权合规管理体系 要求》,在企业范围内做好知识产权战略落实、基础落实、制度落实、人员落实,形成闭环知识产权管理。

第一,规范企业知识产权管理的基础条件。

企业应当有明确的知识产权管理方针和管理目标,并要求知识产权管理满足"领导落实、机构落实、制度落实、人员落实、经费落实"。企业应当建立的知识产权管理制度、职责等。

第二,规范知识产权的资源管理。

围绕企业的人力资源管理、财务资源管理、信息资源管理,对上述管理活动涉及的知识产权事项作出了相应的规范。

第三,规范企业生产经营各个环节的知识产权管理。

明确规定了企业研究与开发活动、原辅材料采购、生产、销售、对外贸易等重要环节的知识产权管理规范要求,以确保企业生产经营各主要环节的知识产权管理活动处于受控状态,避免自主知识产权权利流失或侵犯他人知识产权。

第四,规范企业知识产权的运行控制。

围绕企业的知识产权创造、管理、运用和保护等重点环节,明确规定了企业在知识产权权利的创造和取得、权利管理、权利运用和权利保护四方面的规范性要求。

第五,规范企业生产经营活动中的文件管理和合同管理。

企业在生产经营活动中涉及的有关知识产权的各类活动，应当有相应的记录并形成档案，特别是对企业对内、对外的合同管理作出明确要求。

第六，明确规定企业应建立知识产权动态管理机制。

企业应当对自身知识产权管理工作进行定期检查、分析，并对照管理目标对管理工作中存在的问题，制订相应的改进措施，以确保管理目标的实现。

按照《企业知识产权合规管理体系　要求》建设并运行对企业经营大有裨益，在创造和获取知识产权的同时，保护和运用知识产权，防范知识产权风险。但是在企业实际经营过程中，贯标而不用的企业也较为常见。笔者将根据自身经历，通过下面这个例子，说明贯彻并执行《企业知识产权合规管理体系　要求》将有助于防范企业风险，否则，企业极有可能面临严重的损失。

2020年10月，L公司与G公司签订开发协议书，由G公司提供开发费用100万元，委托L公司开发一款编码器产品，并且由L公司进行生产制造，销售给G公司。在开发协议书中并未约定知识产权的权属，后期发现L公司在开发产品过程中将相关技术成果已经自行申请多件专利，而实际上G公司在委托开发中付出了较多的技术构思，当意识到需要申请专利保护时发现相关技术已经被L公司抢先申请专利，沟通专利转让无果。该款编码器产品为G公司经营需要的重要的元器件，每年的采购量较大，且L公司销售给G公司的编码器产品高于行业价格，在该次商业合作过程中，G公司付了研发费用且没有获得相应的知识产权，在商业合作上由于自身缺少技术成果转化能力不得不与L公司合作，在商务上与L公司绑定，在这次商业合作过程中，G公司既得利益损失较大。

获悉G公司早在2019年就进行知识产权管理体系贯标，但在运行过程中缺少有效运用，在委托开发过程中知识产权归属及相关合同审核的注意事项在企业知识产权管理标准中均有较为明确的约定，但G公司对开发协议书缺失了审核流程，致使G公司损失严重。因此，企业在知识产权管理体系建设过程中要全面贯彻、言能践行。

企业往往是以获取最大利益为目的，较好的知识产权管理能促进企业的经营。如图 1 所示，其说明了企业运行过程中，知识产权管理、企业运营、法律规则三者之间的逻辑关系。在企业运营过程中，遵守法律法规约定，实行行之有效的知识产权管理体系，进而规避潜在的知识产权风险，促进企业经营利益最大化，使得企业更容易获得更多经营收益，形成较强大的市场竞争力。

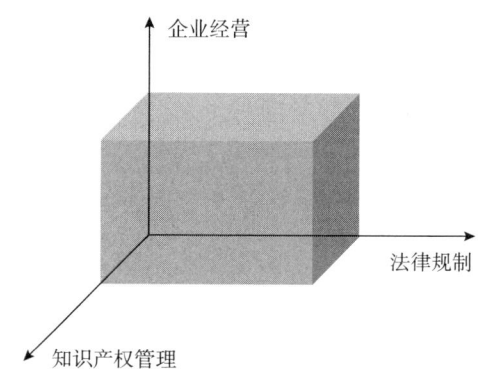

图 1　知识产权管理价值体现

三、各类型知识产权在企业运营中的体现

在企业运营过程中，专利、商标、著作权（作品著作权、软件著作权、开源软件版权）、集成电路布图设计等是较常见的知识产权类型，它们渗透到企业经营全过程中，每一类知识产权在企业经营中都有独特的管理特点。

（一）专利在企业运营中的体现

专利是专利权的简称，指专利权人对发明创造享有的专利权，即国家依法在一定时期内授予发明创造者或者其权利继受者独占使用其发明创造的权利，这里强调的是权利。专利权是一种专有权，这种权利具有独占的排他性。非专利权人要想使用他人的专利技术，必须依法征得专利权人的授权或许可。专利的种类在不同的国家有不同规定，在我国分为发明专利、实用新型专利和外观设计专利。发明是指对产品、方法或者其改进所提出的新的技术方案。实用新型是指对产品的形状、构造或者其结合所提出的适于实用的新的技术方案。外观设计是指对产品的形状、图案或其结合以及色彩与形状、图案的结合所作出的富有美感并适于工业应用的新设计。

专利权对企业有着非常重要的作用：①能够防止他人盗用自己的产品和技术申请专利；②进行广告宣传；③可以垄断制造、使用或销售其专利产品的权利，抑制竞争对手在该专利技术上的利用；④企业拥有专利权后，若遭遇侵权，企业可以获得巨额赔偿金；⑤可以进行储备等。

1. 专利管理流程

根据专利产生过程，企业应有效控制专利管理流程，常见专利管理流程如图2所示。

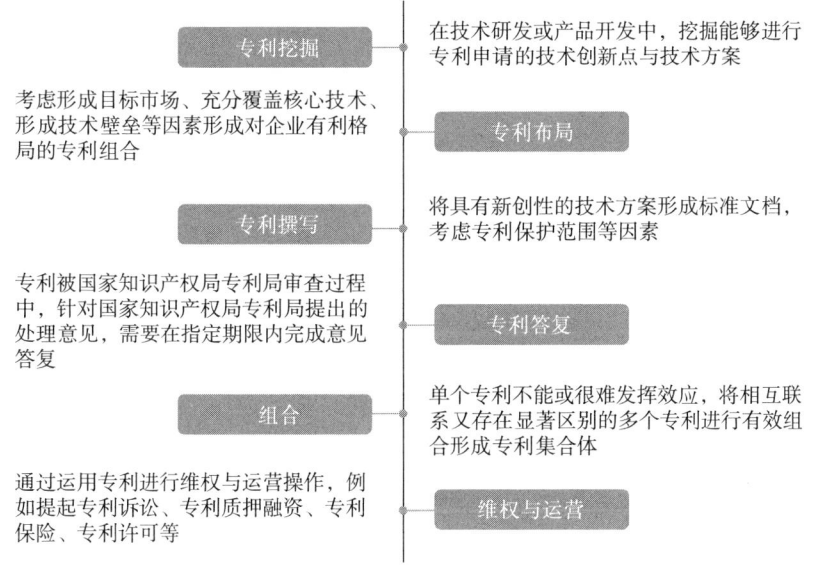

图2　常见专利管理流程

通常情况下，对于一个专利产出过程，尤其是科技型企业的专利产出，系统的管理流程都会包括图2所示的6个步骤，这也是知识产权在企业运营中的重要体现，6个步骤在企业实际开展过程中，针对技术开发、产品开发又有不同的侧重，在产品开发过程中，由于时间紧、技术方向复杂等因素，导致企业对专利的管理要求较高。时间考量、专利布局的完整性等因素都将影响产品能否按时推出市场，能否为产品确定较高的技术壁垒，为企业形成核心竞争力。

2. 案例：集成产品开发（IPD）流程中的专利管理实践

企业采用IPD管理流程开发产品已成为发展趋势，这得益于使用IPD能够加快流程速度、缩短周期时间。由于IPD的目的是保证速度，以及保证产品的高质量，因此在IPD产品开发流程中的知识产权管理，尤其是专利方面的管理有其独特的特点。❶

IPD产品开发流程中知识产权管理如图3所示。最先将IPD付诸实践的是国际商业机器（IBM）公司，该公司实施IPD的效果无论是财务指标，还是质量指标上都得到有效验证，具有产品研发周期显著缩短、产品成本降低、研发费用占总收入的比率降低、产品质量普遍提高等显著优势。在IPD流程中，产品研发一般包括以下6个阶段：概念阶段、计划阶段、开发阶段、验证阶段、发布阶段、品类阶段。①概念阶段是对产品的基本功能、外观、价格、服务、市场销售方式、制造等基本需求进行定义的阶段，这个阶段主要产生新产品的需求说明书。②计划阶段制定产品规格说明书，确定产品的系统结构方案、明确产品研发后续阶段的人力资源需求和时间进度计划。③开发阶段是根据产品系统结构方案进行产品详细设计，并实现系统集成，同期还要完成与新产品制造有关的制造工艺开发。④验证阶段进行批量试制，验证产品是否符合规格说明书的各项要求，包括验证新产品制造工艺是否符合批量生产要求，同时，验证阶段后期还要向市场和企业生产部门发布新产品，并经历新产品产量逐渐放大的过程。⑤发布阶段对完成开发的新产品进行批量销售和生产。⑥品类阶段则对即将退出市场的产品进行各种收尾工作，包括停止销售、停止生产、停止服务与支持。如图4所示，IPD产品开发流程各阶段均涉及知识产权管理内容。❷

---

❶ 周辉. 产品研发管理：构建世界一流的产品研发管理体系［M］. 2版. 北京：电子工业出版社，2019.

❷ 王维伟，吴亮东，尤琪. 知识产权全过程管理体系的构建［J］. 舰船科学技术，2011（8）：192–196.

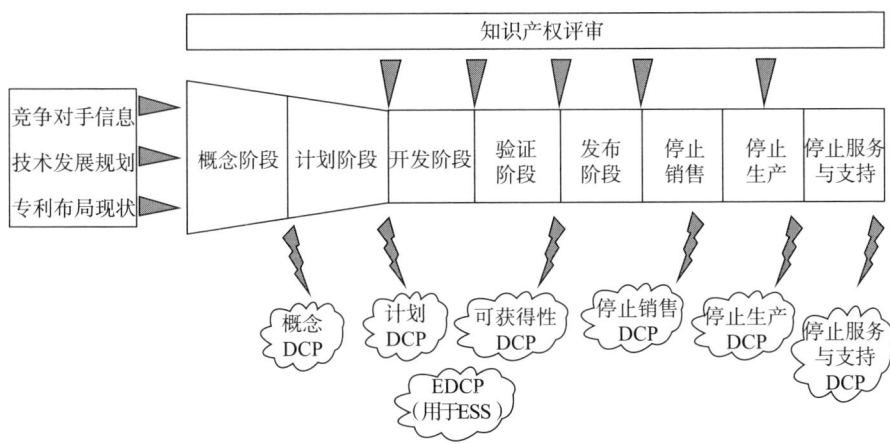

图 3　IPD 产品开发流程中知识产权管理

注：EDCP 指早期销售 DCP，ESS 指早期销售与支持，DCP 指数据收集平台。

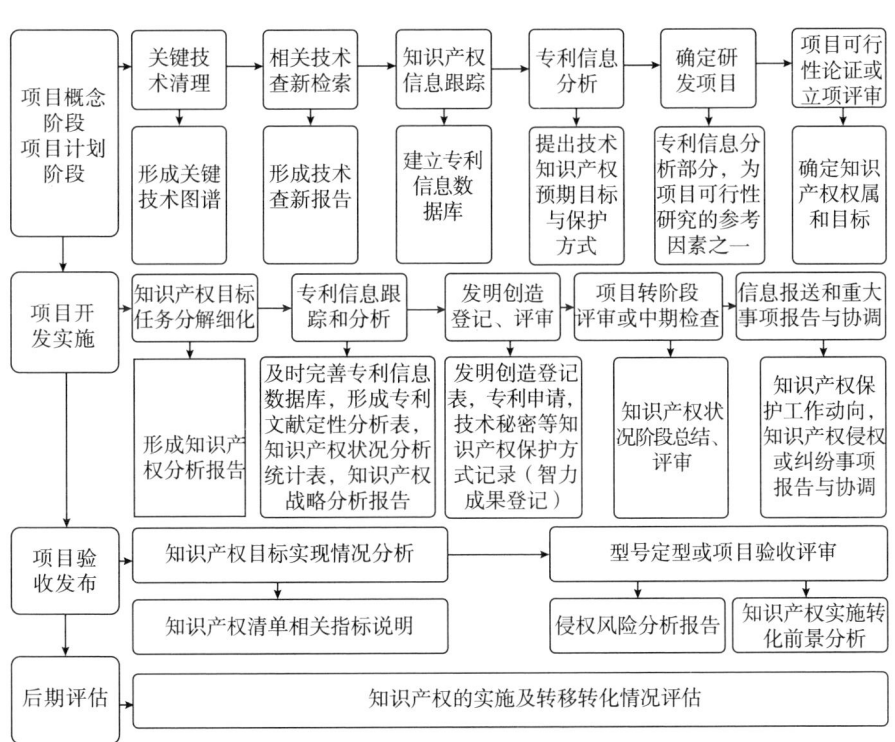

图 4　IPD 产品开发全流程知识产权管理

(1) 项目概念阶段

专利和非专利技术检索查新在概念阶段或者在计划阶段前完成,有条件的企业可以依托企业知识产权管理人员完成。工作主要内容为:分析现有技术的发展现状和趋势,确定在检索范围内国内外有无相同或类似的研究,对查新项目的新颖性做出判断,一旦应用于产品开发是否存在侵权风险,并以此为基础提出智力资产目标。

(2) 项目计划阶段

在计划阶段技术评审点完成之前,需要对竞争对手分析、技术发展规划、专利布局数据进行更新并在评审会议上进行宣贯,以此作为产品开发制定智力成果计划的依据。此外,明确知识产权类别、确定知识产权数量,IPD 项目通过评审委员会可行性论证或立项评审后,由企业知识产权管理人员提出建议,项目总工程师或负责人批准执行,在产品开发任务书中明确知识产权的权利归属、具体目标和任务。

(3) 项目开发阶段

第一,通常情况下,IPD 项目由专职知识产权人员全程参与完成,知识产权内容的分解和细化由企业知识产权管理人员组织相关技术人员在 IPD 项目实施方案中对知识产权计划和任务进行分解,实现知识产权计划的具体措施、步骤和节点安排;对项目涉及的主要技术领域专利信息进行定量和定性分析,掌握技术发展趋势和竞争对手状况,进行侵权风险分析,对如何利用现有技术为研制工作服务,以及如何形成项目知识产权合理布局提出方案。

第二,跟踪分析相关技术领域专利信息,建立并及时更新专利数据库,由企业知识产权管理人员组织相关技术人员根据项目研制提出的关键技术图谱,在 IPD 产品开发过程中及时跟踪分析相关技术领域的专利文献,对技术发展趋势及竞争对手的动态做出评估与判断,在此基础上,确立自己的战略目标,适时调整技术研发策略;对有关内容进行重点分析,开展专利战略研究,积极促进自主知识产权的产生。建立相关技术领域的专利信息数据库,并及时进行调整、更新。当然,有条件的企业可以持续跟踪竞争对手专利申请情况,并对重点专利进行解读,有助于进行专利风险预警以及专利布局。例如，可以通过图 5 形式进行专利情报分享。

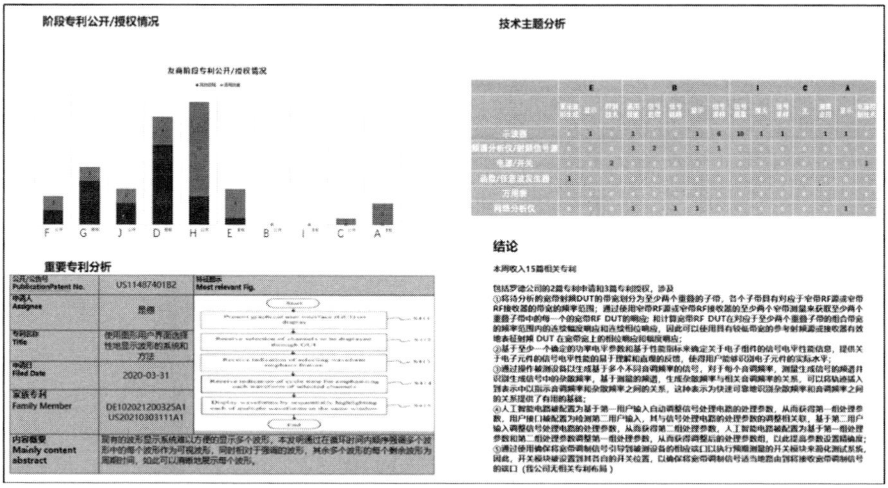

图 5　专利情报分享节选示例

专利情报分享对企业创新是尤为重要的环节，当前，世界技术创新的规模和进程正以前所未有的速度发展，专利情报能够帮助企业更好地了解行业发展趋势，为战略决策制定提供可靠的依据。面对日益变化的市场环境，企业要在竞争中求得发展，必须不断进行自主创新，并利用专利情报助力技术研发与保护。

第三，企业知识产权管理人员对 IPD 产品开发过程中产生的新的技术创新点或发明创造等阶段性创新成果要及时沟通总结，并定期组织专家委员会对上述阶段性创新成果进行评估、审核，选择合理的知识产权保护方式，确定具体的保护方案，并及时采取相应措施，例如申请专利、计算机软件著作权登记、集成电路布图设计登记、技术秘密保护等。当然，企业可以将上述审核流程进行 IT 固化，在线上实现，这样既能够提高效率，又能够便于阶段性总结。

第四，发明创造和知识产权状况进行评审时，由知识产权（专利）提案人准备技术说明材料、由企业知识产权管理人员准备知识产权（专利）检索材料，专家委员会可以根据技术价值、市场价值、法律价值、经营价值进行打分，根据评审规则，并对智力成果重要度进行排序，通过这个评审过程对知识产权保护类型、知识产权布局地域等进行评审，得出结论。通常每家企业在评审时评审规则有所不同，但总体上都是遵循技术价值、法律价值、市场价值、经营价值的得分总和进行判断，只是四者的比例及相关的二级指标稍有不同。如表1所示，某企业在专利评审时使用该打分表格。

表1　某企业专利评审打分示例

价值维度	指标代码	价值指标	指标定义
市场价值（MVD，维度权重为40%）	M1	市场规模	专利对应的产品技术在全球整体市场的销售额
	M2	市场寿命	专利对应的产品技术剩余的市场生命周期
	M3	销售地区	专利对应的产品技术目前及未来的产销地区
	M4	上一年度销售额	专利对应的产品技术对应上一年度的销售额
	M5	销售增幅	专利对应的产品技术年度销售额增幅与企业全部产品年度销售额增幅作比较
技术价值（TVD，维度权重为30%）	T1	技术类型	分为平台型技术、重要改进、小改进三类
	T2	技术实施情况	根据技术是否实施于产品或未来是否可能实施于产品来判断，同时应关注行业其他企业是否有实施的情况
	T3	技术等级与前瞻性	国际领先则前瞻性越大，国际同等则前瞻性中等，国内领先或同等则前瞻性小
法律价值（LVD，维度权重为30%）	L1	同族专利布局情况	提交PCT国际申请
			欧洲、美国、日本、韩国任一同族专利申请（含PCT进入这些国家或地区阶段）
			非欧洲、美国、日本、韩国的其他国家或地区同族专利申请
			欧洲、美国、日本、韩国任一同族专利授权
			非欧洲、美国、日本、韩国的其他国家或地区同族专利授权
	L2	被引用次数	根据被引次数绝对值给分
	L3	独权个数	根据独立权利要求项数给分
	L4	权利要求项个数	根据权利要求项数给分
	L5	说明书及附图篇幅	根据说明书及附图总页数给分
	L6	发明人	根据专利全部发明人数

续表

价值维度	指标代码	价值指标	指标定义
法律价值（LVD，维度权重为30%）	L7	专利申请人	根据专利申请人数量给分
	L8	国内优先权	根据国内优先权主张情况给分
	L9	分案申请	根据是否为分案申请给分
经营价值（EVD，为附加分，30分封顶）	E1	产品实施贡献度	该专利保护点目前及未来是否实际应用在企业产品上
	E2	市场营销贡献度	用于市场营销（参展宣传、招投标、与标准相关联）
	E3	维权行动活跃度	用于维权行动发（发警告函、起诉侵权、被无效宣告）
	E4	政策项目贡献度	用于政策项目申报（企业认证、产品认证）
	E5	品牌推广贡献度	用于企业品牌推广（广告宣传、荣誉资质申报）
	E6	资本金融贡献度	金融资本类用途（质押融资、作价投资、对外许可）
	E7	自定义其他用途	自定义

第五，在 IPD 产品开发过程中，由企业知识产权管理人员针对产品开发涉及技术方向中的侵权风险进行检索分析，并与研发人员针对风险设计规避方案。由于研发人员对技术理解更加深入，通常由研发工程师提出技术方向，由企业知识产权管理人员支持，但是企业知识产权管理人员需要做好定期跟进，其与 IPD 项目经理密切配合是实现 IPD 项目有效管理的关键因素。

第六，在 IPD 产品开发过程中，经过评审通过的技术方案可以由企业知识产权管理人员进行撰写，也可以委托专利代理机构进行撰写，但在提交专利申请给国家知识产权局之前，应由企业知识产权部组织相关研发工程师、企业知识产权管理人员进行专利申请提交前的卅示（专利开示制度），即由企业知识产权部组织该领域的研发工程师再次进行专利评审，这次评审会由企业知识产权管理人员根据专利申请书讲解专利撰写方案，由研发工程师评审技术方案是否合理、技术方案是否全面等；参与评审企业知识产权管理人员进行专利撰写质量评审，其中可以通过"假如该专利拿来进行专利诉讼，那么技术方案是否合理，取证是否容易""技术方案是否覆盖全面？最优方案是什么？替代方案是什么"等进行综合判断，避免高质量的技术构思用来维权时才发现其专利撰写不规范、专利保护范围不合理。需要注意的是，在笔者的过往经验中，高质量的技术构思由于低质量的撰写而影响到后期维权案例的情况还是相当普遍的。

（4）项目验收阶段

由企业知识产权管理人员组织相关技术人员梳理和总结项目知识产权成果，在项目验收时提交知识产权清单，包括申请和获得的知识产权数量、名称、类型、法律状态、实施转让情况等，并在验收报告中对相关内容作出说明和分析；对具有潜在应用前景的知识产权进行实施转化前景和实施许可方式分析；对特定目标专利进行侵权风险分析；对专利布局的严密性、充分性进行论述等。

（5）发布及后期阶段

在相关产品发布后，企业要及时关注市场同类产品的销售情况，监控是否存在产品抄袭现象，一旦发现存在产品抄袭现象，及时分析专利侵权可能性。当确认存在侵权时，由企业知识产权部向企业高层反馈，并提出详细维权方案，供高层决策；此外，相关 IPD 产品的迭代过程中，对于新加入的技术，由企业知识产权管理人员进一步分析知识产权侵权风险并且及时进行相关知识产权保护，企业知识产权管理人员要对其负责 IPD 产品的全生命周期知识产权负责。

（二）商标在企业运营中的体现

商标是企业品牌的载体，品牌的意义比商标更广，商标是品牌的重要元素之一，而品牌往往还包括其他元素，例如设计、商业外观、标语、符号、声音以及将消费者和特定产品相联系的品牌理念、形象和声誉等，并且品牌没有地域性。

商标是品牌的一部分，是指其能在市场上被消费者识别，且能将一家企业生产的商品或提供的服务同其他企业生产的商品或提供的服务区分开的标识。商标是品牌在法律层面的表现形式，是品牌受到法律保护的主要落脚点之一。商标的管理是品牌战略中重要的法律保障,商标与专利一样,都有地域性特点,在企业运营中也有其独特的管理特点。

1. 及时进行商标布局注册

商标布局是商标注册中的重中之重,其目标能够满足企业品牌战略、营销策略和法律保护的需求,在实现企业品牌传播的过程中,企业需要建立立体的商标体系,实现主商标与副商标、公司级商标与产品级商标的相互配合。在构筑商标体系的过程中,通常有以下四个方面需要注意。

(1) 主商标的简称要进行保护注册

主商标包括文字、图形、字母等,是可以单独注册的,且要注意商标的所属保护范围等。例如"普源精电"商标,其实质显著性体现在"普源"一词,作为主商标的组成词组"普源"需要进行单独保护性注册。

(2) 中文商标与英文商标要进行互补性注册

在企业运营过程中,尤其是对于国内企业来说,其核心商标(例如,公司级商标)应充分重视中文商标和英文商标互补性注册,在国内宣传推广来看,即使英文商标作为主商标进行推广,但他人极易抢注中文商标,此种情况将给企业带来巨大损失。同样以公司级商标"RIGOL"为例,其作为公司级商标从普源精电科技股份有限公司创始至今持续推广,在全球营销体系中具有明显的显著性,取得了很好的知名度,此外,与英文商标"RIGOL"相对应的中文含义商标"普源精电"也进行了充分注册,虽然推广上各有侧重,但中文商标与英文商标的立体商标管理体系均得到重视。

(3) 要进行联合商标保护

将可能会与主商标造成混淆的商标予以注册,行业内比较知名的案例有"老干妈"和"海底捞"。如图6所示,除了注册"老干妈""陶华碧老干妈"等商标,贵阳南明老干妈风味食品有限公司还申请注册了"老干爹""陶老干爹""陶老干爷""陶老干爸""陶老干儿"等商标;如图7所示,四川海底捞餐饮股份有限公司除了"海底捞"还申请了"沟底捞""云底捞""壶底捞"等商标。

序号	申请/注册号	国际分类	申请日期	商标名称	申请人名称
1	67851710	35	2022年10月20日	干妈	贵阳南明老干妈风味食品有限责任公司
2	65767995	30	2022年07月05日	老干娘	贵阳南明老干妈风味食品有限责任公司
3	63485476	31	2022年03月23日	干妈	贵阳南明老干妈风味食品有限责任公司
4	62281608	35	2022年01月20日	老干妈	贵阳南明老干妈风味食品有限责任公司
5	59388726	30	2021年09月22日	干妈	贵阳南明老干妈风味食品有限责任公司
6	59365908	29	2021年09月22日	干妈	贵阳南明老干妈风味食品有限责任公司
7	56402697	29	2021年05月26日	老干妈	贵阳南明老干妈风味食品有限责任公司
8	56390820	30	2021年05月26日	老干妈	贵阳南明老干妈风味食品有限责任公司
9	55356716	30	2021年04月19日	老干爸	贵阳南明老干妈风味食品有限责任公司

图6　贵阳南明老干妈风味食品有限公司的联合商标保护示例

序号	申请/注册号	国际分类	申请日期	商标名称	申请人名称
201	54096028	29	2021年03月06日	海底捞	四川海底捞餐饮股份有限公司
202	54095998	32	2021年03月06日	嗨捞烤场	四川海底捞餐饮股份有限公司
203	54095997	32	2021年03月06日	嗨喜捞HXL	四川海底捞餐饮股份有限公司
204	54095987	32	2021年03月06日	海底藕	四川海底捞餐饮股份有限公司
205	54095973	35	2021年03月06日	甜小嗨	四川海底捞餐饮股份有限公司
206	54095969	35	2021年03月06日	云底捞	四川海底捞餐饮股份有限公司
207	54095958	35	2021年03月06日	抖海捞	四川海底捞餐饮股份有限公司
208	54095951	35	2021年03月06日	壶底捞	四川海底捞餐饮股份有限公司
209	54095930	43	2021年03月06日	云底捞	四川海底捞餐饮股份有限公司

图7　四川餐饮股份有限公司的联合商标保护示例

（4）要根据企业战略规划多类别、多品类的商标注册

一方面，要及时跟进未来企业规划方向，对于企业核心商标进行多类别、多品类的商标注册，确保商标支持企业运营。通常情况下，针对一个品牌商标需要通过申请多件注册商标才能支持企业运营。另一方面，要结合企业的发展战略，实现商标体系的动态管理，商标体系一定是动态的，因为市场在变化、政策在变化，企业也在变化。每当企业业务更新，产品更新、技术更新、营销策略更新，或者法律、政策更新，企业并购、收购等行为发生时，要及时对企业商标体系做出调整。例如商标"RIGOL"在《商标注册用商品和服务国际分类》中的核心类别属于第9类，而在涉及服装鞋帽的第25类、第16类等申请的商标是根据普源精电科技股份有限公司未来发展战略申请的品类，随着企业的发展确定该类商标可以在企业的衍生品上应用。这种商标的布局规划最好在商标申请时考虑周全，当然根据企业的发展战略及时调整也是可以的，但要防范商标被抢注的风险。

2. 打击恶意注册行为

（1）商标恶意注册行为的体现

我国商标注册制度采用先申请制，随着市场经济的快速发展以及商标申请人法律意识的提升，商标恶意注册行为屡见不鲜。商标恶意注册行为将给企业的既得利益造成严重损失，甚至会影响企业的声誉，其实在商标法中对商标的恶意注册行为、商标不正当手段注册行为等都作了较为明确的约定，而商标恶意注册行为泛滥的主要原因是这种商标一旦注册成功并商用，通常都能够带来较大的收益。常见的商标恶意注册行为包括：①损公肥私，商标申请人通过注册与公众相关的密切社会事件以及消费逝者的行为，有害于社会主义道德风尚，造成社会的不良影响，扰乱了商标管理秩序，破坏知识产权保护制度。②大量囤积，大量将他人在先使用的商标通过恶意抢注据为己有，或者大量注册与他人正在使用的商标尽可能相近似的商标，但注册的目的不是使用这些注册商标，而是欲通过兜售或诉讼要挟的方式，从商标使用人处牟取不正当利益的行为。③傍名牌，主要表现为对一些知名商标加以模仿，使消费者在一般认知情况下不能准确区分，从而使公众误认为其是知名商标品牌的商品而购买。④蹭热点，商标申请人通过"蹭社会热点"来囤积居奇，抢先注册商标以通过谋求巨额转让费来获得经济收益。例如"丁真""马保国""敬汉卿"等。

恶意注册商标将给社会公众、商标权人带来严重后果，损害他人的合法权益，违背了基于合同关系及其他特定关系的诚信义务。

（2）企业针对恶意注册行为的应对策略

第一，建立商标管理的内控制度。建立企业商标管理流程，从商标的设计、申请前的内审、注册、标识、许可使用、印刷生产、打假维权等建立完善管控制度，同时加强企业商标档案管理。

第二，建立常态化商标保护措施。企业应建立健全商标监控机制，由专人负责监控市场上相同或近似的商标、对手的商标申请情况、商标侵权的情形，一旦发现，及时采取商标异议、宣告无效、举报或者侵权诉讼的救济措施。当然，也可以委托商标代理机构进行商标监控，定期反馈市场上相同、相似商标的注册情况。此外，政府也积极开展有关商标监测公共服务，企业可以通过与政府公共服务平台密切沟通，及时获得商标情报信息。

(3) 撤三、异议、撤销及无效程序

如果恶意注册的商标处于初审公告期，可以向国家知识产权局商标局提出异议。如果恶意注册的商标已核准注册，可以在该商标注册后 5 年内向商标评审委员会提出撤销申请。如果被恶意注册的商标属于驰名商标，提出撤销申请的时间没有限制。如果恶意注册的商标在注册后长期没有进行使用，可以"连续三年停止使用"（简称"撤三"）为由向国家知识产权局商标局提出撤销申请。

3. 防止商标使用侵权行为

在企业经营过程中也经常出现行为人未经商标权人许可，在相同或类似商品上使用与其注册商标相同或近似的商标，或者其他干涉、妨碍商标权人使用其注册商标，损害商标权人合法权益的其他行为。

(1) 自己的商标侵犯他人的商标权

企业要防止自己的商标侵犯他人的权利，尤其是企业从事跨国经营的业务时，当存在商标侵权的情况将会更加被动，主要体现在侵权认定及纠纷解决上，企业需要请精通海外法律的律师进行处理，在此过程中，企业需要花费大量的经费。此外，在确为侵权后，对商标的标识进行更改也会投入企业大量的经费，在企业运营中，更改一种产品的标识往往牵扯市场、销售、供应链、研发等多个环节，总体成本支出较大。例如某公司在美国销售产品时，即被竞争对手告知所采用的商标侵犯其商标权，在这个过程中除了侵权赔偿，律师费将是比较大的支出，对已经生产但未销售的产品返厂更改标识、新产品更改标识以及新标识的注册等问题，都会给企业经营带来较大的压力。此种情况需要企业就自己的商标进行专业的侵权风险查询及评估，经查询后，如果在类似产品上不存在近似商标，则侵权可能性较小，此种情况要及时进行注册申请。

(2) 防止他人侵犯自己的商标权

在企业经营过程中，也要防止他人侵犯自己的商标权，此种情况需要发动市场端的反馈来识别商标侵权行为，但往往市场端的反馈有限。此外,成本较低的方式是依靠市场监督管理部门的监控报告,通常地方市场监督管理部门将所属辖区内重点企业的商标列为监控对象,定期给企业发送商标监控报告,由企业相关人员予以识别确认,一旦发现存在商标侵权,可以委托律师发送侵权警示函等予以制止,如果该种方式无法有效避免,则需要通过诉讼等方式进行维权。

4. 防止他人申请撤销连续3年不使用注册商标

他人提起"撤三"请求是企业进行商标管理最具有挑战性的一项工作,因为往往需要企业市场部、销售部、法务部的密切配合。撤销连续3年不使用注册商标,是指一个注册商标在其有效期内不使用,且该状态不间断持续3年以上。3年时间是自商标申请人向国家知识产权局申请撤销之日起向前推算3年。为避免注册商标被撤销,企业需要在被提起撤销时向国家知识产权局提交在3年期内真实有效的商标使用证据,需要企业在日常经营管理中注意保留商标已进行实际使用的证据。基本原则是,一方面企业需要在交易、广告、展会等经营活动中实际使用的注册商标,另一方面需要注意保留这些使用证据,使得证据在需要时能够快速完整地收集起来。使用证据原则上应体现出使用人(即公司名称)、使用商标、商品和使用时间。证据的收集以及证据提前准备需要企业知识产权部精心策划,具体使用证据可以从以下五个方面考虑。

(1)在产品和包装上的使用证据留存

在商品、商品包装以及标牌、说明书、产品手册等材料上均使用企业的注册商标,并定期留存样品。

若商标直接适用于服务场所的,应当在服务相关的物品上尽可能使用注册商标,包括但不限于介绍手册、照片、工作人员服饰、价目表等。

(2)在交易文书上的使用证据留存

商品的销售合同或服务协议,合同或协议上需使用注册商标,建议在合同每页的页眉处打上企业注册商标,在销售产品品牌处注明企业商标,依据合同开具的发票,出货单,运单等单据中的产品名称、型号与合同对应;线下销售产品的转账凭证、线上电商销售页面、销售记录、客户评价、向平台出具的商标授权文件等。委托供应商加工、生产、制造标有注册商标产品的委托生产协议、委托加工证明、送货单、增值税发票以及产品照片。

（3）广告宣传活动中的使用证据留存等

在纸媒（杂志、期刊、报纸）、网媒［网站（尤其是行业内知名网站）、微信］、电视媒体、邮件推送中刊登的标有注册商标的页面、照片、视频等。如果在公开发行的出版物中发布广告，建议将出版物原件留存。第三方对企业广告宣传进行的报道等，报道中需体现注册商标。广告赞助活动的报道、广告费用证明（例如年报、广告费审计报告等）、与广告公司签署的委托协议，协议中需体现注册商标。

（4）展览活动中使用的证据留存

企业需将注册商标使用在展区或展台以及展览会使用的印刷材料上，并留存邀请函、展位安排表、活动照片、宣传彩页以及展览会主办方的合作协议。

（5）商标许可、加盟过程中的证据留存

如果许可他人使用的，应当留存经销商协议、授权书、授权使用声明，并且提示被许可方也应留存上述使用证据。

（6）其他证据

相关产品的检测报告，产品、企业的获奖材料等标注有企业商标的都建议保留。

（三）集成电路布图设计在企业运营中的体现

对于集成电路芯片而言，布图设计是整个芯片的模板，更是整个芯片的灵魂，布图设计的创新程度决定了整个集成电路产业的发展。布图设计作为人类智力劳动的成果，兼具著作权与专利权特点，世界上许多国家（包括我国）均通过单行立法，给予集成电路布图设计专有权保护。

集成电路布图设计往往存在于涉及集成电路研发与设计的企业。笔者基于过往的工作实践，认为在这类企业运营过程中应重点关注以下两个方面。

1. 企业应积极登记集成电路布图设计

在企业运营过程中,集成电路布图设计申请的积极性显著低于专利申请、商标申请等知识产权类型,主要原因包括:集成电路布图设计具有其特殊性,其发展趋向于更复杂的布图以及更小的载体,这使得复制难度增加,并且侵权成本更高,多数集成电路布图设计的所有人认为侵犯集成电路布图设计的风险越来越小。另外,对于一些领先的芯片技术企业,它们更愿意使用专利来保护其高价值技术,与集成电路布图设计相比,专利保护的优势在于保护期限长、保护范围广、灵活可操纵、创造更多收益等。因此,许多集成电路布图设计的所有人认为没有必要对其进行登记。而随着芯片行业的快速发展,通过一系列司法实践的积累,可以发现集成电路布图设计维权案件数量近几年呈现快速上升趋势。因此,集成电路布图设计对于知识产权保护都具有不可或缺的重要作用。此外,在集成电路布图侵权认定上更倾向于外观设计,对创造性认定的高度要显著低于发明创造。基于此,作为企业知识产权立体管理体系的补充,企业应积极登记集成承电路布图设计。

2. 重视集成电路布图设计登记申请的策略运用❶

企业为更好地发挥集成电路布图设计登记的作用,在登记申请时需要进行必要的策略运用,根据笔者在多年涉及集成电路设计企业工作的实践以及行业内专家的建议,有以下两点工作体会。

(1) 注重局部保护

《集成电路布图设计保护条例》第 4 条规定:"受保护的布图设计应当具有独创性,即该布图设计是创作者自己的智力劳动成果,并且在其创作时该布图设计在布图设计创作者和集成电路制造者中不是公认的常规设计"。而对于芯片规模的扩大,所包含的器件和功能越来越多,包含已有器件的可能性越来越大,这也导致了对芯片整体布局申请保护变得愈发困难,所以企业应该注重局部保护,即对能够体现电路功能和独创性设计的

---

❶ 李晓骏. 集成电路布图设计登记的布局策略:你所不知道的集成电路布图设计登记[EB/OL]. (2021-03-04) [2023-06-20]. https://bbs.mysipo.com/thread-1104464-1-1.html.

模块区域进行单独或重点保护。

对芯片中的重点模块区域进行保护，既能保护芯片布图设计中的关键模块，又能在侵权判断时方便取证和认定。当然，如果是面积和规模很小的芯片，例如简单功能的模拟电路还是可以尝试对整个芯片进行布图设计保护。

（2）注重结合保护

所谓结合保护是指依据所设计的集成电路布图的创新改进部分的特点，灵活地将集成电路布图设计登记和发明或实用新型专利结合起来进行保护。例如某些更小范围的局部布局、单个或简单器件的组合布局等，这些创新更适合这种结合保护。

专利法的保护客体是发明创造，而集成电路布图设计保护法的保护客体则是布图设计。两者的授权要求取得以及表现形式区别较大，通过专利文件不能清楚界定集成电路布图设计的图形结构，专利取得周期通常较长，而集成电路布图设计登记相对时间较短，在兼具权利稳定性上以及符合芯片行业现实发展速度来看，将集成电路登记与专利申请相结合不失为较好的保护策略。

例如，普源精电科技股份有限公司申请的专利 CN202010315258.6，名为一种多通道信号同步系统、电路及方法，涉及多通道交织采样技术模数转换（ADC）芯片，在该创新技术进行专利保护的同时，该公司也积极登记集成电路布图设计，登记号为 BS.205018173，布图设计名称为高速高精度 ADC 芯片，以实现对 ADC 芯片交织采样技术更加严密和完善的保护。

（四）开源软件在企业运营中的体现

开源软件具有代码公开透明、容易获取等特点，能有效降低边际成本，然而企业在引入开源软件的过程中可能会忽略开源软件的使用规则，具体包括开源许可证的要求、开源基金会管理规范、相关国家的法律条例等，企业在使用开源软件的过程中可能面临许可证合规及知识产权风险、技术和运维风险、安全漏洞和数据泄露风险、管理风险等，其中开源许可证风险尤为突出。

1. 开源许可证风险

开源软件许可证的法律风险来源于两个方面：一方面，单个许可证的条款对于某些行为会进行禁止，如果用户没有按照相关约定则会受到侵权诉讼；另一方面，不同许可证之间的条款会发生冲突，同时软件许可证也会有垄断等法律风险，通过对这些法律风险的分析，可以了解开源软件并没有想象中的安全，特别是在许可证丛林正在形成的现在，越来越多人使用开源软件催生了一些不正当的行为，需要及时予以关注。软件企业在发展过程中经常会运用开源软件来加快企业发展速度，但是必须注意软件许可证协议的风险，以免因诉讼而遭到索赔及声誉受损。例如GPL许可协议的高"传染性"，GPL许可协议的宗旨是将源代码转让给使用者免费使用和修改，但它对修改后的产品有一定的限制：修改后的代码一定要继续开源，向社会公众继续开放。GPL许可协议的最显著特点是其"传染性"：只要在一个软件中使用了GPL许可协议下的源代码，则该软件也必须同时采用GPL许可协议，按照GPL许可协议的要求，该组合软件也必须是开源和免费的，这就是GPL许可协议的"传染性"。由此造成了使用者在使用GPL许可协议时的尴尬境地：单独GPL许可协议下的产品有免费的优势，但是因为其存在传染性，所以对于商业软件或者对源代码有保密要求的软件就不适合使用GPL许可协议。常见许可协议合规使用要求如表2所示。

表2 常见许可协议合规使用要求

使用要求	GPL	LGPL	BSD	MIT	Apache
最新版本	v 3.0	v 3.0	BSD-3	None	v 2.0
许可证链接	https://www.gnu.org/licenses/gpl-3.0.html	http://www.gnu.org/licenses/lgpl.html	https://opensource.org/licenses/BSD-3-Clause	https://opensource.org/licenses/MIT	http://www.apache.org/licenses/LICENSE-2.0
商业用途发行软件	允许	允许	允许	允许	允许

续表

使用要求	GPL	LGPL	BSD	MIT	Apache
软件修改	允许	允许	允许	允许	允许
分发软件时源代码公开	必须公开源程序	①如果修改了LGPL软件的程序库的代码，则修改的代码依旧需要全部开源；②只有对LGPL软件的程序库的程序进行调用而不是包含其源代码时，相关的源代码程序无须开源	①不强制公开源代码，支持闭源后的后续开发；②必须附上源程序的版权标志，源程序的BSD许可协议通知；③不可以用源代码的作者或机构名字和原来产品的名字做市场推广	①不强制公开源代码，支持闭源的后续开发；②必须附上源程序的版权标志，MIT许可协议通知	①不强制公开源代码，支持闭源的后续开发；②必须附上源程序的著作权标志，源程序的Apache许可协议通知

下面以一个具体的开源实例来分析开源软件选择的风险。图形用户界面开发软件Qt是Qt公司开发的跨平台C++图形用户界面应用程序开发框架。它既可以开发GUI程序，也可用于开发非GUI程序，比如控制台工具和服务器。Qt是面向对象的框架，使用特殊的代码生成扩展〔称为元对象编译器（meta object compiler，MOC）〕以及一些宏，Qt很容易扩展，并且允许真正的组件编程。Qt软件包括开源版和商业版，能够给应用程序开发者建立艺术级的图形用户界面而被开发者所广泛使用，但开源版Qt软件大部分采用对商业使用不友好的LGPL v 3.0和/或GPL v 3.0许可协议，在企业商用化过程中针对其使用要特别注意，在采用Qt开源软件开发前要进行详细的许可协议合规义务的分析，以避免在商用过程中造成侵权风险。

GPL v 3.0限定了一些主要使用条件，包括：①开放源代码，允许破解；②著作权声明；③许可证声明；④没有品质保证；⑤附许可证副本；⑥修改标记；⑦传染性；⑧交互界面法律声明；⑨目标码形式转发需附源码获取书面报价，"面向用户的产品"还需提供安装信息；⑩免费的专利许可；⑪承担责任的限制。

LGPL v 3.0许可证则在使用上较为宽松，分为静态链接方式和动态链接方式来引用受LGPL v 3.0许可协议保护的库的形式，如果静态链接方式引用则全部代码都要公开,其使用条件类似于 GPL v 3.0 许可协议使用条件;使用动态链接的方式将受 LGPL v 3.0 许可协议保护的库动态链接到其他程序或产品中,除了 GPL v 3.0 限定的使用条件(除去强制性公开源代码),还需要:①在链接后的组合软件中提供库及库使用的许可协议声明;②随组合软件提供 GPL v 3.0 和 LGPL v 3.0 许可协议副本;③组合软件执行期间要显示著作权声明,声明不仅要包括库的著作权声明,还要包括将用户引导至 GPL v 3.0 副本和本许可协议副本的参考;④提供库的完整的源代码;⑤需要在 GPL v 3.0 第 6 条的要求下向用户提供对于安装和执行组合软件的修改版本所需的安装信息。

综上,无论是否公开源代码,在使用过程中都要公开组合软件的安装信息,以 LGPL v 3.0 许可协议为例,用户要有这样一种能力:如果修改使用 LGPL 库函数的方式,就可以得到一个新的可执行程序,其实质上就是公开了调用工具的信息,而调用的库已经是公开的源代码(虽然无须主动公开源代码)。基于此,所产生的效果与受 GPL v 3.0 许可协议保护的软件代码满足的开源条件极其一致,对于商业用户无疑就是将软件代码全部公开,在企业寻求软件闭源的目标下,此种情况很难实现目的,会给企业运营带来很大的损失。因此,企业在使用开源软件时,要尽量避免使用受到 GPL 或者 LGPL 许可协议保护的开源软件代码(如果企业对公开安装信息比较排斥的话)。

2. 企业开源软件治理模式

在企业实际软件开发过程中,软件开发工程师出于项目工期的考虑,使用开源代码是较常见的操作手法,而带来较大的风险是软件开发工程师没有办法判断或者没有意识判断使用的开源软件是否存在风险、能否完全履行开源义务,这无疑对企业运营带来较大的风险。基于此,企业要建立常态化的开源软件治理,具体可以按照如下三种模式进行实际管控。

(1)建立配套的管理制度

企业内部开源使用往往存在于企业相关产品开发过程中,企业应加强在产品开发过程中的开源管控,尤其在产品开发流程中加入开源软件审查和评审机制,并在产品决策点上针对开源软件进行重点决策评审,例如在

IPD流程中在概念阶段的产品概念设计技术评审（TR1）节点对软件架构、软件模块等进行风险评审。

此外，由于软件工程师在开发软件过程中，可能会随机使用软件代码片段，而软件代码片段也通常受到开源许可证约束，因此针对此类的开源风险也需要重点把控。建议企业形成定期登记、直属领导审核机制，尤其软件开发经理需要对下属要应用的软件代码重点审核，成为开源软件使用第一责任人，在产品软件与硬件联调之前，通常在计划阶段的产品概要设计技术评审（TR3）节点之前，要集中做好开源自检工作，对问题点做好集中解决。

（2）组建开源治理团队

为了行之有效地解决开源软件使用风险，企业应建立高层级管控团队，建议企业成立开源审查委员会（Open Source Review Board，OSRB），负责企业开源软件管理工作的归口部门，由来自技术团队和产品团队的代表、法务代表以及合规官组成（合规官通常是开源项目负责人），具体职责包括：其一，负责创建开源合规战略文件，该战略文件确立了必须采取的措施来保证合规性；其二，负责创建一套开源软件管控流程，并监控开源软件管控流程的正确实施，该开源软件管控流程包括开源软件的审批、获取与使用的正式流程。企业的开源审查委员会中各角色的职责如下。

法务代表：可以为企业在职员工，也可以为聘请的外部法律顾问，负责审查和批准开源软件（OSS）的使用、修改和分发，审查和批准开源通知，审查和批准操作系统门户的内容，审查和批准要履行的义务清单，提供有关许可的指导，参与开源项目培训。

技术代表及产品代表：遵守合规政策和流程，为改进合规计划作出贡献，遵循技术合规性准则，进行设计、架构和代码审查，准备要分发的软件包。

合规官：推动企业开源软件合规活动，协调源代码扫描和审计，协调分发源代码包，向企业的开源审查委员会报告合规活动，在企业软件开发及产品开发过程中识别开源软件。

(3) 建立并有效运行软件代码合规审查流程❶

企业开源软件使用管理工作遵循用前申请、合规使用，以及用后跟进，严格执行开源软件审查流程，确保开源软件使用合规性。

第一，用前申请。

在产品开发概念设计阶段，由软件系统工程师提出软件设计框架，以及计划使用的软件类型、软件类别等，表单中至少包括软件类型、开源软件、许可方名称、版本、许可方网址、软件类别等信息。由合规官进行初步审查，如果通过该提案，技术委员会在 TR1 技术评审会议上根据初步评审意见对该软件设计结构是否进入开发阶段给予决策。如果合规官否定了该提案，则返回软件系统工程师整改，合规官将最终整改成果（可能初步认定无开源风险，也可能是仍存在开源风险但已无办法整改）提交到技术委员会进行 TR1 技术评审。如果技术委员会通过该软件设计提案，则由软件系统工程师进入计划与开发阶段；如果技术委员会否定了该软件设计提案，则该提案的开源合规审查结束。该阶段的技术评审主要针对存在计划使用高传染性且不能做到充分履行开源义务的开源软件提案进行用前审查，在概念设计阶段尽可能规避风险。

第二，基准合规审查。

在软件整合产品集成测试前，需要对软件代码进行基准合规审查，应用到产品系统集成的软件需得到企业的开源审查委员会的批准，并且需要通过产品开发阶段技术评审。

在产品通过 TR1 技术评审后，软件系统工程师根据软件概念设计完成软件开发设计，源代码扫描阶段通常会启动，如图 8 所示。软件系统工程师将进一步完善产品概念设计阶段提交的使用表单，该表单包含了关于开源组件的所有信息，并指明了开源代码在源代码库系统中的位置。由合规官将所有源代码委托给专门机构采用专门的软件工具扫描。

---

❶ Haddad I. Open source compliance in the enterprise [EB/OL]. [2023-06-20]. https://project.linuxfoundation.org/hubfs/Reports/OpenSourceComplianceHandbook_2018_2ndEdition_DigitalEdition.pdf?hsLang=en.

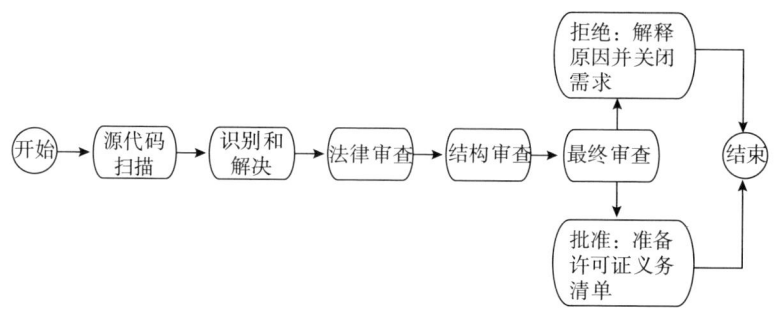

图 8　源代码基准审查流程

　　合规官根据软件系统工程师提交的开源使用表单进行合规风险评判，例如待使用的开源软件许可证清晰、软件架构明确、软件开源风险较小、确定不会存在合规问题和知识产权问题，则可取消软件代码扫描阶段工作，直接进入软件结构审查阶段。

　　在识别和解决阶段，企业的开源审查委员会需检查并解析由扫描工具标记的每个文件以及生成的代码识别报告。

　　例如，扫描工具生成代码识别报告，标记诸如冲突和不兼容许可协议等问题，这些问题需要重点识别和解决。如果没有问题，由合规官将开源软件合规审查表单和代码识别报告转移到法律审查阶段。如果有问题需要解决，由合规官在该阶段生成问题清单，并将其分配给相应的软件系统工程师来解决。该过程通常会出现两种结果：代码返工或澄清问题清单。

　　一旦所有问题都得到解决，合规官将开源软件合规审查表单、代码识别报告、问题解决报告（如有）传至法律审查阶段。或者，合规官首先下令重新扫描源代码，并生成一份新的扫描报告，以确认之前的问题已不存在。一旦企业的开源审查委员会确认所有问题都已经得到解决，合规官会将开源代码使用表单、代码识别报告、问题解决报告（如有）转发给法务代表进行审查和批准。

　　在准备进行法律审查时，软件系统工程师应将与开源软件相关的所有许可协议信息添加到开源代码使用表单、代码识别报告、问题解决报告（如有）等合规审核材料中，例如著作权文件、自述文件、许可协议文件等。

在法律审查期间，主要审查具有不兼容许可协议的混合源代码，一旦出现不兼容问题，法务部将标记这些问题并重新分配软件系统工程师以重新编写代码。

在法律审查中可能会发现，企业的知识产权已经与开源代码结合。法务代表将对此进行标记，并将合规审查资料重新分配给软件系统工程师以从开源组件中移除专有源代码。如果软件系统工程师坚持将专有源代码保留在开源组件中，企业的开源审查委员会将评估是否根据开源许可协议来发布专有源代码。在某些情况下，如果许可协议信息是不清楚或者是无法获得的，法务部要联系软件系统工程师，以澄清歧义之处并确认特定的软件组件是由哪个许可协议授权的。

第三，结构审查。

在结构审查中，合规官、技术代表、产品代表、法务代表对开源代码、专有代码和第三方代码之间的相互作用进行分析。

结构审查的结果是对许可协议的责任分析，许可协议义务范围可能从开源软件组件扩展到专有代码或是第三方软件组件（以及还有跨开源组件）。

如果合规官发现任何问题，例如链接到 GPL 许可协议组件的专有软件组件，那么他们会将合规工单转发给软件系统工程师以解决相应问题。如果没有问题，合规官则将审批过程中的合规审查资料转移到最后阶段。

最终审查通常由企业的开源审查委员会组织终审会议，在会议期间，该团队批准或拒绝软件组件的使用。

软件基准合规性从产品开发一直持续到第一版产品的发布。一旦产品发货，将进入增量合规流程来检查软件源代码。增量合规流程是指当新的软件功能被添加到基准版本 1.0 进行软件升级开发时，需要对升级版本 1.1 进行合规审查的过程，在升级版本 1.1 导入产品前需得到企业的开源审查委员会的批准，否则需要对升级版本进行整改，直至得到企业的开源审查委员会的批准。

（五）字体著作权在企业运营中的体现

字体受到著作权法保护，《著作权法实施条例》第 4 条规定，美术作品是指绘画、书法、雕塑等以线条、色彩或者其他方式构成的有审美意义的平面或者立体的造型艺术作品。在企业日常的经营行为中，字体著作权方面的知识产权往往需要注意的是侵权风险，尤其是在商标、产品装潢、广告宣传等方面的使用需要更加注意字体的独创性和授权问题，否则可能对企业正常经营造成较大影响。尤其在企业上市过程中，字体侵权纠纷比较集中，建议企业在日常经营中，尤其是准备上市（如科创板）的过程中，要特别注意规避字体侵权风险。企业可以从以下三个方面应对字体侵权。

1. 加强字体著作权意识宣导，办公软件字体不代表能够商用

在企业运营过程中，大多数对字体著作权意识淡薄，缺少对字体著作权的认识。在国家大力加强知识产权保护的背景下，企业应加强字体著作权意识的宣导，尤其是大家常使用的办公软件中默认安装的字体不代表都能够进行商用，许多"免费"字体也只是对非商业性的使用免费，但针对制作广告、拍摄电影、微信推文、企业官网等商业使用的行为，则需要另行付费。例如"微软雅黑"是很多系统的自带字体，但其权利人为方正公司，某些商用情况可能需要付费。

2. 建立商用字体使用事前审核机制

在企业运营过程中，在商用使用字体前要将使用的字体进行用前审核，尤其是产品部、品牌部、供应链部应在商用使用字体前与字体维护机构（通常是知识产权部）进行反馈，确保所使用的字体全部可以商用。如果事后发现使用了付费字体，应尽快撤销相关使用情况，使用期限越长越容易被字体公司固定使用证据而主张侵权。企业应尊重字体知识产权，如果确实是疏忽所致，可以通过有效的沟通得到字体权利人的谅解。如果企业确实后面会经常使用该类付费字体，购买该类字体不失为较好的选择。

3. 企业上市前要做好字体使用情况梳理

在企业上市准备前，最好在上市前1年，做好字体使用情况梳理。如果出现未授权使用付费字体的情况下，尽早撤销相关宣传文稿或者更改字体。如果做好后期付费的准备，当然可以等待字体权利人来函处理。相对于尽早规避相关风险，例如对相关字体进行付费使用，主动化解风险，不失为最为有效且根本的处理方式。企业上市前字体权利人关注企业是否授权使用商用字体的情形越来越多，为了不影响上市节奏，尽早梳理、尽早规避才是绝佳选择。

四、结论

当今社会正处于知识经济的快速发展期，其典型特点是以无形资产投入为主的经济形态，其中知识、智力、无形资产的投入起到决定性的作用，知识产权这一生产要素在经济增长中居于核心地位，成为经济发展中不可或缺的配套机制。在企业运营过程中，以专利、商标、著作权等为代表的知识产权如果能够与企业的产品、服务、资本等全面、协调、可持续的发展，企业在市场竞争中将会立于不败之地。在企业运营过程中，涉及知识产权的工作多种多样，上述工作只是笔者从事知识产权工作过程中经历的一些工作实践总结，粗浅且冗杂，但希望能借此与一些知识产权从业者产生共鸣，为企业知识产权工作贡献自己的一份力量！

结合后端诉讼反馈探析企业商业秘密管理

胡江海

同方威视技术股份有限公司高级知识产权经理

一、引言

近年来，我国对商业秘密的保护越来越重视。《反不正当竞争法》（2019 年修正）针对商业秘密明确引入惩罚性赔偿，2020 年 9 月公布的《最高人民法院 最高人民检察院关于办理侵犯知识产权刑事案件具体应用法律若干问题的解释（三）》明确了非法获取但尚未披露使用的行为可以根据合理许可使用费确定损失，只要损失达到定罪标准，仅仅非法获取商业秘密的行为也可入罪。至此，我国商业秘密的保护力度达到了空前的高度，根据最高人民法院知识产权审判庭发布的《中国法院知识产权司法保护状况（2021 年）》中的统计数据显示，2021 年一审审结的商业秘密犯罪案件在历史上首次突破了 60 件。[1]

商业秘密是企业的核心竞争力，企业的商业秘密工作包括两端：前端是防御，即以各种措施确保企业的商业秘密不发生泄露，保证"护城河"

---

[1] 最高人民法院知识产权审判庭. 中国法院知识产权司法保护状况（2021 年）[M]. 北京：人民法院出版社，2021.

的存在；后端是进攻，商业秘密泄露是很难避免的事情，在发生商业秘密泄露或侵权的情况下，企业需要尽快拿起法律武器维护自己的权益，挽回损失。商业秘密价值的体现通常是通过诉讼来体现的，笔者不仅讨论了传统的从前端视角管理企业商业秘密的方法，重点在于从后端的诉讼经验反馈来探讨企业商业秘密的管理工作。

二、企业商业秘密盘点和激励制度

最高人民法院关于商业秘密的司法解释已经对商业秘密的范围作了不完全的列举，商业秘密包括经营信息和技术信息。具体地说，经营信息可包括：客户信息、合作伙伴信息、供应商及代理商信息、产品销售信息、项目投标信息、展会策划信息、研发计划、市场开发规划信息、薪酬方案、财务数据、合同等；技术信息可包括：技术图纸、设计文档、程序代码、程序说明文档、物理算法、实验数据、工艺流程、接口文件、材料配方、样机、技术培训资料等。当这些经营信息和技术信息满足了非公知性、商业价值和保密措施这三个构成要件后，即可成为经营秘密和技术秘密。

经营信息非常好界定，只是并不容易区分哪些是具有非公知性的经营信息，哪些是不具有非公知性的经营信息，需要对确有非公知性的经营信息设置保密措施和访问权限。而关于技术秘密，由于技术的复杂性，在不断涌现的商业秘密诉讼中发现，在案件开始之前，很多企业高管都说不清楚自己的企业有哪些技术秘密或者技术秘密具体是什么，而技术秘密是企业的核心竞争力，如果管理者连自己企业的商业秘密是什么都说不清楚，如何给予针对性的保护，保住自己辛苦建立的竞争优势呢？因此，企业商业秘密的盘点和梳理尤为重要。

想要轻松掌握管理企业的商业秘密尤其是技术秘密，企业可以从三个方面着手：第一，要和研发人员达成保护商业秘密的共识；第二，定期的商业秘密盘点；第三，平时工作中的商业秘密要留痕。下面具体阐述。

在知识产权法务部门对技术秘密进行盘点的实践过程中，有时发现研发部门配合度非常低，技术秘密不仅是企业的核心竞争力，而且是研发人员的傍身利器，由于存在多重顾虑，研发人员并不情愿让他人获知。此时需要在企业上下建立统一的价值观，一是增强员工的商业秘密保护意识和法律意识，做好警示教育，定期推送商业秘密案例并举行商业秘密保护培训，让员工知悉自己的法律义务及违法违规导致的法律后果；二是建立商业秘密激励制度，为企业创设商业秘密作出贡献的员工应当得到奖励，创设核心商业秘密的，甚至可以获得股权激励；三是企业管理层推动，授予知识产权法务部门做商业秘密盘点的工作权限。只有研发部门和知识产权法务部门达成共识，商业秘密盘点才有可能进行下去。关于商业秘密激励制度可以精心设计，不仅包括现金、股权等物质奖励，而且需要在内部对有贡献的员工进行宣传（宣传时隐去商业秘密的具体内容），增强员工的荣誉感，给这些做出卓越贡献的研发人员提供好的上升通道，建设良好的商业秘密创造和保护风气。

传统的商业秘密盘点仅仅是梳理出企业有哪些商业秘密、具体内容是什么、存在哪个位置，但这只是最低要求。为了实现对企业权益的充分保护，笔者认为更好的一种方式是由知识产权法务部门以诉讼的标准定期去盘点企业各个事业部的商业秘密，对现有商业秘密与诉讼相关的多个维度（例如保密措施、创造人员、接触人员、应用项目、商业价值、对外协议与合同的约束条款）予以记载，这样盘点出来的商业秘密就能够符合诉讼的终极要求。此外，这样盘点出的商业秘密还可以在商业秘密合规审查中快速排查出是否存在漏洞，从而弥补现有商业秘密保护的一些缺陷。所谓诉讼的标准，即为了达到商业秘密成立的三个法律构成要件（非公知性、商业价值、保密措施）和法院认定商业秘密侵权成立所需的法律构成要件的目标，企业必须在各个法律要件上做好相应的准备，例如《最高人民法院关于审理侵犯商业秘密民事案件适用法律若干问题的规定》用两个条款分别规定了保密措施和接触，那么企业商业秘密管理工作就必须在这两点上做好功课，以避免商业信息由于缺少保密措施而不能成立，避免出现没有找到行为人接触商业秘密的证据从而无法认定侵权的窘境。

商业秘密盘点最好按照统一的格式进行，给每项商业秘密一个独立编号，并利用软件系统记录，这样有利于每项商业秘密的管理和更新。盘点条目可包括：编号，商业秘密的创造部门，创造人员和创造过程，商业秘密的研发成本，商业秘密的拥有部门和企业内部的流通范围，客户、合作方和关联企业的流通范围，对外协议，销售合同，机密等级，访问下载权限，商业秘密的存放位置，存放形式，保密措施和保管人员，应用商业秘密的项目和产品型号，商业秘密产生的经济利益，备注信息（例如商业秘密保护措施需要改进的建议或其他信息）。

其中，商业秘密的流通范围需要精确到个人，因为人员的接触是侵权的法律要件。但在实际工作中，通常很难判断一个商业秘密到底有多少人接触过，可以通过以下两点来帮助确定接触人员。其一，可以借助先进的软件监控系统对所有员工访问、下载商业秘密的行为进行全面记录，不过企业使用这类监控软件切忌侵犯员工的个人隐私。其二，加强员工的商业秘密保护意识，对内部无权限的其他人员不得讨论商业秘密，如果讨论了商业秘密，则要做好书面记录并让对方签字承诺保密，开会要做好会议纪要，尽可能详细记录会议内容和参加人员。与客户、合作方和关联企业沟通时，在不得不涉及商业秘密的情况下，需要记录好对方的接触人员，留下客观证据。

为了在诉讼中确定对方侵犯商业秘密给权利人带来的损失，在后续的价值评估中通常采取成本法、收益法等评估方法。因此，笔者认为，商业秘密的盘点应该包括商业秘密的研发成本，应用商业秘密的项目和产品型号、产生的经济利益等条目。此外，商业秘密的商业价值也是需要的。

在采用成本法计算商业秘密的价值时，很多商业秘密确实是在研发项目中产生的，这时用结项报告中记载的研发成本即可推算相应商业秘密的研发成本。但有时商业秘密不是一蹴而就的，在研发项目结束后，可能某项问题并没有得到很好的解决，使用的方案质量不高，而灵感就是一瞬间的事情，工程师某天突然灵感迸发想到了最优解决方案，此时工程师的灵感显然没有专门立项，无法用对应的项目成本计算研发成本。笔者认为，用之前的几个相关项目的研发成本之和作为该商业秘密点的研发成本可能是一种可行的方式，因为工程师的灵感并非无中生有，其灵感的获得是真切依赖于之前的那些项目的成功或失败的经验积累,之前项目的研发投入为工程师此次的最优解决方案提供了帮助,这种计算方式具有一定的合理性。

在采用收益法计算商业秘密的价值时,商业秘密的经济效益不仅指商业秘密本身采用的商业秘密,而且指商业秘密的替代方案产生的经济效益。侵权者非法获取了权利人的商业秘密,即秘密点 A,权利人在使用秘密点 A 之后改为在产品上使用秘密点 B,秘密点 B 可发挥与秘密点 A 相同的功能,此时如果仅仅将直接应用秘密点 A 的少量产品的销售收入当作秘密点 A 的收益显然对于权利人来说是不公平的,而是应该将替代秘密点 B 产生的收益也计算进来。

随着企业产品线的扩大和型号的不断丰富,当产品型号数量达到较多数量时,很难说清楚某个型号的产品中有哪些技术秘密和专利。此时,可以将企业原有的企业资源计划(ERP)系统与商业秘密或知识产权管理系统连通起来,丰富原有的物流、资金流、信息流的内涵,即先建立零部件、工程图纸、程序代码与商业秘密点和专利的对应关系,然后利用原有ERP 系统里的产品型号与其使用的零部件、工程图纸、程序代码、销售收入、销售利润的关系,使得管理者能够自动获知产品具有哪些商业秘密,并自动计算出商业秘密点的收益,并且这个计算结果是可自动更新的。笔者的上述建议可有效减少商业秘密管理的精力,而且结果非常准确,既有利于商业秘密的后续价值评估鉴定,又可对商业秘密创造者给出的奖励幅度提供合理依据,让所有人信服。

作为商业秘密盘点的补充,商业秘密留痕显得尤为重要。企业平时要注重规范保存立项报告、会议纪要、项目验收报告、结项报告、员工的工作总结(周报、年终总结等)和工作汇报,以及员工和企业的创新报奖记录等,这里面通常都隐藏着大量的技术秘密。此外,还要尤其关注就某个技术问题沟通讨论的邮件或即时通信记录等,因为有时某些技术灵感是突发的,并不一定是在正式的项目中产生的。做好这些记录的意义在于:其一,这些记录中隐藏着大量的技术细节,商业秘密就产生于这些载体之中,只有保存好这些载体,管理者才能归纳梳理出企业的技术秘密。其二,某些员工不愿向人透露自己的技术心得和发明创造,但为了获得奖励和晋升又不得不提交工作总结、奖项申报等文件，这里面就蕴含着其发明创造的相关线索。其三，这些文件的留痕，不仅是为了发现技术秘密，而且也是为日后可能发生的诉讼做准备，在商业秘密的民事和刑事诉讼中，都要求"接触"这个法律要件，刑事诉讼比民事诉讼要求更高。

另外，商业秘密管理要做到数字化动态化管理，由于前面提到的商业秘密盘点条目中的流通范围、机密等级、访问下载权限、商业秘密的存放位置、存放形式、保密措施和保管人员、应用商业秘密的项目和产品型号、商业秘密产生的经济利益、备注信息都可能随时发生变化，因此数字化动态化管理对于商业秘密尤为重要。

总之，以诉讼的标准来盘点梳理企业的商业秘密，对企业大有裨益，需要把其当作企业的一项重要的常规工作。

三、企业商业秘密保护体系与商业秘密合规审查

在将企业的商业秘密盘点梳理出来后，需要赋予相应的保密措施，建立商业秘密保护体系，进行商业秘密合规审查，防止商业秘密泄露对企业造成不可估量的损失。

保密措施作为商业秘密成立的一个构成要件，《最高人民法院关于审理不正当竞争民事案件应用法律若干问题的解释》第11条已经使用了一个描述性法条对其作了一些列举，诸如限定知悉范围、对信息载体采取加锁等防范措施、保密标识、对涉密信息采用代码、保密协议、对于涉密场所的来访者的要求。为了将来诉讼方便，在设计商业秘密的保护体系时，必须囊括以上法定方式，这样方便法院直接认定商业秘密已经采取了相应的保密措施。

商业秘密的泄露途径很多，法律只是列举了一些常规保密措施，企业要降低泄密风险，需要从现实泄密事件的多种泄密途径的特点吸取经验教训来打造更严密的保护体系。商业秘密的泄密途径多种多样，最主要的是员工离职泄露商业秘密和内外勾结泄露商业秘密，此外还包括：电子侵

入、合作方和客户泄露、员工兼职、新闻宣传、接待来访、展览、申请专利、发表文章等。在设计商业秘密的保护体系时，需要针对现实中的泄密途径的特点加以考虑。

设计商业秘密保护体系还需要考虑对销售的产品所搭载的商业秘密进行保护，因为商业秘密需要具有非公知性，即司法解释中所提到的不为所属领域的相关人员普遍知悉和容易获得，尤其需要注意避免产品进入市场后相关人员通过观察产品直接获得商业秘密，避免公众不付出一定的代价就轻松获得商业秘密。

笔者认为上述内容是设计商业秘密保护体系的基本出发点，当然，还得搭配保密组织、保密培训、保密制度、保密审查等才能构建起一套完整的商业秘密保护体系。

商业秘密保护的基本保密措施就是在员工入职时签署保密协议，在参与重大专项时还要另外签署专项保密协议。员工离职时需要填写曾经接触过的商业秘密、项目，重申保密义务。技术骨干、市场骨干或高管离职时，尽量与其签署竞业限制协议。

保密要求不仅是针对正式员工，而且保洁、保安等也签署保密协议，重视对他们的保密培训。对于企业的零件供应商、销售的目标客户、合作伙伴均建议签署不同内容的保密协议，做到产品的上下游链条保密。

与客户、合作方和关联企业沟通时，沟通的内容范围需要获得公司批准，原则上不应向对方透露任何商业秘密，在不得不涉及公司商业秘密的情况下，需要对方签署保密协议并在协议上注明对方的接触人员。

对于涉密区域（例如厂房内、财务室、档案室），要在显眼的地方或者设备上贴禁止拍摄、禁止录音等标识，对重要的零部件采取封闭上锁等保护措施，尤其是对来访者要多加限制。笔者在十多年前访问国外某大型公司时，看到该公司都会将访客的摄像头用贴纸粘住，当时智能手机才刚出现不久，如今这种类似的措施在国内早已不鲜见，国内的某顶级企业的信息安全措施已超越该国外大型公司，但该国外大型公司的保护意识仍值得学习。

笔者在描述商业秘密盘点时提到，需要对商业秘密进行数字化动态化管理，但是，如果对商业秘密全部数字化也有一些隐患。由于数字化后的商业秘密容易被下载截屏后通过微信、邮件、网盘等很多渠道快速传播，因此商业秘密数字化必须慎之又慎，对于具备专业信息安全部门和企业合规管理部门的大型企业，可采取商业秘密数字化处理。对于中小型企业，可不采取数字化管理，或采取只有总裁和实际控制人有全部查看权限的数字化管理系统。商业秘密数据库必须使用企业最高级别的信息安全措施，防止黑客恶意侵入。该数据库对于内部员工也要设置不同的权限，防止员工下载、截屏、拍摄。某高科技企业甚至给员工手机装了监控软件，只要有员工拍摄电脑屏幕照片，屏幕的水印会自动触发软件上传后台报警。另外，商业秘密方案的具体内容可以不存入该商业秘密数据库，代之以产生背景等关键词或其他代码和密码，最高级别的商业秘密甚至可以只以纸件形式存在，在商业秘密数据库中仅给出该纸件的存档位置即可。为了防止电子侵入，企业可在能力承受范围内采用高级别的技术，并且信息防护措施也要随时更新。

关于已售出的产品对商业秘密的影响和冲击，对于仅销售给特定范围或种类的客户（即竞争对手无法或很难拿到相关产品）的领域，这种领域影响不大，因为所属领域的相关人员不能普遍知悉；但是对于竞争对手可以买到相关产品的领域（又称为市场流通领域❶），则要格外加以注意，其一要防范产品销售出去对商业秘密的非公知性造成冲击；其二要尽可能防范竞争对手通过反向工程获取商业秘密。

可采取保护性技术措施加大竞争对手反向工程的难度，例如多年前大家就熟知的磨去芯片、零件的标识或者使用定制的不具有任何标识的零件组装设备，采用无法正常破拆的密封罩将核心部件包裹等手段。但是，随着反向工程技术的日新月异，例如光学显微镜和电子显微镜结合专业分析软件来分析芯片电路结构、反编译技术的进步，很多原有的技术措施已经难以阻止反向工程。虽然无法阻止所属领域的相关人员（主要是竞争对手）获得己方技术秘密，但是由于相关人员借助电子显微镜这些非常规检

---

❶ 李德成，白露. 科创板技术秘密审查与技术秘密刑事保护［M］. 北京：法律出版社，2022.

测仪器或技术来进行反向工程，实际上已经符合了法律上规定的不为所属领域的相关人员容易获得的，这样商业秘密的非公知性依然存在，依然能够限制非法获取该商业秘密的厂商使用该商业秘密，能够限制曾经接触过权利人商业秘密的合作厂商非法使用或扩散权利人的商业秘密。也就是说，商业秘密并不会由于复杂的反向工程能够还原该商业秘密就丧失非公知性，这已被上海市高级人民法院（2016）沪民终409号民事判决书确定。

此外，还可以和客户签订不允许客户反向工程以及不向第三方传播技术秘密的协议，即让客户让渡一部分权利。对于这种协议的效力，一直存在法律争议。❶ 而《著作权法》（2020年修正）第50条第1款的规定，即允许进行加密研究或者计算机软件反向工程研究的人避开权利人采取的保护性技术措施，又似乎让著作权领域的反向工程的约定的法律效力的天平向无效倾斜。❷ 不管争议如何，权利人虽然很难限制客户进行反向工程，但至少可以用禁止客户使用商业秘密开发相同竞品或者向第三方传播技术秘密的条款来限制客户利用反向工程的收获用作商业用途，从而避免对权利人的巨大冲击。禁止向第三方传播技术秘密是《著作权法》（2020年修正）第50条第1款不排斥，甚至是认可的"权利人依法享有的其他权利"。因此，商业秘密合规审查中要重点审查与合作伙伴的合作协议或者对客户的销售合同是否存在对反向工程以及客户和合作方自己使用或向第三方传播商业秘密进行限制的约束条款，以及相关条款的约束力、约束范围等。

对于某些只将设备销售给特定用户或者单套价格高、销售套数少的制造型企业，还可以考虑设备报废时的回收问题。企业销售出去的设备，由于所有权已经转移给了客户，在设备报废时，制造企业对设备的处理就非常被动，如果潜在的竞争对手从客户那里买到了设备，然后进行反向工程研究，这对于制造企业的冲击非常大。因此，制造企业最好在与客户签订销售合同时加入回收条款，约定在设备报废之后只能或至少优先由本企业来做回收工作。不只是设备报废，还有设备维修保养、更新升级，也可约

---

❶ 吴越. 论计算机软件反向工程的性质及其对合同效力的影响［D］. 上海：华东政法大学，2019.

❷ 高凡. 软件反向工程规避技术措施例外研究［J］. 梧州学院学报，2020，30（5）：45–51.

定仅由制造企业来维修和更新。如果企业是面向大众的消费电子类企业，则可能无法做到上述举措。

总之，商业秘密泄密的方式多种多样，企业要不断发现新的问题和漏洞，利用商业秘密合规审查更新自己的保密措施和应急处理办法，建立一套行之有效的商业秘密保护体系。下面用一个司法案例来说明商业秘密合规审查对企业商业秘密保护的重要性。

在"北京田某某侵犯商业秘密案"中，被告人从A公司离职前1个月内，利用该公司数据管理系统漏洞，从其服务器数据库向个人办公计算机下载文件共计162次，虽然个人办公计算机没有USB接口，但其通过网络将文件共享传输到公用计算机共计7万余次，然后用U盘、移动硬盘等介质将所下载文件窃走，其中涉及非田某某参与设计文件3.3万余个。在实际工作中，由于工程师有时会去某些条件艰苦没有网络的现场工作，确实有移动介质拷取文件的需要，因此该公司的公用计算机上保留了USB接口，但是该公司没有商业秘密合规审查或者工作没有做到位，导致出现该问题。通过合规审查，企业可以找出至少三个漏洞并采取补救办法：其一，可以利用技术手段确保公用计算机的USB接口只能被公司的移动介质访问，并且该移动介质不能向公司以外的计算机拷贝资料，员工离职时要上交该移动介质，这就会降低该员工犯罪的可能性。其二，当该员工短时间内如此高频次地下载文件时，系统应该设置报警机制，此时公司高管或者合规管理部门就能介入，及时制止犯罪行为，既减少该公司的损失，也避免员工坠入深渊。其三，公司应该对服务器上的数据分级管理，设置不同的下载权限。在该案中，被告能够下载并非自己设计的文件，而且下载了3.3万余个，问题可谓触目惊心。

四、商业秘密情势跟踪以及诉讼准备

（一）商业秘密情势跟踪

作为一个科技型企业，必须对技术、市场保持异常的敏感度，如果企业平时不做好动态跟踪，等到市场上突然出现侵权厂商争夺订单，并且其销售的设备价格比该企业低很多而功能又接近于该企业的设备，企业就会面临非常危险的局面。此时，如果企业才慌忙去查找原因会非常被动，一是证据或线索有可能因为年代久远而灭失；二是竞争对手已经飞速成长起来，在市场上的正面竞争已经让企业焦头烂额，企业根本没有大量精力投入极其复杂的商业秘密诉讼；三是企业面临生死存亡，如果平时未做好准备，将会使诉讼进程变得非常漫长，出现形势不等人的现象。

正因如此，企业可以利用一切已知的手段对市场上已经出现的竞争对手和潜在的竞争对手进行情势跟踪，获取相关情报，尝试从中抽丝剥茧，发现有价值的线索，找到非法获取或非法使用企业自身商业秘密的恶意竞争对手。及早对潜在竞争对手进行发现、识别，阅读早期预警信号，分析竞争态势，可以使企业及时地采取相应的措施与策略，避开威胁或者降低损失，这对企业非常重要。❶

第一，可以利用公开信息获取有价值的情报。例如，全面获取分析专利信息、期刊、文献、公开报道、展览会、招投标等市场信息、专业网站，运用先进的分析手段，从中发现异常，或者找出与企业产品相同或相似的部件或特性，或者找出与企业离职员工的关联。例如，某离职员工成为另一公司相关产品的专利发明人，展览会上的竞争对手某产品的特性与企业产品相似，市场上突然涌现出不知名的竞争对手，其产品研发时间大大短于产品的正常研发周期。

第二，让企业所有员工成为情报工作的眼睛，织成一张立体情报网。例如，让研发人员参加学术会议交流，让市场人员参加展览会或者项目招标，当市场人员与客户进行交流，工程师、技工与外部加工厂或者供应商的制造企业交流时，他们都能带来丰富的信息。其中，客户那里经常能发现潜在的竞争对手是谁，竞争对手的产品有哪些特性，而外部加工厂或供应商那里则有可能提供侵权行为的线索。

---

❶ 刘冰. 基于竞争情报的企业竞争对手跟踪与监测研究［J］. 情报科学，2007（12）：1887-1891.

第三，掌握离职员工、退休员工的去向和后续情况。

第四，购买专业的商情或舆情监测系统，分析竞争对手的投融资、行业项目的招投标情况、企业的股权关系，寻找相关线索。

第五，借助专业的调查机构获取线索，借助公证机构取证。

对于不同的竞争对手，上述手段的重点和力度都有所不同。例如，对于市场上早已出现的竞争对手，专利信息和展会上呈现的产品信息是考察的重点，企业重点查看这些信息里体现出的新的产品特性是否与企业的技术秘密有高度相关性，如果有高度相关性，应全力去调查企业的相关人员和这些竞争对手是否有不正当的联络；对于潜在的新出现的竞争对手，需要重点关注其行政审批、相关舆情，重点关注其产品开发周期是否异常，如果有异常，应全力调查企业的相关人员和这些竞争对手是否有不正当的联络。

总之，各个渠道得来的情报可能是海量的，需要运用系统思维来综合分析，从而获取到情报线索乃至逼近真相。在获取到相关侵权线索后，在做好足够的诉讼准备后，可将相关线索反映到法院或者公安，后续可借助司法力量获取翔实的证据。

此外，情势跟踪不仅指早期，在双方正式开战之后，依然要保持持续不断的情势跟踪，从而洞悉市场竞争形势，有助于做出正确的决策。

（二）商业秘密诉讼准备

情势跟踪中获得的有效情报是商业秘密诉讼准备工作的基础，获得情报就可启动商业秘密诉讼的准备工作。

由于商业秘密诉讼的复杂性，企业除了高水准的内部知识产权法务团队，还应聘请一个外部律师团队，内外配合方可发挥各自的优势。根据商业秘密诉讼的类型，经营秘密诉讼可聘请具有商事律师的商业秘密诉讼团队，技术秘密诉讼可聘请具有雄厚技术功底的知识产权律师团队。律师与企业知识产权法务的分工应该明确，律师的激励条款要设计得当，分阶段约定清楚并与企业期望达到的各种目标匹配。

最后侵权和定罪的主体除了企业，也会涉及人员。关于人员，商业秘密诉讼有如下事项需要准备：其一，要明确企业内部和外部的侵权人员分别是谁，他们都有哪些侵权或犯罪行为；其二，如果是曾经的内部员工侵权，则需要整理其接触的商业秘密。具体地，梳理该内部员工的工作部门、工作岗位和工作职责，整理其在企业的工作经历、参加的项目、历年的工作总结，整理该员工在企业工作期间对公司数据接触的所有记录。这里不得不强调，离职员工的电脑数据一定要妥善保存，或者至少保存其电脑中的文件目录，因为这是员工接触的最直接的证据。如果员工是在本地硬盘上工作的，有仓储条件的，应保存其硬盘；无仓储条件的，也应迁移到服务器或者数据中心。

商业秘密泄露的对象要弄清楚，企业有大量商业秘密，但是哪些商业秘密被侵权方非法获取或非法使用，则不一定非常清楚。企业容易获知侵权方使用了企业的哪些经营秘密，但是不容易获知对方具体获取了企业的哪些技术秘密。这时，一种可行的方式是，可根据对方产品特性，推定对方最有可能获取或使用的一个商业秘密，以此作为楔子，有助于商业秘密侵权立案。

由于商业秘密诉讼或者刑事立案对侵权方的影响很大，而且商业秘密案件大多非常复杂，胜诉率低，因此虽然法院理论上也是以立案登记制对待商业秘密案件，但实质上存在立案审查的情况，立案难度比较高。如果是在公安机关进行刑事立案，立案难度更是要难上一个数量级。就刑事立案来说，根据《刑事诉讼法》相关规定，需要有犯罪事实、需要追究刑事责任且属于自己管辖的，应予立案。而商业秘密案件为了证明犯罪事实，除了提供一些线索之外，最好还能够证明对方确实非法获取或非法使用了己方的商业秘密，并且造成的损失达到了入罪标准，这时如果有鉴定机构给出非公知性、同一性等鉴定报告背书，将非常有助于立案。

此外，还需要准备商业秘密价值评估的材料。在前面商业秘密盘点中提到的商业秘密的研发成本、应用商业秘密的项目或产品型号、产生的经济利益等，此时就会在价值评估中发挥作用。

当在能力范围内对侵权方的获取、制造、销售等环节的事实大概摸清楚后，公证的事实也已经完成公证后，方可正式开始行动，切忌打草惊蛇。还可与律师团队一起打磨报案材料或者起诉状等，正式开始商业秘密的诉讼维权工作，借助司法力量获取更多的证据，最终通过司法审判，挽回商业秘密侵权给企业造成的损失。

五、结语

商业秘密是企业的看家本领，与公开的专利不同，商业秘密是企业的神秘底牌，是企业参与市场竞争的大杀器，商业秘密一旦被泄露或被他人盗用，企业辛苦构筑的竞争壁垒就会土崩瓦解，直接威胁企业的生存。笔者从法律法规的宏观规则与诉讼经验的后端反馈出发，在商业秘密盘点和激励制度、商业秘密保护体系与合规审查、情势跟踪以及诉讼准备四个方面尽可能结合具体措施进行了探讨。然而，商业秘密是兵家必争之地，影响深远，非法竞争手段层出不穷，法律实践也随之不断变化，商业秘密的管理和保护措施仍需要持续动态更新。商业秘密管理和保护任重而道远，需要企业将其作为重要事项予以关注，从而使商业秘密为企业的高质量发展提供不竭动力。

分案申请成就追踪式专利布局

岳 强[1] 韩 潇[2]
1. 科沃斯集团原知识产权总监
2. 科沃斯集团知识产权诉讼律师

一、引言

2017年10月31日,某公司申请了一件名称为"一种省力操作的旋转拖把"的实用新型专利(以下简称"原申请")。2018年11月14日,该公司以原申请为基础,向国家知识产权局提交了以上述实用新型申请为母案的分案申请(以下简称"分案申请")。2018年12月14日,原申请获得授权。

2019年10月14日,国家知识产权局以原申请不包括两项以上的实用新型,不符合《专利法实施细则》(2010年修订)第42条第1款❶的规定为由,针对上述分案申请发出分案申请视为未提出通知书。

2019年10月31日,该公司对分案申请视为未提出通知书不服,请求行政复议,其主要理由为:分案申请在法律规定的期限内提出,分案申请与母案的权利要求保护范围不同,是两项不同的申请,符合《专利法实施细则》(2010年修订)第42条第1款的规定。经过复议,国家知识产权局

---

❶ 该条款在《专利法实施细则》(2023年修订)中对应为第48条第1款。下同。——编辑注

维持分案申请视为未提出决定，主要理由是，分案申请的权利要求与原申请的权利要求保护的技术方案差异较小，二者仍然属于同一发明构思，因此不符合《专利法实施细则》（2010年修订）第42条第1款的规定。

该公司不服上述行政复议决定，向北京知识产权法院提起行政诉讼。北京知识产权法院维持了上述分案申请视为未提出的决定❶，判决中表示："专利法实施细则中的'两项以上发明、实用新型或者外观设计'指的是两项或两项以上彼此独立、不同的发明创造，并不表示申请人可随意将原申请权利要求的技术特征简单修改或组合后，另行作为分案申请提出"，"原申请权利要求与分案申请权利要求存在的差异主要为前述特定锁紧结构的不同表述，该差异较小，不足以构成两项或两项以上彼此独立、不同的发明创造，即原申请并未包括两项以上实用新型，因此不符合分案条件"，因此作出分案申请视为未提出通知及被诉决定于法有据的决定。

在实践中，专利申请人主动进行分案很多时候是为了对原申请的权利要求中部分特征进行修改，北京知识产权法院的判决否定了专利申请人提出上述分案的途径。同时，在该判决书中还提到"根据上述规定可知，当专利申请不符合单一性要求时，专利申请人可以提出分案申请，即提出分案请求的前提条件是专利申请包括两项以上发明、实用新型或者外观设计"，那么是否可以进一步认为，即使一份专利申请的说明书中记载了两个以上不同的技术方案，专利申请人也不能通过主动分案的方式提出分案申请，对涉及其他发明点的技术方案进行保护呢？

在该判决书中，北京知识产权法院没有给出上述问题的答案，也没有给出两个方案在何种情况下属于"两项彼此独立、不同的发明创造"的区分标准，仅依据其对《专利法实施细则》（2010年修订）中规定的理解作出了判决。对此，笔者将展开讨论该案的判决是否合理，以及在一定限度下允许专利申请人主动提出分案申请对高价值专利培育和我国科技创新实力的影响。

---

❶ 参见北京知识产权法院（2020）京73行初3088号行政判决书。

二、分案申请的法律依据

（一）中国专利分案申请制度

《专利法实施细则》（2010年修订）第42条第1款规定："一件专利申请包括两项以上发明、实用新型或者外观设计的，申请人可以在本细则第五十四条第一款规定的期限届满前，向国务院专利行政部门提出分案申请；但是，专利申请已经被驳回、撤回或者视为撤回的，不能提出分案申请。"

第43条第1款规定："依照本细则第四十二条规定提出的分案申请，可以保留原申请日，享有优先权的，可以保留优先权日，但是不得超出原申请记载的范围。"❶

在《专利审查指南2010》（2019年修订）第一部分第一章第5.1.1节中，进一步对分案申请的初步审查作出了规定："对于已提出过分案申请，申请人需要针对该分案申请再次提出分案申请的，再次提出的分案申请的递交时间仍应当根据原申请审核。再次分案的递交日不符合上述规定的，不得分案。但是，因审查员发出分案通知书或审查意见通知书中指出分案申请存在单一性的缺陷，申请人按照审查员的审查意见再次提出分案申请的情况除外。对于此种除外情况，再次提出分案申请的递交时间应当以该存在单一性缺陷的分案申请为基础审核。不符合规定的，不得以该分案申请为基础进行分案，审查员应当发出分案申请视为未提出通知书，并作结案处理"。❷

可见，无论在《专利法实施细则》（2010年修订），还是在《专利审查指南2010》（2019年修订）中，都没有规定专利分案必须由审查员发出分案通知书作为发起条件。《专利审查指南2010》（2019年修订）中"申

---

❶ 该条款在《专利法实施细则》（2023年修订）中对应为第49条第1款。下同。——编辑注
❷ 该条款在《专利审查指南2023》中未发生变更。——编辑注

请人按照审查员的审查意见再次提出分案申请的情况除外",规定了分案申请的提出还可以包括申请日按照审查意见提出以外的其他方式。北京知识产权法院在判决中认为《专利法实施细则》(2010 年修订)中的规定"并不表示申请人可随意将原申请权利要求的技术特征简单修改或组合后,另行作为分案申请提出",这一说法并不能得到《专利审查指南 2010》(2019 年修订)的支持。

而在相关法律法规中同样没有找到北京知识产权法院在判决书中关于两件专利的权利要求"差异较小,不足以构成两项或两项以上彼此独立、不同的发明创造"的依据。相反,根据《专利法》第 9 条的规定,只要两件专利的权利要求之间存在实质性区别,无论区别技术特征是否属于特定技术特征,或差异是否较大,均不影响二者构成"两项或两项以上彼此独立、不同的发明创造"。笔者认为,在《专利法》第 9 条和《专利审查指南 2010》(2019 年修订)中对相同的发明创造已经给出了相应解释,在判断分案申请与母案是否属于不同的发明创造时,应当采用相同的标准。

根据上面的分析能够看出,北京知识产权法院判决维持分案申请视为未提出的决定理由并不充分。

(二)美国和欧洲专利分案及相关制度规定

在美国专利制度中,以一件专利申请作为母案,专利申请人递交的后续申请包括不同类型:分案申请(divisional application)、续案申请(continuation application)和部分续案申请(continuation-in-part application)。

根据美国专利法的规定,分案申请的提出需以审查员发出不符合单一性通知书为条件。这与我国《专利法》(2020 年修正)第 31 条关于单一性的规定类似,通常是针对在专利审查过程中审查员发现专利申请文件包含两项以上独立的发明创造的情况。

而根据美国专利审查程序手册的规定,在续案申请和部分续案申请中,专利申请人可以基于处于未决状态的母案申请主动递交具有新的权利要求的专利申请。续案申请和部分续案申请的不同主要在于,专利申请人是否可以在后续专利申请中增加新的技术内容,即说明书能否超出母案公开的范围。由于美国专利制度中的续案申请与中国的主动分案制度整体上较为相似,为便于描述,下文中将续案申请也称为主动分案。

《欧洲专利公约》对在欧洲专利局递交的分案申请作出了规定:欧洲分案申请应当根据《欧洲专利公约实施细则》的规定直接向欧洲专利局递交;分案申请不得超出母案的范围,分案申请应当视为与在先申请同日递交并享有优先权。《欧洲专利公约实施细则》则进一步规定了申请人可以针对在先的未决专利申请提出分案。

综上,美国和欧洲在专利的后续申请制度的规定方式上虽存在较大不同,但都没有禁止专利申请人在规定的时限内主动对在先专利提出后续申请,也没有对分案申请是否需要与原申请具有较大的区别作出限定。实践中,主动对在先申请提出分案,也是在美国和欧洲布局专利的常用策略,在符合分案递交时机的情况下,绝对不会出现主动分案申请不被接受的情况。

在全球化时代,资本、商业和技术经常需要突破国界去寻求更大的发展空间,这对我国相关法律法规提出了要求:一方面要适应国内的发展,另一方面要与国际衔接。

如果我国对主动分案申请进行较大限制,而在美国和欧洲等国家和地区的专利申请人通过主动分案方式可以完善自己的专利"武器库",那么我国专利申请人的创新保护将处于不利地位,对于我国营造一流的创新环境是非常不利的。

我国高科技产业中越来越多的企业已经逐渐能够与国外大型跨国企业抗衡,因此,我国的立法部门、审查部门可以站在更高的高度,用发展的眼光帮助企业成长。

三、分案制度的影响

(一)专利申请人权利和社会公众利益的平衡

专利制度之所以成为国际通行的鼓励和促进社会创新的重要制度,本质上是通过使专利权人享受一定程度的垄断利益，鼓励权利人公开自己的技术方案。在专利法中如何平衡专利权人享有的垄断利益和社会公众的利益，就成为调节发明人创新意愿、社会创新环境的一个重要制度。要回答是否应当允许专利申请人进行主动分案，可以从这一制度如何影响我国专利和科技发展的角度进行分析。

首先，专利申请人主动提交分案申请的动因，从根本上来说，是要提高专利保护范围的确定性。

从一项发明创造的完成，到成为市场有价值的产品和服务，这中间需要大量的摸索、试错以及迭代，而先申请原则是指，发明人申请专利的最优策略是当完成发明创造后第一时间申请专利，随后逐步完善产品和服务，最终推到市场上进行竞争检验，而产品和服务要想得到消费者的充分认可，往往需要多次的迭代和改进。一旦这些产品和服务得到消费者认可，这些产品和服务背后申请的专利就可能成为真正的高价值专利。在多次迭代的过程中，发明人、专利代理师和律师不是先知，在发明创造完成之初所布局撰写的技术方案，极大的概率会与市场认可的产品和服务所呈现的技术方案产生偏差，从而导致专利的保护效果不佳。一言以蔽之，在市场的竞争环境与专利布局策略的双重作用下，不确定性是制约专利保护效力所无法回避的反作用力。

在讨论具体的分案技巧之前，笔者用红外格斗导弹的制导技术迭代来管窥如何在对抗中应对不确定性，如表1所示。

表1 历代导弹制导技术优势与弱点对比

导引装置、技术理念与实例	传感器	特点	优势与弱点
十字线切分导引装置，AM调频/旋转扫描。陀螺仪与旋转十字线。例如红眼（Redeye）防空导弹、SA-7防空导弹、红缨-5（HN-5）防空导弹		大型、单体探测器，热尾气管，后部	无信号弹干扰时有效，受太阳、云层和地形影响，会被MTV信号弹及早期干扰器干扰

续表

导引装置、技术理念与实例	传感器	特点	优势与弱点
针点扫描十字线导引装置，FM调频/针点扫描陀螺仪和镜像自旋。例如毒刺、SA-14、SA-16、FN-8		大型、多探测器，机尾和机身，正/负对比，全方向	对MTV信号弹有效，会被光谱匹配的烟火照明弹所诱导，对运动型和烟火型信号弹干扰措施的成功率有限
伪成像器：交叉探测器，花式扫描，镜像自旋，例如SA-18、西北风防空导弹（Mistral）、安扎-MKⅡ、毒刺B		小元件多探测器，尾焰和机身，正/负对比，全方向	空间色彩准确。对所有烟火照明弹有效。对运动型和烟火型信号弹干扰措施的成功率有限
全面成像器，扫描/多色锁定/单色，例如毒刺Block Ⅱ		矢量/阵列小型探测器，尾焰和机身，正/负对比，全方向	对所有烟火弹和运动型信号弹有效。对烟火型信号弹和软杀伤性定向红外干扰措施（DIRCM）的成功率有限
全面成像器，锁定/多色		多色阵列小型探测器，烟雾和机身，正/负对比，全方向	多模末制导，抗干扰能力强，具备反隐能力

对所有公开的热追踪制导的导引技术演进进行分析，早期是典型的点热源追踪，后来发展为伪成像，再进化到热成像制导，热追踪技术进步带来最大的贡献就是导弹的抗干扰能力大幅提升。早期技术中，当被追击的战斗机进行规避机动时，若是往太阳的方向飞去，导弹的导引头就可能被干扰，其后的点热源模式虽然有了改进，仍然对干扰弹非常敏感，当被追击的战斗机释放干扰弹时，导弹很容易被干扰掉，在导弹前面出现的目标，随时都具备不确定性，这种不确定性是由于对目标的识别特征不够精准导致的，被打击的飞机具备各种热源特征，即飞机的典型特征都被概略

成一个热源点。当出现一个或多个类似的热源点时，导弹不能分辨出哪个是飞机，哪个是假目标干扰弹。提高抗干扰能力的思路其实很简单，就是把飞机的不同热源特征都给识别出来，因此最新的导引技术，就是对被打击目标进行精准画像，让导弹依据这个画像进行识别，此时的传感器是一个探测阵列，不再依据一个热源点进行追踪，而是依据目标图像进行追踪，这就大大提高抗干扰能力。综合而言，在所有的不确定性中，只去找一个确定性的目标，以不变应万变。从这个原理上来推断，如果有一种导引头，能够识别目标战斗机尽可能多的特征，这些特征超出任何干扰的特征点，那将能够打出不可能被干扰掉的导弹。

以不变应万变的布局策略就是让专利权利要求所保护的技术方案，精准地对齐市场畅销的产品和服务的全部创新技术方案，尽可能将这些创新技术方案都层层叠叠地布局在一系列专利权利要求中，那将达到一种理想的保护模型，这样的系列专利将构筑起一道完美的防线，保护创新技术方案所拓展的市场空间。在先申请制下，产品与服务迭代的每一步都需要进行一系列的专利布局，这些专利所保护的技术方案，或多或少都与最终上市的产品与服务存在偏离，即存在专利保护方案与目标方案的离散性，尤其是对于研发周期长的产品和服务，这样的离散性会更大。另外，竞争对手也会想方设法进行回避设计。在专利生命周期内，破除一次性布局防线的弊端，让专利申请人能够对专利进行机动性修正，以期达到更理想的保护效果是理所应当的。在专利布局的过程中，基于核心专利，就后续改进型创新进行迭代专利布局，形成原始的专利面阵布局。如前所述导引头的技术原理，更精细的网格能够提高抗干扰能力，尤其是反隐身能力，而对原始的专利面阵布局进行持续的优化打磨以使之更精细是实现专利布局抗干扰能力提升的必由之路。

其次，有了完善的分案流程和标准后，将激发发明人在创新之初更进一步地公开技术细节、产品与服务形态，促进整个社会创新活力的释放。

专利法的基本原则之一就是修改、分案不能超范围，如果未来能进行分案，将促使发明人在每一件专利申请之时，尽可能地将技术方案的细节进行公开，并对这些技术方案不同的应用场景进行全面的评估、推演并布局到具体实施例中。相信大多数专利代理师都有一种感受，对比美国的专利，仅仅从撰写的篇幅、附图的细致程度就能得出类似的结论，可以说中国的专利质量尚有非常大的提升空间。

最后，社会公共利益的平衡，需要专利授权和确权程序来进行制衡。

从表面上看，站在不同的角度，是否应当允许专利申请人在此种情况下主动分案，会得出截然不同的结论：站在专利申请人的角度，当然希望能够通过主动分案的方式修正之前存在偏差的权利要求，扩大权利范围；站在社会公众的角度，在发明专利授权或实用新型公布时，通过无效等程序只能进一步限缩专利的权利要求，而不能扩大其保护范围，社会公众可以依据一个相对确定的权利边界作出规避设计，无须担心进一步的侵权风险。但如果发明人在专利申请之初就在具体实施例中布局了具备新颖性、创造性的技术方案，社会公众应具备一定的心理预期，知道这些方案是会被纳入保护的，而不能随便使用，那么若寄希望于专利申请人捐献这些具备新颖性、创造性的技术方案，很明显是不恰当的。

在此基础上，由于分案专利在用权、维权时同样需要经过授权和确权程序的挑战，如果分案申请存在新颖性、创造性、超出原申请记载的范围、无法得到说明书支持等问题，社会公众也无需担心分案制度的改变会给自身带来影响。实际上，在专利授权和确权程序的制衡下，专利分案只是申请人对原始的专利申请方案进行调整和修正，申请人获得主动分案的权利，从而捍卫自己的创新，笔者认为这并不过分。

（二）在未来的不确定性中主动分案制度如何促进高价值专利的产生

以下结合一个案例来说明专利申请后，市场上流行的产品和服务所带来的不确定性挑战。

该案是惠普研发有限合伙公司（以下简称"惠普公司"）在 2000 年 2 月 8 日申请的专利 US09500058，如图 1 所示，该案的核心发明点是，由于在不同的客户端中输出的内容类型规范有所区别，因此服务器向客户端发送内容之前,服务器首先询问客户端是否需要将内容类型规范进行转换,如果需要,则由服务器执行转换。正如该案说明书中的一个实施例:由于客户端的显示能力有所不同,能够显示的图像格式和大小有所区别,为防止客户端无法处理特定格式的图像,因此先由服务器对图像的格式、大小等进行转换,再把转换后的图像传输至客户端。

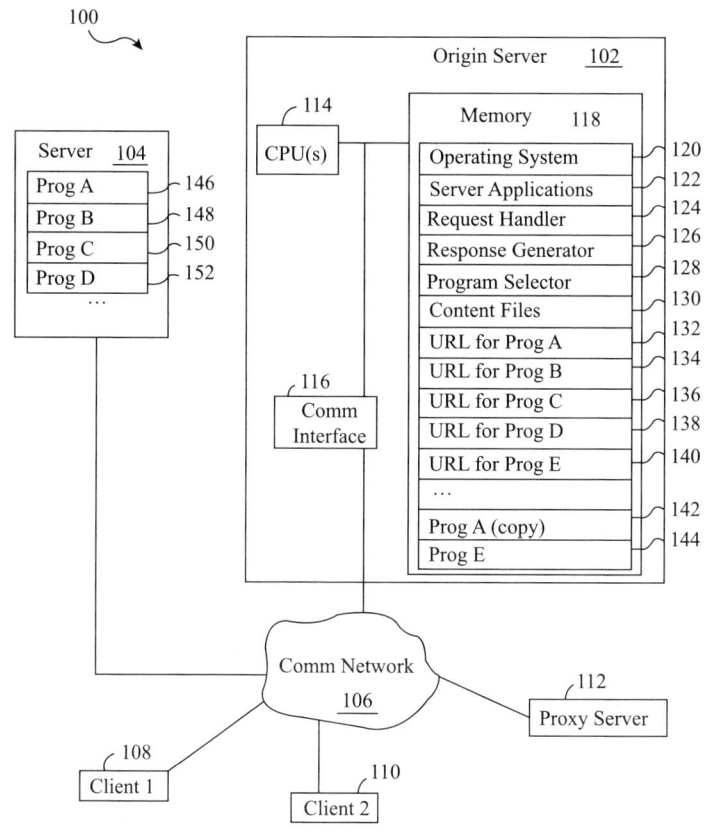

图1 专利 US09500058 附图

该专利的核心技术方案,把场景放在手机行业来看,是一个典型的功能机时代的技术方案,由于功能机终端的处理能力很弱,对于发送的内容往往需要服务器端进行处理,因此适配不同类型的终端。但经历过功能机向智能机更迭时代的人都非常清楚,智能机终端与功能机不同,其本身具备非常强大的计算能力,可以将其视为一台计算机,无独有偶的是,在智能手机时代,不管是移动端还是桌面,点对点(P2P)技术也成为数据传输的主流技术。而该案中,通过服务器进行处理并发送的方式,很显然已经落后于当时的技术潮流 P2P 技术,市场应用场景减少,那么这件专利的价值高开低走的曲线就很明显了。

这件专利的故事到这里如果结束了,那就是一件没有跟上技术发展潮流且不太成功的布局,但技术潮流的发展风云变幻,随着云计算的技术,尤其是内容分发网络(CDN)技术的发展,这件专利真正的春天终于到来了。

该专利于 2004 年 3 月 9 日授权公告,而在此之前的 2004 年 2 月 13 日,惠普公司针对上述案件提交了分案申请,申请号为 US10779133。在该专利母案的独立权利要求中,主要保护了服务器和客户端之间如何进行相应的动作,而在分案的独立权利要求中,方案则扩展到主服务器通过代理服务器与客户端进行通信。

在该案例中,分案在母案即将授权时提出,可能是专利申请人在对母案的授权范围"打补丁";而从分案的内容以及 2004 年这一时间点的技术发展情况来看,专利申请人将"代理服务器"相关特征记载在独立权利要求中,其意图就是对市场已经接受的产品和服务进行精准画像——2004 年是云计算技术的发展期,云计算技术将成为人类社会革命性的基础设施。随着 CDN 技术的全面普及,该专利也成为这个领域典型的高价值专利。

专利申请人在 2000 年撰写母案权利要求时,大概没有先知般地预料到云计算技术给整个科技领域带来的巨大改变;而在 2004 年,当专利申请人敏锐地察觉到分布式计算可能成为下一个时代应用更加广泛的技术,并将相应的技术方案写入权利要求中提出分案申请,将市场认可时代最畅销的技术方案特征布局到新的权利要求中,将原来相对概略的保护范围,调整到更加清晰、精准,从而使得这件专利"咸鱼翻身",一跃成为一件核心基础专利。

这件专利在申请之初,就布局了非常完备的各个场景实施例,在市场竞争的不确定性中,这些实施例支撑了因应市场变幻而对保护范围的修正可能性，这件专利走出了一个高开低走，然后又全面拉升的 U 字形曲线，而如果没有分案制度给予专利申请人实时进行修正调整的机会，这件专利的价值可能早早就结束了。

2000 年以后，正是通信互联网行业的高速发展期，相关技术会如何发展、在何时成熟的不确定性是时刻存在的，每一个新兴行业的发展，都一直伴随着技术路线的争论与探索。在分案制度的激励下，专利申请人会选择尽可能多地公开拓展方案和实施方式，同时允许其在分案期限内对记载在说明书中的方案进行分案，一方面能够使专利申请人获得合理的权利，另一方面从制度上保障了高价值专利的培育。让专利能够跟上技术发展，也能够跟上商业发展，这本身就是高价值专利的内在逻辑。

（三）主动分案制度如何激发创新活力

如前文所述，专利制度本质在于"以公开换保护"，从技术发展的角度，如果不允许专利申请人在一定限度内进行主动分案，就无法真正做到对专利申请人权益的保护。

以美国专利申请 US10716781B2 为例，该案通过一系列主动分案形成专利族，使其权利要求能够覆盖包括苹果公司、谷歌公司等大公司的产品，是一件不折不扣的"高价值专利"（该案最早申请为临时申请，笔者对其讨论范围不涉及美国临时申请制度，仅讨论该案中除临时申请外的其他申请）。

如图 2 所示，该专利方案是通过服务器端与用户终端的交互，在服务器端完成对用户终端设备中数据的标识、分类、合并等操作。在苹果手机系统和安卓手机系统相册中，都具有将用户的照片按照拍摄时间、地点、内容等要素进行聚合，自动生成动态相册的功能。由于该案申请日早在 2003 年，那时智能手机、云计算等产品远未成熟，因此该案的技术、商业和市场价值自不待言。

比较该专利族中母案授权专利 US7885974B2 和母案申请 US2004177057A1 的权利要求 1，可以看出，专利申请人根据审查意见将原权利要求 3 中用户之间的共享数据相关特征加入原权利要求1,从而使专利获得授权。

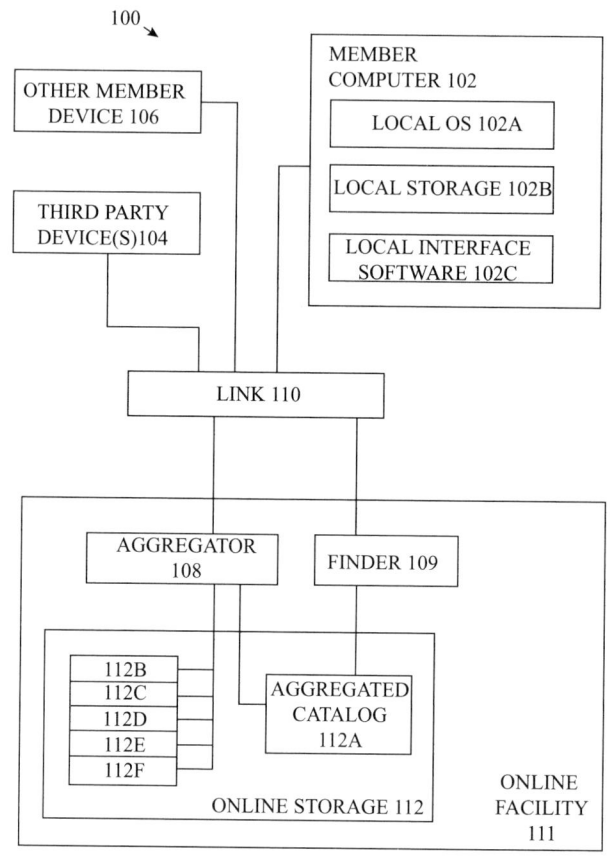

图 2　专利 US10716781B2 附图一

在该案的申请文件中,从属权利要求2~6分别引用了权利要求1,将权利要求3中特征加入权利要求1后,其他从属权利要求的范围也相应缩小了。具体而言,如图3所示,其在申请文件的说明书中,记载了用户可以在服务器操作后进行至少三种操作:查看、编辑和分享,在申请文件的从属权利要求2和权利要求3中分别对用户的查看和分享操作进行了限定。而在母案授权的独立权利要求中,仅保护了用户可以进行分享操作,未能覆盖用户仅进行查看或编辑,不进行分享操作的技术方案。在此情况下,竞争对手完全可以仅在软件中设置查看、编辑等操作方式,并引导用户将数据下载后再进行分享,就成功地规避了该案授权的权利要求。

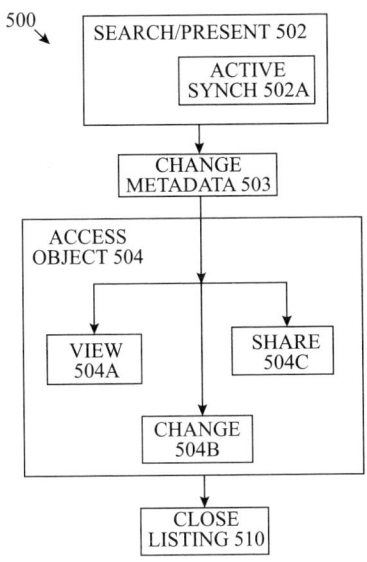

图3 专利 US10716781B2 附图二

专利申请人在审查过程中将权利要求3的特征补入权利要求1，并不意味着只有这样的修改方式才能使专利获得授权。在该案的分案，申请号为 US12892788 的专利申请过程中，专利申请人将原申请权利要求2的特征加入权利要求1，并获得了授权（授权公开号为 US8135744B2）。而在申请号为 US13072487 的分案中，专利申请人又将未出现在母案权利要求，但在说明书中有所记载的特征加入权利要求1并获得授权（授权公开号为 US8204909B2）。以上两件分案中授权的独立权利要求分别是专利申请人将用户在服务器完成操作后进行查看和编辑的两个技术方案。

上述多件分案与母案共同组成的专利族群完整地覆盖了申请人在申请文件中记载的几种实施方式，编织了一张严密的保护网，有效构建形成了技术壁垒。试想如果美国的专利制度不允许该案的专利申请人进行主动分案的操作，仅有母案授权的专利 US7885974B2，竞争对手就可以轻易地进行规避设计，甚至通过咬文嚼字的方式找到权利要求撰写的漏洞，绕开已经授权的母案的权利要求，那么即使是这件具有高价值专利前景的专利，在无法形成有效布局的情况下，也难以形成有效保护。类似地，即使竞争对手希望对专利进行规避设计，由于市场畅销的产品和服务的各个特征都在不同的权利要求中,那么完全规避或是无法实现,或将导致消费者不认可从而使规避设计的代价非常高昂。

该案的专利申请人在 2003 年申请的专利直至其专利保护期届满时,其保护的技术方案仍然是当下主流产品和服务不可或缺的功能,足见该专利的贡献,也只有在允许专利申请人通过主动分案形成完整的专利布局时,对该案的申请人权益的保护才与其贡献相匹配。

从技术发展的角度,允许申请人进行主动分案也是专利制度的应有之义。仍以上述系列申请为例,申请号为 US10716781B2 的母案申请日为 2003 年 11 月 18 日,当时各类家用计算机自身的计算能力,尚不足以使该案中涉及的技术方案转化为易于使用的软件广泛推广。综合考虑成本等因素,专利申请人在母案申请初期未对该案进行分案。

直至 2010 年 9 月 28 日,在母案专利申请近 7 年后,专利申请人才提出第一个分案申请(申请号为 US12892788)。而当年发生的科技影响最大的事件是苹果公司的 iPhone 4 的手机发布,这款产品彻底改变了科技产品的软硬件生态,也极大拓宽了这件专利的应用场景。因此就不难理解,在母案专利沉睡了近 7 年后,专利申请人在 2010 年才开始陆续对该案进行了 4 次分案,形成了较为完整的专利布局。

在该案中,显然不能苛求专利申请人在 2003 年就想到在未来 20 年内该案所有可能的应用场景,并在权利要求中撰写对相关应用的保护覆盖。恰恰相反,由于技术的发展不是线性的,技术的发展也是难以预测的,在一件专利长达 20 年的保护期中,任何人都不可能先知先觉地将一件专利在申请后如此长的时间内随着技术的变化而出现的新的应用布局完整。但是,专利申请人在说明书中撰写且未在权利要求中保护的方案,已经实实在在地公开并影响了其后技术的发展。由于技术发展的不确定性,如果完全不允许专利申请人对于自己作出的发明创造进行分案保护,在很多情况下申请专利对创新者来说就变成了纯粹的赌博,这对专利申请人显然是不公平的。

四、分案制度完善建议

笔者上文中重点论述了国内外有关主动分案制度的价值，但是，无论从审查资源的角度，还是从平衡二者权利的角度，不加限制地允许专利申请人进行主动分案仍是一把双刃剑。因此，综合考虑我国产业发展形势、国内外竞争环境、现有专利制度和专利行业发展等因素，笔者对我国专利分案制度提出以下建议。

（一）在相关法律法规中明确允许专利申请人主动递交分案申请

当前我国涉及专利的法律法规中，均未对是否允许专利申请人主动递交分案申请作出明确规定。一方面，根据"法不禁止即可为"的原则，应当允许专利申请人在符合其他条件时进行主动分案；另一方面，相关审查意见、法院判决均否认了此种做法。申请主体在面对此种不确定性时，决策成本和风险被政策不适当地提高，显然应该作出相应调整。

退一步来说，即使仍然担心专利申请人对分案权利的滥用问题，也应对《专利法实施细则》（2010年修订）第42条第1款规定的"一件专利申请包括两项以上发明、实用新型或者外观设计"中如何界定两个不同的方案属于不同的发明、实用新型或者外观设计作出解释，否则容易产生"同案不同判"的情形，人为造成不公平。

（二）分案申请的时间要求

欧洲专利局对于专利申请人主动提出分案申请时机的要求是，分案申请需在专利申请人收到母案申请的第一次审查意见通知书后24个月内提出。美国专利法则规定，在原申请被授权、放弃或者终止前提出，即原申请处于未决状态时，专利申请人都可以对原申请提出继续申请。

可见，欧洲和美国对于专利申请人主动进行分案申请的时间要求相对宽松，在这样的规定下，专利申请人有时会采取使母案申请延迟审查等方式拖延分案申请的最后期限，甚至出现最初申请已经临近保护期届满时，专利申请人仍在提出分案申请的情形。这样的规定确实过分倾向于专利申请人，而使大众的利益受到损害。

目前，在我国相关法律法规中规定，专利申请被授权后，专利申请人可以在办理登记手续的期限届满前提出分案申请，即在收到授予专利权的通知之日起 2 个月期限届满前提出分案申请。如果按照这一要求允许专利申请人进行主动分案，仍存在一定的问题：由于实用新型无须进行实质审查，以及申请人同日申请发明和实用新型专利时发明专利会延迟审查的因素，国家知识产权局对发明和实用新型专利的审查速度差异较大，以专利是否处于未决状态来划分是否可以进行分案，存在一定的不公平。

结合上文提到的，由于技术发展本身的不确定性，需要给专利申请人一定的时间才能充分保证其合理权益，笔者建议，可以以母案的申请日为起点，允许专利申请人在此日期后的一段时间内进行主动分案，超过时限后，专利申请人只有基于审查员发出申请存在单一性问题的审查意见时，才能进行"被动"分案。

（三）适当增加申请主动分案的申请费用

在欧洲专利局专利审查指南中规定：对于第二代或后续分案申请，需要缴纳额外申请费。对于第二代到第五代分案申请，该费用逐步增加，对于第五代及后续分案申请，则统一费用。

笔者认为，欧洲专利局的这一规定值得学习，增加分案申请成本的做法可以有效防止专利申请人滥用分案制度规避权利要求超项费等情况，使专利申请人在真正需要时才进行主动分案，将分案申请制度变成高价值专利的助推器。

总之，与一刀切地禁止专利申请人主动分案相比，在现有专利法律法规基础上进一步完善提出分案申请所需的条件，能够将专利申请人的权利限制在合理的限度内，同时使申请主体享有应有的权益。

五、结语

对专利进行主动分案是跨国企业常用的布局策略，往往能够取得良好的效果，这样的案例屡见不鲜。然而，我国专利行政部门和司法部门目前的某些做法可能会误伤专利申请人对自己专利的主动分案，从而在一定程度上限制了专利制度在提升我国创新能力和国际竞争中的战略价值。

或许在立法之初，分案制度的立法目的是避免专利申请中的单一性问题，但是随着现如今技术进步的速度呈指数级增长，人们对专利制度的理解不断深入，作为我国主要竞争对手的欧美各国对该制度所持的开放性态度，都要求我们对分案制度进行更深层次的思考，及时调整立法、司法、专利审查等工作的思路。

近年来，国家知识产权局不断强调高价值专利培育的重要性，相关部门和专利申请主体有必要加强对分案制度的理解和运用，实现我国知识产权战略目标。

探索企业的开源合规之路

王怀章

北京开云能源有限公司法务与知识产权副总裁

一、企业引入开源技术已成为趋势

开源（open source）全称为开放源代码，具有高度开放、易获取、可使用、可修改、可分发、众包开发、迭代快、易维护等特性。近年来，开源的范畴不断扩大，已经覆盖软件、硬件、数据、文档、字体等技术领域，并逐渐发展成为企业进行数字化转型的重要基石。

（一）开源技术给企业带来创新机遇

2021年3月，"开源"被首次列入《中华人民共和国国民经济和社会发展第十四个五年规划和二〇三五年远景目标纲要》，其中特别提到，要"支持数字技术开源社区等创新联合体发展，完善开源知识产权和法律体系，鼓励企业开放软件源代码、硬件设计和应用服务"。

"开源"在国家战略层面得到充分肯定与支持的同时，在各个企业的发展与落地应用也已是大势所趋。开源技术降低了企业的创新门槛，支撑企业快速响应客户需求，助力企业迅速构建商业生态，越来越多的企业正在通过积极拥抱开源来摆脱对传统功能产品的技术定位、提升创新智能产品的迭代速度。

（二）开源技术给企业带来风险挑战

美国新思科技（Synopsys）公司在2022年发布的《2022开源安全和风险分析报告》中显示，所调研的17个行业包含开源代码库的占比均达到了90%以上，其中计算机硬件及半导体、网络安全、能源与清洁科技、物联网为100%，占比最高；互联网和移动应用、营销科技、零售和电子商务为99%，位居其次；即使是排名最低的医疗保健、健康科技和生命科学，其占比也高达93%。❶

可见，开源已经成为各行业生态重要且不可替代的组成部分，但同时它也给企业发展带来各种有形或无形的风险与挑战。

第一，管理风险。大多数企业对于是否引入开源组件、引入什么开源组件、如何维护开源组件、如何构建开源生态、如何从生态中获得商业价值等缺乏概念。

第二，技术风险。大部分开源项目普遍存在缺少完善解决方案、现有技术不够成熟、技术路径寿命短、运维成本大等问题。

第三，安全风险。在《2022开源安全和风险分析报告》中，其所扫描的2097个代码库包含至少一个已知的开源漏洞的占比为81%，包含至少一个高风险开源漏洞的代码库的占比为49%，可见开源项目的安全漏洞风险之大。❷

第四，法律风险。开源项目一般在发布时都会声明一定的许可规则，要求用户在使用过程中严格遵守约定的各项义务和要求。一旦出现不合规使用可能导致企业出现法律诉讼、产品召回、被迫开源自有商业项目等，

---

❶ Synopsys Inc. 开源安全和风险分析报告［EB/OL］. (2022 – 05 – 17)［2023 – 06 – 20］. https://www.synopsys.com/content/dam/synopsys/china/software – integrity/reports/rep – ossra – 2022 – ch. pdf.

❷ Synopsys Inc. 开源安全和风险分析报告［EB/OL］. (2022 – 05 – 17)［2023 – 06 – 20］. https://www.synopsys.com/content/dam/synopsys/china/software – integrity/reports/rep – ossra – 2022 – ch. pdf.

从而对企业的声誉、商业竞争力带来负面影响。

因此，笔者将以软件为例，针对开源技术的法律性质和法律风险进行详细论述。

二、从开源技术的法律性质来看企业的法律风险

企业在享受开源技术便利的同时，更应该充分厘清可能存在的法律问题，尽可能避免由于许可权利不明确、许可义务未履行、许可协议有冲突等因素，带来不必要的法律风险。为此，我们要充分认清开源世界的法律基础——开源许可协议（open source license，也称为开源许可证）。

（一）开源许可协议的概念和类型

开源许可协议是一种允许源代码、蓝图或设计等作品在预定的权利、义务条款下被使用、修改和/或共享的法律文书。经过开源促进会（open source initiative，OSI）认证的开源许可协议共有 100 多种，大致分为以下四类。

第一类，宽松型许可协议（permissive license），其只要求保留原作品的著作权信息，用户可以自由地使用、修改源代码，甚至进行闭源，例如 BSD、MIT、Apache 等许可协议。

第二类，弱传染型许可协议（weak copyleft license），其要求如果一个软件包含该协议下的部分代码，则在完全发布时，该软件某些部分必须适用该许可协议，其他部分可在其他协议下发布，例如 LGPL、MPL、EPL 等许可协议。

第三类，传染型许可协议（copyleft license），其要求如果一个软件包含该协议下的部分代码，则在完全发布时，该软件必须作为整体适用该协议，即源代码的修改版本必须以同一许可协议发布，例如 GPL 等许可协议。

第四类，强传染型许可协议（strong copyleft license），其在传染型许可

协议要求的基础上,进一步将使用开源软件提供云服务也视为一种发布形式,从而要求必须提供该软件的源代码,例如 AGPL 等许可协议。

不同开源许可协议的共同点是均受到著作权保护,差别是向被许可人让渡的权利和对被许可人提出的要求存在一定不同。主流开源协议的一些基本要求如表 1 所示。

表 1 主流开源协议的一些基本要求

许可协议及版本	包含许可协议、声明	允许复制、分发、修改	允许商业使用	再发布时包含源代码、修改后使用相同协议再发布	修改后附加说明	许可专利、专利报复	担保责任	不许可商标
No License（通常的著作权）	是	否	—	—	—	—	—	—
MIT	是	是	是	—	—	—	否	—
BSD-2	是	是	是	—	—	—	否	—
BSD-3	是	是	是	—	—	—	否	是
Apache v2.0	是	是	是	—	是	是	否	是
LGPL v2.1	是	是	是	是（有例外）	是	—	否	—
LGPL v3.0	是	是	是	是（有例外）	是	是	否	—
MPL v2.0	是	是	是	是（有例外）	—	是	否	是
EPL v1.0	是	是	是	是（有例外）	是	是	否	—
GPL v2.0	是	是	是	是	是	是	否	—
GPL v3.0	是	是	是	是	是	是	否	—
AGPL v3.0	是	是	是	是（包括网络形式）	是	是	否	—

（二）开源许可协议的法律性质

对于开源许可协议的法律性质,无论是司法界,还是学术界,其主流观点均认为它是一种附带条件的许可合同,是具有效力的法律文件。开源软件的权利人（许可人）通过开源许可协议就其开源软件向使用者提供许可,开源软件的使用者（被许可人）可以依据该协议来合理合法地使用开源软件。这种许可合同并非通过协商得到,而是一种标准化格式合同,使用者在使用开源软件（例如对源代码进行下载、复制、修改或发布等）的情况下，合同自动成立并生效。

以上观点在某计算机软件著作权纠纷案中已经得到了法院的判决支持。❶ 法院一审认为：一方面，GPL v3.0 开源许可协议授予用户复制、修改、再发布等权利，实际上在许可人和用户之间形成了权利变动，属于设立、变更、终止民事权利义务关系的民事法律行为，因而其内容具备合同特征；另一方面，GPL v3.0 开源许可协议以电子文本方式表现其内容，属于以书面形式订立的合同，因而其形式亦具备合同特征，综上，GPL v3.0 开源许可协议具有合同性质，可认定为在权利人与使用者之间订立的著作权许可协议，属于《民法典》调整的范围。

（三）开源许可协议法律风险的根源

开源许可协议的核心价值就是保证所有使用者都能够得到开源软件的源代码，并保证使用者能够在遵守权利人要求的一定义务下，对开源软件的源代码进行修改或部分嵌入在新软件中。因此，权利人和使用者都应该了解他们可以行使的权利，也清楚自己需要遵守的义务，一旦触发了义务条款，相关规定就变成了实在的法律责任。

从许可协议的性质和适用范围来讲，开源软件许可协议和传统的商业软件许可协议没有任何不同，都是维护和规范其软件产品最重要、最得力的工具。❷ 但同时，开源软件许可协议与商业软件许可协议相比，也存在一定区别：①在软件的使用、复制、修改和再发布等方面授予了使用者更大的自由度；②在缔约主体方面更加复杂，开源软件的权利人和使用者可能是实体企业、开源组织、个人用户等任何实体；③在许可的合同期限、费用、质量担保、升级版本的提供、争议解决条款、赔偿责任等方面规定得更加简单等。上述这些差异都使得开源许可协议更加灵活，从而导致权

---

❶ 参见广东省深圳市中级人民法院（2019）粤 03 民初 3928 号民事判决书。
❷ 张平，马骁. 共享智慧：开源软件知识产权问题解析［M］. 北京：北京大学出版社，2005：44.

利人与使用者之间更容易产生矛盾纠纷,进而成为其法律风险的根源。

(四)开源技术的法律风险

开源软件的常见开发模式如图 1 所示,整个过程主要包括:开源项目的发起者,作为权利人,将初始版本源代码上传并持续迭代更新,关注该项目的程序员们对初始源代码进行分支(fork),成为使用者,根据自身需求进行开发使用并修改完善,如果使用者希望向开源项目贡献源代码,则其可以向发起者提交合并请求,成为贡献者,该部分源代码经发起者审查通过后,可以纳入初始源代码的主分支版本中,而其他源代码则形成基于开源项目的其他分支版本。

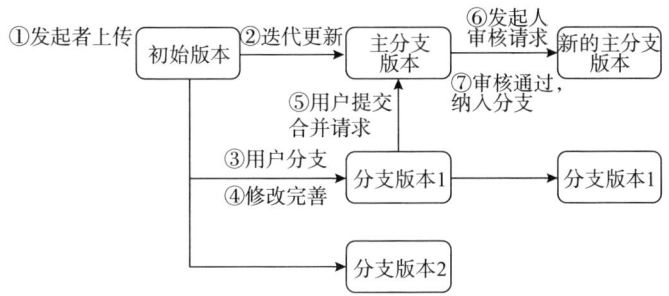

图 1 开源软件的常见开发模式

由此可见,企业研发活动涉及开源的主要有两种情况,一是企业作为开源项目发起者自主开源某个项目,另一个是企业在研发创新过程中使用他人已发布的开源代码。正确参与开源项目可以提高企业的竞争力,但是如果权利人或使用者使用不当或因疏忽而没有谨慎注意自己的权利义务,则可能会惹来不必要的法律风险。

下面,笔者将从权利人和使用者两个视角分别详细论述企业的法律风险。

1. 开源权利人视角

企业作为权利人或许可人对外提供开源软件,其所涉及的法律风险可能包括以下六个方面。

(1) 错误选择开源许可协议的风险

开源软件权利人遇到的第一个法律问题往往是在决定将软件开源时不知道如何选择许可协议。

首先，如果权利人公开了源代码而不附带开源许可协议，那么默认的著作权就会发生效力。软件作品因创作完成自动产生的著作权将禁止源代码被除了作者之外的其他人复制、使用、修改或者发行等，而这显然与企业开源的初衷不符。

其次，权利人可能选择定制化一个全新的许可协议以更好地满足自己的商业需求，而不使用常见的官方版本（例如 MIT、Apache、GPL 等协议）。这当然是企业自身的权利，完全可行。但是，企业自行起草协议，一则可能忽略必要的法律条款（例如免责声明），未能对自身提供足够的保护，承担起不必要的法律责任；二则可能没有设置必要的义务，导致自身利益受损；三则自己起草的开源协议可能较为难懂，纷繁复杂、种类繁多的许可协议还可能造成所谓的许可协议丛林或许可协议泛滥，阻挡了对法律概念本来就没有那么熟悉的程序员的参与热情。

最后，企业可能由于不熟悉不同开源许可协议的条款，错误地将自己的知识产权许可给了别人，而浑然不觉。例如，Apache v2.0 等协议都会默认将开源软件涉及的专利随同著作权一起许可给他人。如果企业不清楚相关规定，等到将来在市场上发生商业冲突希望主张专利侵权时，对方就会根据许可协议约定提出抗辩，使得权利人花费大量成本所申请的专利变成一张废纸。

针对上述情况，企业在将软件开源时，应该选择一个经过反复锤炼的、成熟的官方开源协议，以保证更加用户友好，吸引更多使用者和贡献者参与其中。

(2) 知识产权相关风险

知识产权主要包括著作权、专利权、商标权和商业秘密，是开源软件最常见的法律权利，也是权利人最常见的法律风险来源。

第一，著作权侵权风险。

虽然开源精神旨在保护每一个参与者的署名权，几乎所有开源许可协议均要求在对软件进行分发时应以显著的方式标注著作权信息并附随一份协议副本,但是由于存在部分使用者对开源规则不了解、契约精神淡薄、侵权成本低等,因此在对开源软件进行分发或者再发布时,常常没有保留原始著作权信息,导致著作权人的署名权等权利受到侵犯。尽管权利人可以依据开源许可协议主张权利,但是,由于侵权证据不易获取、维权成本高、许可协议法律边界不明确、法院可能要求所有权利人共同起诉才会受理等问题,权利人往往很难维护自身权利。

针对上述情况,无论当前的法治环境如何,企业都应该做好充分准备,证明自己是合法的著作权人。例如,一是可以在源代码中通过注释、水印等方式留下自己的署名信息;二是保留自己的开发过程文件(例如立项材料等);三是选择向版权局申请软件著作权登记,或申请公证机构或第三方取证平台出具权属证明等。

第二,专利权侵权风险。

通常来说,在软件方法类专利侵权案件中,由于软件源代码往往属于企业的商业秘密,专利权人无法公开获得,软件方法的实现原理、运行方式等也无从知悉,从而导致专利权人很难进行软件方案与权利要求的技术比对,进而难以证明侵权事实。然而,在开源情况下,企业主动公开自己的源代码,暴露了自己的算法方案,这就使得专利权人可以非常方便地进行调查取证和技术比对,从而可以更容易地运用自己的方法类专利提起侵权诉讼。

针对上述情况,企业在代码开源前,应该通过 FTO 检索等方式来慎重识别专利侵权风险,了解潜在对手的专利布局,并及时对软件产品进行规避设计或对风险专利发起无效宣告请求来降低涉诉风险。

第三,专利权属纠纷风险。

尽管企业自身可能由于热衷于开源精神或缺乏专利意识而未对软件原理申请专利,但是在开源软件发布后,由于源代码、注释说明、帮助文档等都处于公开状态,就可能被一些别有用心的人员研究并抢先申请专利。虽然专利审查员理论上能够检索代码托管平台并获得在先公开的源代码等作为对比文件,但由于平台服务器在国内无法正常访问、源代码不容易读懂等原因，专利审查员可能很难依此否定专利申请的新颖性和创造性，因此导致软件企业自己的技术方案被他人抢先申请专利并获得授权。

针对上述情况，企业在代码开源前，应该对具备可专利性的技术方案主动申请专利，将专利武器掌握在自己手中，避免受制于人。开源与专利并不矛盾，企业即使获得软件专利权，仍然可以根据开源许可协议无偿许可给使用者，继续守护开源软件"开放共享"的理念；此外，在第三方对自己提起侵权诉讼时，获得的专利权还能够进行专利防御，多一份还击的武器。

第四，商标权侵权风险。

开发者在自行撰写未经开源促进会认证的开源许可协议时，若使用了"OSI""Open Source Initiative""OSI 图标（logo）"等开源组织的注册商标，在许多国家和地区，将可能构成商标侵权。换言之，只有许可协议在得到 OSI 的认证后才能使用相关标志。另外，在管理较为完善的基金会、社区等开源组织中对商标问题一般都有详细的规定，即使是经过认证的开源许可协议，作为其用户，也应当按照相关规定或指南正确使用。

针对上述情况，开源软件的作者在代码开源前，应该仔细研读开源组织关于商标文字或图标的使用说明，谨慎预防商标侵权问题。此外，与专利类似，企业在代码开源前，还应该对自己设计的商品标识主动申请注册商标，避免被他人抢注。

第五，商业秘密泄露风险。

企业商业秘密的不当泄露是一个重要的知识产权风险。例如，如果企业内部未形成完善的对外开源制度，则在主动开源时，有可能将应该保密的代码对外公开，从而破坏了相关代码的秘密性。另外，开源软件涉及的技术元素很多，通常只有其中源代码需要向使用者公开，但是类似于用户数据、工艺参数、工程文档、测试方法等工程化技术诀窍往往是不应公开的。如果企业在对外开源时不慎公开此类信息，同样会泄露自身的商业秘密，造成重大损失。

针对上述情况，企业在代码开源前，应该制订保护商业秘密的计划和方案，一般应包括：①明确商业秘密的内涵、范围及分类；②对商业秘密文件统一标记；③制订严格的商业秘密接触人员的资格审查制度；④规定保密人员的责任；⑤加强商业秘密管理的控制措施等。

（3）托管平台合同纠纷风险

为了实现开源，企业都需要选择代码托管平台（例如 GitHub、Gitlab 等）并向其提交源代码，以供使用者和贡献者复制、下载。这样，企业与平台通过平台协议建立起一种法律上的服务合同关系。代码托管平台由于发挥着数据仓库、项目托管、版本控制及代码发现的生态系统作用，所以平台协议对企业的重要性，丝毫不弱于开源许可协议。平台协议一般以电子形式在线签署，用于确定各方的法律责任，主要包括账户、使用、代码仓库、著作权侵权及数字千年版权法（DMCA）解决、应用程序编程接口（API）使用、支付、无担保声明、免责、违约赔偿、协议变更等条款。如果发生纠纷，协议的内容将成为重要的争端解决依据。

针对上述情况，企业应该谨慎阅读不同代码托管平台的服务协议，至少需要明确如果自己与托管平台发生纠纷，适用哪里的法律、可能承担什么责任，以及哪家法院有管辖权，并充分注意到由此可能带来的法律风险与经营风险。

（4）出口管制风险

近年来，随着国际竞争愈发激烈，出于政治、经济、军事等对外政策，各国纷纷开始制定或加强控制技术出口的法律和规章，例如，美国出口管制条例（EAR）、欧洲议会和欧盟理事会第 2021/821 号条例、日本出口贸易管理令、韩国对外贸易法，以及我国的《出口管制法》等。由于大多数开源项目是由美国的学术界和工业界主导，因此笔者以美国 EAR 为例进行说明。

从技术角度出发，开源软件是否受到美国 EAR 的限制，主要取决于开源软件是否属于美国 EAR 管制的对象，即管制物项。开源软件是否受到美国 EAR 管制的判断逻辑如图 2 所示，其主要观点认为：①开源属于软件，如果软件涉及出口（这里的出口作广义解释，不但包括狭义的出口，即管制物项从美国出口到另一个国家和地区，还包括再出口、视同出口和转移等概念），一般需要受到美国 EAR 的管制，即出口时需要申请美国 EAR 许可。②但如果软件的源代码是可公开获取的（publicly available），一般无须受到美国 EAR 的管制。③在特殊情况下，即使软件的源代码是可公开获取的，但如果涉及信息加密技术（例如 ECCN 5D002），则仍然需要申请美国 EAR 许可；除非该信息加密技术本身也是可公开获取的，则无须受到美国 EAR 的管制，但仍须提前办理登记备案，并提供相关信息以供随时查验。

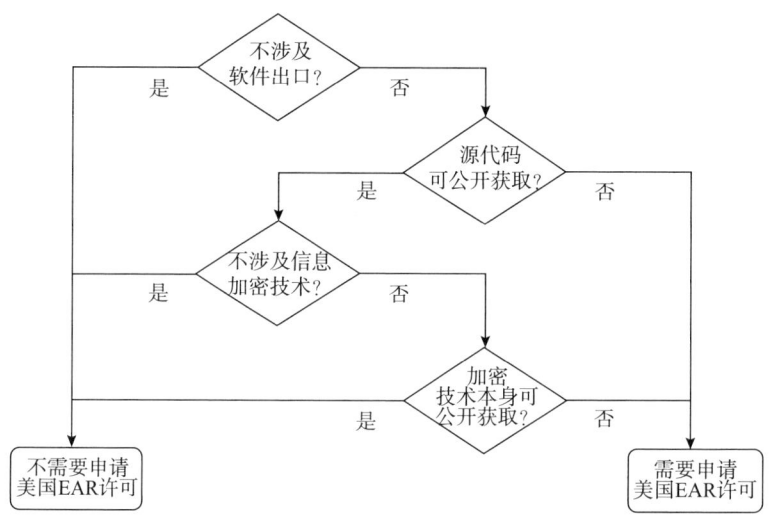

图 2　开源软件是否受到美国 EAR 管制的判断逻辑

从生态角度出发，开源会涉及以下要素：开源组织（基金会、社区）、开源项目、开源许可协议、代码托管平台等，其受到的美国 EAR 限制都不尽相同，总体来说：①大部分开源组织的管理办法可以帮助其规避美国 EAR 要求；②开源项目本身的声明虽不尽相同，但一般无须遵守美国 EAR 要求；③开源许可协议主要涉及知识产权（重点是著作权）相关约定，与美国 EAR 要求无关；④大部分代码托管平台因为是由注册于美国的法律实体所运营，所以其默认需要遵守美国 EAR 要求。

针对上述情况，企业需要仔细研究各国的出口管制立法情况、管制物项要求和实体清单，阅读开源生态相关的出口管制声明并定期跟踪，若条款有所变更，则需要进行快速响应，分析其法律影响。

（5）反垄断风险

开源精神的初衷是追求自由与开放，反对垄断和不合理的限制。尽管大多数情况下，开源理念增加了创新的空间，有助于知识的扩散，但如果开源软件符合滥用市场支配地位行为的构成要件，也可能产生破坏竞争、降低市场多样性、侵害消费者选择权的损害后果，具有违法性。例如，开源软件曾改变了浏览器市场长期的垄断状态，但微软公司将 Edge 浏览器开放源代码和程序内核迁移合并至竞争对手产品的事件暴露了开源软件的反竞争问题，揭示了开源软件的垄断风险。与此同时，开源软件领域内愈演愈烈的捆绑销售或搭售、开源与闭源相结合等现象，也使得这一领域日渐成为反垄断问题的集中爆发地。

针对上述情况，企业应当谨慎看待开源软件的竞争效果，重新审视开源软件与竞争秩序的相容性，避免出现限定交易、拒绝交易或附加不合理条件的行为，防止落入反垄断法的规制范围。

（6）数据安全风险

2017 年施行的《网络安全法》、2021 年先后颁布的《数据安全法》和《个人信息保护法》三部法律被誉为数据领域的"三驾马车"，构成了我国数据合规的基本法律框架。数据处理涉及的范围较广，包括收集、存储、使用、加工、传输、提供、公开等，开源及其商业化产业都有可能受到其规制。例如，对于在开源项目基础上开发商业软件并为数据提供增值服务的企业，如果开源代码本身构成"重要数据"，则应该落实数据安全制度并承担数据保护义务。此外，如果代码本身涉及个人信息（特别是包括可识别特定自然人身份的代码片段）的，企业还需要遵守《个人信息保护法》的要求，承担个人信息处理者的法定义务。

针对上述情况，企业需要谨慎注意自己的法定合规义务，例如，《数据安全法》规定的网络数据分类分级保护、数据安全风险评估、数据安全事件通报处置、数据对外提供使用报告等制度；《个人信息保护法》规定的制定内部管理制度和操作规程、个人信息分类管理、加密等安全技术措施、操作权限划分管理等；并且"重要数据"和"个人信息"都属于数据出境的规制对象，需要进行安全评估、向网信部门报备等流程，也需要防止发生数据泄露，避免对企业造成严重影响。

2. 开源使用者视角

开源软件并非无限制地自由使用,企业作为使用者需要谨慎选择开源软件,关注其附随的权利义务内容及相关条件,避免出现以下六种法律风险。

(1) 合同违约风险

开源许可协议的合同性质决定了,使用开源首要的法律风险在于企业未遵守许可协议中的约定义务而构成合同违约。导致违约的情况通常包括两种。

第一,未遵守开源许可协议的义务约束。这可能是由于使用者无意忽略、主动无视开源许可协议的约定,或上游使用者对开源代码进行再加工后未保留原始著作权信息,使得下游使用者难以明确该开源软件的权利来源,因此无法完成开源许可协议约定。

第二,开源软件具有多个许可协议并且相互不兼容。一般而言,在将不同许可协议的两个开源程序合并成一个较大的程序,或者把其中之一的代码合并入另一个时,如果各个许可协议的限制或条件没有冲突,则开源许可协议是兼容的;但如果各类开源许可协议的要求存在差异,那么若未注意这种兼容性问题,也可能导致违反开源许可协议规定的情况。

常见开源许可协议的兼容性如图 3 所示,图中的箭头具有方向性,若两个许可协议可通过一个或多个箭头顺序连通,则表明它们是兼容的,即这两个许可协议下的代码可以合并,合并后应以箭头终点的许可协议进行发布(需要说明的是图中 Apache v2.0 与 GPL v2.0 并不兼容)。例如,在 MIT/BSD-2→BSD-3→Apache v2.0→MPL v2.0→GPL v3.0→AGPL v3.0 这条单向链路上,任何两个许可协议都是兼容的,其中 Apache v2.0 与 GPL v3.0 的代码合并后应采用 GPL v3.0 进行发布,但是 EPL v1.0 与 LGPL、GPL、AGPL 均不兼容。

开源协议合同违约造成的影响可大可小,严重时会导致法律诉讼、产品被召回、被迫开源自有知识产权代码等。

针对上述情况,为了避免在使用开源软件时构成合同违约,企业作为被许可人,必须施以更高的注意力,需要清楚地理解并遵循开源软件许可协议规定的各项义务，此外还应该主动扫描软件代码，避免潜在的许可权利瑕疵。

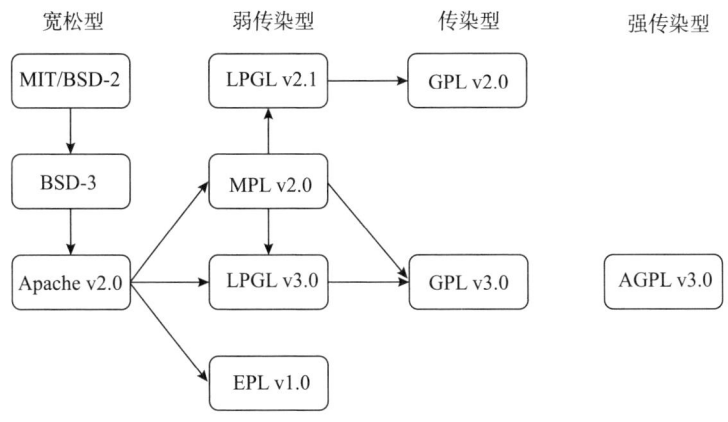

图 3 常见开源许可协议之间的兼容性

（2）知识产权风险

企业违反许可协议的约定，还可能导致权利人终止许可，进而导致企业的使用构成知识产权侵权，出现违约与侵权的责任竞合。

第一，著作权侵权风险。

著作权的侵权风险主要包括以下两种。

一种是由于使用者违反开源许可协议所导致。例如：①所有的开源许可协议均要求在著作权声明中保留其作者或权利人的姓名或名称，并且要求明确开源软件所适用的许可协议，保留协议全文或相关链接。②Apache、LGPL、GPL、AGPL 等许可协议都要求用户在修改开源软件后，提供修改声明或附加修改说明文档，声明对开源软件进行了哪些修改；③LGPL、GPL、AGPL 等许可协议要求用户在使用开源代码并对其进行修改、再发布后，应该按照协议具体要求，将被修改的代码、衍生代码或软件整体进行开源。

企业违反许可协议的相关要求可能触发终止许可条款（例如，GPL v3.0 协议第 8 条"终止许可"的约定），导致后续的复制、修改、发布行为都将构成著作权侵权。

另一种是由于贡献者带来的著作权瑕疵问题所导致。由于参与开源软件开发的贡献者往往较多,很可能出现贡献者将具有未获得许可的软件代码有意或无意贡献到开源组织的情况,而且开源许可协议往往都有免责声明条款,贡献者本身无须承担瑕疵担保责任,因此企业一旦使用了有瑕疵的开源软件,就需要自行承担未得到合法许可而侵犯相关权利人著作权所引发的法律责任。

针对上述情况,使用者在引入开源软件之前,需要了解该开源软件所适用的开源许可协议的类型和版本,对开源软件进行仔细的评估;在使用开源软件时,应清楚地记录开源代码的来源、名称、许可协议中的权利义务等信息,适当履行开源许可义务,在有条件的情况下,考虑如何规避受到开源许可协议的传染性约束。在产品开发过程中,应主动扫描、检测和拦截有漏洞或不合规的软件代码,对于有风险的开源软件应建立合理的退出、替换机制,以免这些问题进一步扩散,若发现存在不规范使用之处,应及时评估风险并予以应对。

第二,专利侵权风险。

不同于著作权保护软件作品的表达形式,专利权可以保护软件作品的技术性思想。虽然可再现同一技术思想的不同程序设计语言开发的软件或操作系统无法被同一著作权所保护,但是却会落入同一专利权的保护范围,并不会因为源代码的不同而被区别对待。通常来说,企业使用开源软件的专利侵权风险来源于内部、外部两个方面。

来自开源项目内部的风险,是指开源软件的开发者或者贡献者对代码涉及的某项技术方案(例如软件算法)申请专利并向开源使用者提起专利主张。一部分开源许可协议(例如 Apache v2.0、LGPL v3.0、GPL v3.0、AGPL v3.0 等)明确规定了专利许可条款,并且有些还进一步明示了专利报复条款(一旦被许可人发起主动诉讼或违反许可协议,专利许可就自动终止),由于规则清晰明确,因此这些协议所引发的专利风险相对较小。相反地,另一部分开源许可协议(例如 BSD、MIT、LGPL v2.1 等)则没有规定专利许可条款,保留了开源软件权利人向开源软件使用者提起专利诉讼并收取许可费的可能性,专利风险较大。

来自开源项目外部的风险,是指不受开源许可协议约束的第三方权利人向开源软件使用者发起专利主张。例如，微软公司早期因为 Linux 等开源软件对 Windows 等商业软件带来商业冲击，而对开源软件采取敌意的姿态。微软公司总裁布拉德·史密斯（Brad Smith）在 2007 年接受《财富》杂志采访时，就曾宣称开源软件侵犯了微软公司旗下多项专利。这些案件多以单独签订专利许可协议而达成和解，直到微软公司在 2018 年收购了全球最大的开源软件托管平台 GitHub 并于当年携带其多件专利加入了开放发明网络（OIN），Linux 开源软件才真正摆脱了来自微软公司的专利威胁。

针对上述情况，一方面，企业在引入开源软件之前，可通过 FTO 检索等进行侵权风险排查，并积极做好预案准备；另一方面，还可以组建或加入开源专利联盟来应对第三方权利人的专利攻击，例如，可以求助联盟通过专业力量发起专利无效或者将专利池中的专利转让、许可给自己进行反诉等。

第三，商标侵权风险。

不同于保护独创性作品的著作权和保护创造性技术的专利权，商标权可以通过区分产品或服务的来源从而保护权利人和消费者，换言之，商标权关注的是正当的市场竞争或消费者合法权益的保护。企业使用开源软件的商标侵权风险可能来自以下两个方面。

一是来自许可协议的风险，是指有些开源许可协议明确规定使用者除了为合理描述开源作品来源和复制声明文件本身等目的，不得使用许可人的商号、商标、服务标记或产品名称，例如 Apache v2.0、BSD-3 等许可协议。

二是来自开源许可协议的全球适用性与商标权的地域有效性相冲突的风险，是指开源许可协议的相同格式条款在所有国家都适用，但是商标注册往往在绝大多数国家采用先申请制，故在某些地区，即便使用者已获得开源软件权利人的许可且符合许可协议中的使用规定，仍有可能存在许可人并没有获得商标权、商标权实际归属于第三方的情况，导致使用者使用了与他人在相同或近似的类别上的在先注册商标相同或相近似的情况，从而面临商标侵权风险。

针对上述情况，企业在引入开源软件之前，不但要特别留意许可协议中的商标使用规范，还应该在使用地商标主管机构的官方网站进行商标检索。此外，还应关注使用地的商标法律规定、商标是描述性使用还是指示性使用、开源许可协议中的相关商标规定情况等，进行综合的商标防侵权分析。

第四，商业秘密泄露风险。

企业在使用开源代码时，还可能面临商业秘密泄露风险，主要包括四个方面。

一是软件传染性引发的风险。例如，未经识别引入遵循 LGPL、GPL、AGPL 等许可协议的软件代码，导致企业的私有软件或代码受到"传染"而需要被迫开源，可能引起企业商业秘密的泄露风险。

二是托管平台引发的风险。例如，他人或员工未经企业批准，擅自在代码托管平台上贡献含有企业商业秘密的源代码，利用托管服务器在域外、匿名上传难以被取证的情况，故意破坏企业的商业秘密。当然，这种上传也可能是无意识行为，但是由于托管平台用户众多、传播速度快，即使快速删除，也可能导致企业的商业秘密受损。

三是安全漏洞引发的风险。如果企业所引入的开源软件存在恶意代码、病毒或其他安全漏洞，也均可能引起内部信息系统遭受攻击，使得商业秘密出现泄露。

针对上述情况，企业在使用开源代码前，应该制定保护商业秘密的计划和方案，并应提高安全防范意识，积极修复技术及管理上的安全漏洞等。

(3) 产品责任法律风险

传统商业软件的许可协议通常都包括担保条款，保证软件没有功能缺陷、权利瑕疵、不侵犯第三方权利等。但是，开源软件许可协议一般不提供这种担保，相反地，大部分许可协议还包括免责条款，表明许可人不对相关软件承担任何担保或法律责任。例如，Apache v2.0 许可协议在"7. 免责声明"条款中提到："除非适用法律要求或以书面形式同意，否则许可人是'按原样'提供本作品的（每个贡献者也是如此提供其贡献的），没有任何明示或暗示的保证或条件，包括但不限于关于所有权、不侵权、适销性、适用性的任何保证或条件。您将自行负责确定使用或再发布本作品的适当性，并承担与您行使本许可授予您的权利有关的任何风险"。

针对上述情况，企业应该充分意识到开源软件不仅不是"免费"的，而且不是"免责"的，任何使用开源软件的企业，都需要为自己的行为负责，应认清发生功能缺陷或安全漏洞时的责任承担问题，并提前做好预案准备以应对或转移这些风险。

（4）出口管制风险

尽管开源软件本身是可公开获取的，使用一般不会受到美国 EAR 的管制，但是企业仍要注意以下三种情况。

第一，如果企业自身受到美国 EAR 管制，例如被列入实体清单，则此时即使开源代码本身没有受到美国 EAR 管制，但由于缺少了软件背后的技术服务、生态系统的支持，因此该企业可能也难以正常使用这些开源技术。

第二，如果开源项目或开源组织声明遵从美国 EAR 管制，一旦美国修改 EAR 要求，将操作系统等核心基础软件直接加入管制要求中，并且将"备案即不被管制"修改为"备案且需要被管制"或"需要单独申请许可"，那就意味着大量核心开源项目将受到出口管制，企业也将很难继续使用这些开源技术。

第三，大部分代码托管平台因为其运营实体是注册于美国的公司，一般都会遵守美国 EAR 要求。如果托管平台将代码服务器架设在美国，则相关代码的上传和下载的行为都需要遵从美国 EAR 和美国法律，这同样可能导致企业访问开源项目的正常研发活动受到影响。

针对上述情况，企业应该优先选择国内开源组织下的开源项目，优先选择在国内建立镜像的开源托管平台上的开源项目，但是由于出口管制的本质是大国竞争的一种工具，因此企业更应该始终保持警惕，充分意识到自己在开源软件方面的风险，并尽早在操作系统、数据库、云计算、中间件等基础设施领域以及人工智能、区块链、边缘计算、大数据等新兴技术领域在国内构建完善的开源生态。

（5）数据安全风险

与主动开源情况类似，企业在使用开源时一旦涉及数据的收集、存储、使用、加工、传输、提供、公开等处理，同样可能面临数据出境问题和数据泄露风险。

针对上述情况，企业应该注意审核数据内容是否符合国家法律法规对数据安全的要求。此外，由于开源软件不会像商用软件一样向用户自动推送修复包、补丁和更新，因此开源软件使用者需要及时跟踪修补，避免受到病毒攻击而造成信息泄露等安全风险。

（6）许可规则变化风险

企业在使用开源代码时应该充分意识到，开源项目发起者不仅可以将自己的开源软件采用双授权甚至多授权对外发布（例如，MySQL 的源代码就同时使用了 GPL 许可协议和商用协议），而且可以自由地更改它的许可协议或者直接选择闭源。

2018 年 10 月，开源数据库 MongoDB 曾将其许可协议从 AGPL v3.0 变更为服务器端公共许可证（SSPL），遏制了云服务商只顾攫取开源软件价值却不给予回馈的行为。SSPL 与 AGPL v3.0 最大的不同是更加明确规定了将程序作为服务提供的限制条件。在 AGPL v3.0 的规定中，如果其许可的程序与用户通过网络进行远程交互（例如网络和邮件服务器、基于互动的网络应用程序和在线播放的游戏服务器等），则需要将源代码和所有的修改提供给用户；而在 SSPL 中，进一步明确规定在将程序或程序的修改版本的功能作为服务向第三方提供（例如云服务商将软件托管产品打包成服务）时，也需要提供此类服务的源代码。

针对上述情况，企业在使用开源软件时，应及时关注开源许可协议类型和条款的变化，充分理解开源的游戏规则、谨慎选择开源软件、做好备选技术方案的准备。

三、企业开展开源合规的建设方案

开源生态在企业生产经营中发挥着重要作用，但同时，它也给企业带来各种法律风险，如何在安全可控的情况下贡献开源、使用开源，已成为企业发展的关键任务。

（一）制定企业开源合规战略

企业的开源活动应该在开源合规战略的指导下展开。开源合规战略是指企业充分运用开源制度、精神、文化和生态，在获得技术优势的同时，保护自身合法权益、保持竞争优势、遏制竞争对手、谋求最佳经济利益的总体性规划和手段。

一般地，企业的开源工作包括四个发展阶段：使用者、参与者、贡献者、主导者。各阶段的战略重点分别是管控风险、效率优化、运营获利、主导生态。

在使用者阶段，企业以使用他人开发的开源软件为主，主要关注的是"什么软件好用"，而容易忽视使用带来的法律风险。这个阶段的合规重点应该在于识别和管控开源组件所引入的各项法律风险，保证使用安全、合规、高效。

在参与者阶段，企业会参与社区活动，开始投入一定资源在开源项目的开发测试上，关注开源软件的开发进度、迭代速度、性能优劣、运行稳定性，并给予部分回馈等。这个阶段的合规重点应该在于对开源软件进行分级分类管理，在选型过程中综合考虑关于开源技术的使用成本、研发周期、知识产权、法律合规等相关约束条件，确保所引入开源技术的综合能力与企业发展需求之间匹配程度的最大化。

在贡献者阶段，企业尝试发起开源项目、积极贡献代码并参与讨论等，其目的一般是实现企业自身的商业化。这个阶段的合规重点应该在于规避作为权利人可能面临的法律风险，关注双许可、多许可协议商业模式下的法律问题，帮助企业安全、有效地实现开源项目的运营获利。

在主导者阶段，企业在开源组织的代码贡献量非常大，拥有庞大的用户群，能够主导建立组织规则，并引领社区发展方向，企业对于开源组织具有相当的话语权和控制权。这个阶段的合规重点应该在于如何综合运用各项权利建立组织规则、形成技术标准，同时注意规避由此可能引发的反垄断问题及其他法律责任问题。

总之，无论企业处于哪个阶段，在制定开源合规战略时都应重视以下四个方面：其一，要掌握国内外开源动态，了解最新开源合规要求；其二，要分析开源生态相关者的利益期望，了解自身在开源生态中所处的相对地位，具有哪些资源以及能力；其三，要将开源合规要求与企业业务发展深度融合，根据企业整体战略来匹配相适应的开源合规战略；其四，要由企业最高管理层直接审核、批准企业的开源合规战略。

（二）组建企业开源合规组织

企业开源合规工作应全面渗透到企业经营的采购、研发、产品、市场、销售、售后等环节，需要各个部门的积极参与，绝非仅仅依靠法务部门单方的努力就能达成。因此，在开源合规工作中，需要一个跨部门协同工作的开源合规团队。

这个团队通常被称为开源合规管理委员会或开源项目办公室（OSPO），负责分析企业发展战略、组织架构、文化价值观、生态定位，诊断企业开源合规管理现状，提出开源合规战略和指导各部门分步落实合规战略的计划与措施，交由企业最高管理者审批，营造企业开源文化，树立开源软件风险管控意识，并且为员工如何参与开源工作提供制度、流程、工具和资源。

开源合规团队一般由管理者、法务/合规、研发、采购、IT/信息安全等部门的代表组成。

管理者代表应在企业最高管理层中指定，一般为技术或运营分管副总，负责确保开源合规体系的建立、实施和持续运行，向最高管理者报告合规战略、管理绩效和改进需求，跟踪合规计划与措施的有效执行，落实合规体系运行和改进需要的各项资源等。

法务/合规代表负责研究开源项目相关的法律规范，特别是开源许可协议的条款内容，对相关法律风险进行评估，根据企业研发情况制定贡献、使用开源软件的策略与规则，审核、监视其落地实施，并及时对企业相关人员进行法律培训，应对争议纠纷事件等。

研发代表负责跟踪开源软件的技术动态，评估开源软件的性能效果，审核软件产品的代码输出，确保软件符合企业的各项要求等。

采购代表负责优质软件的开发和导入工作，并提出整合及优化的合理化建议，生成并维护完整、准确和可追溯的软件物料清单（SBOM），并通过主动排查、合同约定等各种手段，降低由于供应商导致的侵权风险等。

IT/信息安全代表负责跟踪企业所使用的开源软件的漏洞、修复和更新，加强数据安全防御，应对网络攻击等。

此外，开源合规工作也需要其他部门参与其中，以提供全方位协同管理与支持。例如，市场部门可以确定最佳的生态运营模式，以吸引更多用户和开发者了解、参与公司的开源项目；产品、销售、售后部门可以实时关注市场上的热点产品和竞争对手的动向，并将这些信息用于促进产品定义的快速迭代，帮助研发迅速定位到更合适的开源组件，更快地向社区生态作出贡献；项目管理部门可以在项目各个阶段，合理地配置开源合规工作所需的人力、财力、物力等各类资源，并协助监控各阶段合规工作是否达成，保证项目整体进度；财务部门可以帮助准备必要预算，帮助获得外部法律服务、应对潜在诉讼纠纷；人力资源部门可以负责合规人员的招募、培养、考核、调动、奖励和支持，并协助组织培训等。

（三）培育开源合规文化意识

合规文化是渗透在整个企业的价值观、道德规范和信念，与企业的组织结构和控制系统相互作用，产生有利于合规效果的行为准则。《合规管理体系　要求及使用指南》（GB/T 35770—2022）对此也作出有关规定。开源合规工作的落实程度很大程度上取决于企业中的开源文化的培育。

为了发展开源合规文化，首先，企业的最高管理者应当积极、前后一致并且持续地认可它的价值，并将它作为企业管理的长期任务；其次，企业的员工也应当清楚违规会给自己、所在部门和企业带来的不利影响；最后,企业还可以通过开放沟通机制来促进合规文化的稳步形成。例如,企业可以采取文化工作坊、培训或类似的活动形式,经常性地围绕开源合规的基本价值、公司的相关制度与流程、开源许可协议的法律规定、常见的开源风险等话题,进行讨论、交流和培训。

(四) 设置内部合规制度流程

制度是企业进行科学管理的保障,企业应建立配套的开源合规管理制度,对开源软件进行统一管理,并规范开源软件全生命周期的价值与风险管控机制。

通常,合规管理制度可以包括:开源项目审批制度、开源项目辅导机制、开源项目激励机制、开源软件使用制度、著作权声明制度、许可协议选型制度、开源社区建设规范等。

除了构建上层制度,企业的开源合规工作还要能在基层落地实施。为此,企业应该将合规治理工作嵌入产品项目的全生命周期中进行管理。通常来说,产品项目的生命周期包括概念、设计、开发、测试、发布、运营六个阶段,企业的合规治理流程也应有对应设置。

概念阶段:企业应确立产品需求规范,同时明确合规工作的目标与规则,识别内外部可能参与或者受益的人员,与相关支持部门沟通,准备后续开源事宜及合规检测等。

设计阶段:主要涉及项目整体的架构规划,企业应根据合规规则选择合适的开源组件,还应考虑开源的成本与收益情况,例如,软件开源为企业带来的用户引流和市场宣传等价值、项目直接商业化销售和开源形成的收入差、企业建设开源团队的管理支出等。

开发阶段:企业应该进行开源组件的风险盘点,并持续跟踪代码质量和风险情况,企业还应按照开源最佳实践,完善功能说明、使用说明、安装说明、技术特性等相关文档编写。例如,可以借助专门的扫描工具来获取相关开源组件的许可协议、著作权完整性等信息,将结果汇总生成SBOM,确保能使用到的开源组件的许可协议均属于自由使用许可协议组,或已经单独审批允许使用,不存在法律风险或风险可控。

测试阶段:在进行负载和性能测试的同时,企业应检查产品的 SBOM 是否符合需求规范、权利信息是否完备、是否违反企业的合规规则。

发布阶段:企业应展开发布前检视,构建对外发布产品版本的 SBOM,审核开源组件的用途和许可协议是否符合需求规划,根据合规性要求、兼容性要求、项目特点、开源目的、开源组织要求等来选择合适的开源许可协议,确保最终输出的产品中包括的开源组件和代码片段不存在任何法律风险,并在发布产品的同时为下游用户提供 SBOM,以完成自身作为供应商的保证义务。

运营阶段:企业应持续跟进合规规则库和产品的更新,定期更新 SBOM,及时发现法律风险,对因各种变化引起违反合规规则的情况进行及时修复。

(五)准备开源合规管理工具

"工欲善其事,必先利其器",合适的管理工具是企业开源合规工作顺利开展的有力保障。

从功能类型角度,管理工具主要包括:组件扫描工具、组件管理工具、项目管理工具、审批存档工具、许可协议扫描工具、安全漏洞检测工具、代码原创性扫描工具、贡献者许可协议签署工具等。

从识别原理角度,管理工具主要包括:①扫描源代码工具,通过源代码片段式比对来识别开源组件及其许可协议类型;②特征文件比对工具,不扫描源代码,对文件级别提取特征文件,生成二进制包,通过对二进制包进行比对来进行识别;③和配置文件比对工具,不扫描源代码,通过扫描包配置文件读取信息,通过确定依赖关系来进行识别。

从项目阶段角度,管理工具应该能够提供以下六个阶段的功能支持。

在概念阶段,可提供许可协议指南、兼容性矩阵、软件交互方法、合规检查表等,为项目人员提供常见的合规指导、信息和注意要点。

在设计阶段,可提供备选开源组件及其许可协议类型和版本,评估其与企业的使用方式、产品属性、商业目的之间的匹配性。

在开发阶段,可从可信渠道下载开源组件,进行风险排查,检查产品内部版本的合规性,生成SBOM。

在测试阶段,可验证代码修改已经记录并包含在附加说明中,确保修改后的源代码文件包含版权声明、免责声明和通用更改日志等信息,并执行语言检查,确保源代码中没有任何不适当的注释。

在发布阶段,可校验测评信息,对未完成技术测评的开源组件推送补测任务,根据测评、漏洞情况判定是否可以晋级发布,并汇总生成发布版本的SBOM。

在运营阶段,可持续监控开源组件的运行状况并获得漏洞清单,还能够持续监测开源组织的活力指标,并在各个方面培育生态,支持其发展。

(六) 完善开源合规外部资源

企业开源合规工作的开展同样离不开外部力量的支持。在开展合规管理工作时,应当善用各种外部资源的力量。

开源组织,为开源运营提供专业化服务,不仅可以通过对开源项目提供中立的知识产权托管,吸引大量用户参与,而且可以为每个开源项目在法律及资金方面提供强有力的支撑,以确保开源项目的合规及可持续性。

代码托管平台,是代码存档和网页托管工具,可以为开源软件开发提供协作环境,并通过设立活跃度、受欢迎程度等指标,识别开源技术热点及创新发展趋势,促进开源软件的推广应用。

产业协会组织,为开源运营搭建产业沟通平台,可以推动用户需求尽早进入开源组织,并基于开源生态的商业公司摸清企业需求,尽快找到合适的商业产品方向,形成助推、孵化关系。

政府主管部门,负责出台消费者权益保护、出口管制、产品许可等政策法规,特别是对于选择出海经营的中国企业来说,应该与政府主管部门保持良性沟通,随时关注目标国家的监管政策变动,适应性地对自身的开源活动进行调整。

法律服务机构，可以帮助企业对最新的法律动态进行实时跟踪，对企业生产经营的开源工作提供外部合规辅导与评估服务，并在发生风险时，辅助企业调动各方面资源，应对合规事件、降低法律风险，保证企业经营行稳致远。

专业联盟，具有各种不同的设立目的，旨在帮助整个开源生态圈更好地进行协同发展。例如，OIN 作为一个专利互不侵犯开源组织和免费防御性专利池，主要目的是保护 Linux 和开源友好公司免受专利攻击，推动实现更高水平的创新；开源技术促进联盟（OSORG）是中国的开源技术促进机构，致力于推进我国开源教育课程体系，改善开源人才的培养和开源技术在高校的推广、应用等。

（七）加强知识产权体系建设

开源合规与知识产权保护密不可分，知识产权既可以作为企业开源的防御盾，又可以作为企业开源的保护伞，只有完善知识产权法律体系，健全知识产权保护运用体制，才能为企业开源生态健康发展提供有力的参考依据。

在企业主动开源时，需要在开源之前做好软件著作权登记、商标注册申请、专利申请、商业秘密保护等前期的工作，只有这样才能在开源的同时保护好自己，而且一旦出现后续贡献者或使用者不遵守开源许可协议的情况，也可以拿起这些武器积极维护自身的合法权益。

在企业使用开源时，需要在研究开源许可协议的规范要求之余，重点关注这些代码来源方的知识产权风险，避免使用存在权利瑕疵的开源软件，并在有条件的情况下，通过对开源供应商的知识产权尽职调查、要求其进行责任担保来规避、减轻自身的法律风险。

四、结语

开源为企业带来较大商业价值，同时也可能使企业面临诸多的法律问题。为规避开源带来的法律风险,企业应具有全局观和战略思维,加强技术与法律的融合与互动,将开源工作纳入企业的大合规体系之中,将开源治理融入企业生产经营的全生命周期之中,为企业在开源浪潮中顺势前行提供有力保障。

企业标准专利培育与实现路径

马 骏

天合光能股份有限公司全球知识产权总监

一、引言

(一) 标准的分类与作用范围

标准是衡量事物的准则,是为了预先减少人类之间或技术之间重复活动的不确定性并降低交易成本而共同自愿接受的规则。❶ 国际标准化组织(ISO)和国际电工委员会(IEC)在《标准化与相关活动——通用词汇》(ISO/IEC Guide 2:2004)中对标准的定义为:经协商一致制定,为各种活动或其结果提供规则、指南或特性,供共同使用和重复使用的一种文件,以实现在预定领域内获得最佳秩序的效果。由此可见,标准的本质特征是统一。

标准的分类方式有很多,主要从大类上可分为国外标准和国内标准。国外标准主要分类有国际标准、区域标准和事实国际标准,其中国际标准主要由 ISO、IEC、国际电信联盟(ITU)等国际组织制定发布,可在全球

---

❶ JUNGHOON K. Technical standard - setting and patent pool, competition policy [EB/OL]. (2019-03-29) [2023-06-20]. https://www.iip.or.jp/e/summary/pdf/detail2003/e15_11.pdf.

范围内实施；区域标准由欧洲电信标准学会（ETSI）、亚洲标准咨询委员会（ASAC）等区域性标准化组织制定发布，可在各自对应的区域内实施；事实国际标准由国际组织、专业组织制定发布，在国际经济技术活动中客观上起到作用，例如电气电子工程师协会（IEEE）、互联网工程任务组（IETF）等。国内标准分为国家标准、行业标准、地方标准、团体标准以及企业标准，在不同的行政区划或行业、企业范围内发挥作用。根据我国标准化法规定，只有国家标准有强制性标准（GB），其余所有标准均为推荐性标准（GB/T），当然国家标准除了强制标准之外的均为推荐性标准。需要特别说明，企业标准因只在企事业单位内部进行统一执行，效力范围仅局限在企事业内部，在未形成行业性事实标准之前，不在笔者的讨论范围，其也并非标准专利的研究载体。

（二）标准专利产生的原因

标准专利是指标准化组织在制定标准时以及标准发布实施后依据该标准内容会使用到的专利。当且仅当实施者没有办法绕开专利权人的专利在实施标准过程中必然会使用到的专利才被称为标准必要专利。因此，标准必要专利是标准专利的一个子集。当标准为非强制性标准或非事实性强制标准，或者实施标准还可选择其他技术方案替代时，则被该标准所包含的标准专利不能被称为标准必要专利，但仍是标准专利。标准专利将专利技术与标准进行锁定，可起到在一定时期内某项技术在行业内的垄断性影响力。

产生标准专利的原因分为客观性原因与主观性原因。

当一项技术发展到一定阶段，应用复杂性增多从而促使标准制定，而技术创新本身又往往自然伴随着专利权等知识产权的产生。因此，这一发展客观上促使了专利与标准的融合，使得技术标准在制定时就难以绕开已有的专利，这是标准专利产生的客观性原因。

当某一实体发现标准专利垄断性影响力的魅力，有组织有计划地实施标准专利培育与预埋策略时，专利与标准的融合就带有非常强的主观性因素。所有专利与标准的时机点和策略执行都带有较强的战略引导，这种刻意的、由果推因地产生标准专利的动机和行为则是标准专利产生的主观性原因。

（三）各标准组织应对专利的政策及定位

ISO、IEC、ITU 等国际标准组织的知识产权政策相对比较成熟且简明扼要，其重点在于允许专利技术加入技术标准之中，国际标准组织不负责专利技术的许可谈判，而是通过专利权人自己的许可声明来确定在标准使用中所发生的权利和义务关系。这些国际标准组织的知识产权政策主要集中在知识产权信息披露，即要求标准提案人将标准提案中的技术方案涉及的专利技术披露出来，并提供权利人的许可声明。国际标准组织声明并不对发布的标准中涉及必要专利承担识别的责任。各标准组织的知识产权政策比较情况如表 1 所示，其中包括 ITU、ISO、IEC、IEEE、ETSI，还有欧洲标准化委员会（CEN）、欧洲电工标准化委员会（CENELEC）、美国国家标准学会（ANSI）和英国标准协会（BSI）。

表 1 各标准组织的知识产权政策比较情况

标准组织名称	知识产权范围	披露义务和性质	披露时间	许可条款
ITU、ISO、IEC	ITU：专利；ISO/IEC：专利、商标和著作权	有义务、鼓励性	从一开始	合理和非歧视（RAND）原则或免许可费（RF）协议
IEEE	专利	有义务、鼓励性	标准批准前	RAND 协议、RF 协议、NA（可选）公开最大费率
ETSI	专利	有义务、强制性	及时	FRAND，即使专利人拒绝许可也可能被采纳
CEN、CENLEC	专利	有参与：强制性 未参与：鼓励性	从一开始	RAND 原则（所有使用者）或 RF 协议
ANSI	专利	有义务、鼓励性	及时	RAND 原则或 RF 协议
BSI	专利	有义务/鼓励性	及时	将权利许可给用户，英国知识产权局解决争议

国内标准涉及专利政策既结合国际标准组织的做法,又兼具我国特色。我国先后发布了《国家标准涉及专利的管理规定(暂行)》和《标准制定的特殊程序 第 1 部分:涉及专利的标准》(GB/T 20003.1—2014),从基本原则和实施细则两个方面进行规范,主要特点如下。

第一,与国际接轨,遵循必要专利披露原则、承诺许可原则、RAND 原则和不介入原则。

第二,兼顾中国特色,《国家标准涉及专利的管理规定(暂行)》和《标准制定的特殊程序 第 1 部分:涉及专利的标准》分别从总体原则和实施细则方面对标准涉及专利进行规范,对推荐性标准和强制性标准涉及专利的处置规则予以明确区分。专利处置要求主要包括必要专利信息披露、必要专利实施许可声明和相关信息公布;必要专利实施许可声明按照免费许可、收费许可和不同意实施许可三种方式开展。

第三,与三大国际标准组织(ISO、IEC 和 ITU)专利政策的对接与协调,方便以国际标准或国外标准为基础制订、修订的标准,以及引用国际或国外涉及专利的标准。❶

如图 1 所示,我国已经初步构建了标准涉及专利相关政策要求的文件体系。

二、标准专利培育中的组织与协作

(一)国家层面

标准专利源于海外,其在国际舞台的存在时间已久,成熟度高,尤其在美国、欧洲、英国、日本、韩国等国家和地区,从国家层面均将标准专利政策作为促进国家经济发展、保护创新与核心技术、提升国际竞争力的有效方式,并发布相关标准必要专利指南,例如韩国特许厅在 2021 年 10

---

❶ 刘文秀. 标准涉及专利处置规则的研究及建议 [J]. 中国标准化,2021(15):101 - 105.

月发布的韩国标准必要专利指南2.0，这些指南多为各国知识产权局单独或与专利、创新战略研究院等机构联合发布。

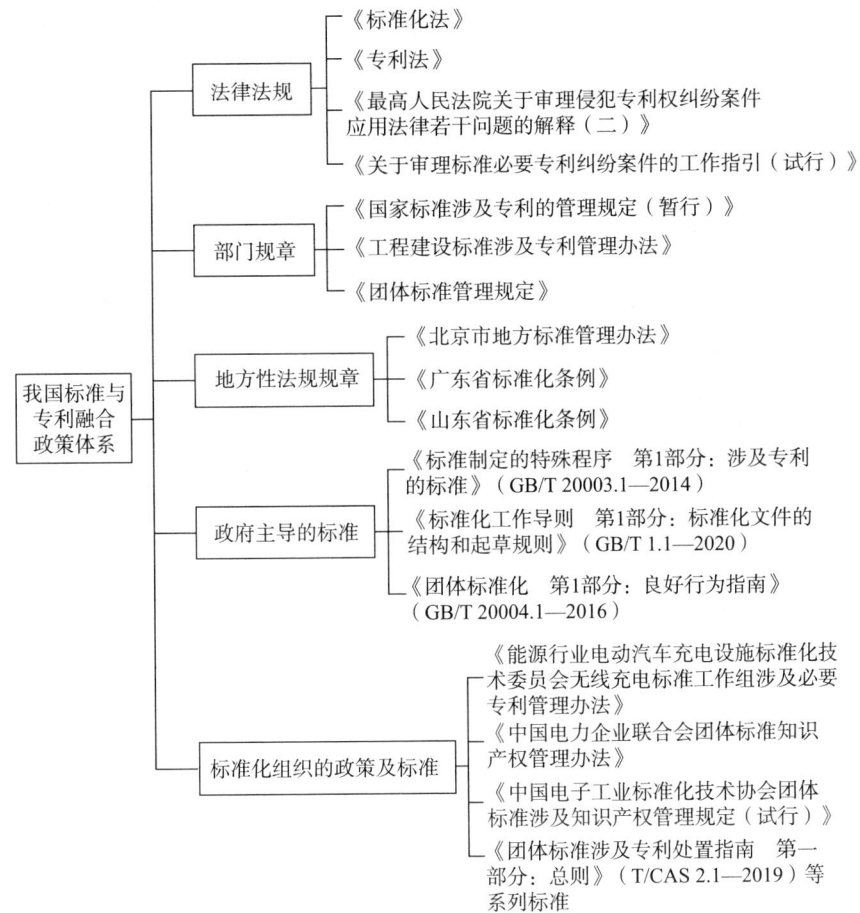

图1 我国标准与专利融合政策体系

由于标准专利的最终落脚点在专利，且较多专业判定需要专利审查部门和司法部门进行，因此各国基本的组织协作原则是知识产权局与标准化管理组织进行协同：标准化管理组织进行标准中涉及专利的一般性规则制定与发布，明确其知识产权政策与原则；知识产权局负责专利的审核以及标准专利指南的发布，但知识产权局不对标准专利本身进行认定和在程序上有任何的区别对待，即正常专利如何审查，标准专利也一样，两类专利的审查步骤和过程几乎没有任何区别。司法部门会对标准专利本身进行认定，也会对涉及标准专利侵权纠纷、许可费率以及禁令等发布相关规则和司法解释。因此，司法部门是涉及标准专利核心和细节的体现。

综合来看，国家层面涉及标准专利的组织主要包括标准化管理机构、专利管理机构、司法机构。

第一，标准化管理机构：对标准中涉及专利的规则进行一般性约束，指导标准组织及各级标准化管理机构进行相关工作。

第二，专利管理机构：对标准专利进行审查，发布标准专利指南。

第三，司法机构：对标准专利纠纷进行裁判，发布相关法律法规及司法解释。

标准化管理机构与专利管理机构因为均涉及专利与标准的产出以及融合，属于标准专利生命周期的早期，各自工作流中会因时间上的重合，而增多彼此之间的交流与协作。由于标准专利涉及司法机构的流程实则已经在标准专利基本或完全成形后，在其实施过程中介入，因此属于标准专利生命周期中后期，此时除非对标准专利进行无效宣告请求程序，还会经由专利管理机构进行审理，本质上司法与标准、专利的审查程序相对独立，故而相互之间的协作也鲜少有之。

（二）行业机构

标准专利的渗透程度和规则应用在各行各业是不同的，例如在通信和互联网行业，标准专利的运用已经相当普遍，我国在第五代移动通信技术（5G）标准组织中的标准必要专利披露声明体例庞大，当然这其中存在一定的过度披露的情况，但去除这些过度披露的专利后，剩余数量依然庞大。如果换到重型加工机械行业，数量可能就寥寥无几了。

行业机构在标准专利的趋势分析和运用层面发挥了至关重要的作用。某种程度上，行业机构起到了连接企业与政府、跨国组织的桥梁作用。在我国，比较活跃的行业机构有中国信息通信研究院、IMT－2020（5G）推进组、中国汽车工程学会知识产权分会等。这些行业机构以行业内企业诉求为出发点，分析行业动态及规则发展，向业界进行积极沟通与建言献策，甚至还会发布自己行业的标准专利指南或声明文件，以达到规范行业积极健康发展，保护企业经营实体的目标。

一个比较典型的例子是，中国信息通信研究院和中国汽车技术研究中心有限公司，依托中国汽车工程学会知识产权分会、IMT-2020（5G）推进组和汽车标准必要专利工作组，组织行业专家进行起草、研究与论证，形成了《汽车行业标准必要专利许可指引》，其重点指出在智能网联汽车领域的标准必要专利重复收费现象及处理、合理许可费基数（汽车产品中起到实际贡献的产品单元）与计算方法（自上而下、可比协议法）、标准必要专利对汽车产品的价值贡献度计算等问题的处理原则。

（三）企业内部

企业内部管理专利和标准的组织大多是分设的：多由法务部或知识产权部负责专利的管理，质量部或标准部负责标准的管理，业务部（主要是技术与产品）在知识产权部和质量部的指导下进行业务活动中标准及专利工作的推进与融合。在这种模式下，三方需要紧密配合，相互联动。通常由质量部代表企业与外部标准化管理机构、行业机构、标准编制单位进行对接；知识产权部与各知识产权局、司法机构、外部代理机构、标准组织中的知识产权工作小组、行业机构中的知识产权工作组等进行对接；业务部中的技术和产品代表则主要与标准工作组中技术与产品专家进行沟通，进行标准申请、试验验证、评定参会，以及标准专利的申请、权利要求对照表（CC）制定等工作。

虽然组织和分工相对明确，但要很好地串联企业内部三方人员的工作，还需要有"2+1"组织机制发挥出至关重要的作用。其中"2"代表两大虚拟组织：一是集团级的委员会，通常包括知识产权委员会与标准委员会，它们在集团标准专利战略、总体目标制定以及标准专利工作统筹、资源支持与重要事项决议等层面发挥重要作用；二是产品线级的各个工作组，一般包含标准工作组和知识产权工作组，这些工作组内的专家是各条线的意见领袖，有些人经过长期内外部培育与行业曝光，经过不断行业参评活动次数的累积后已经是行业意见领袖，他们在评定相关标准申请和标准专利推进上发挥着聚焦和策略层面的作用，甚至可以直接与外部对接沟通，可谓至关重要，有些大型企业在产品线级还设有标准专利部、预研标准部等组织，能够更好地协调产品线的标准专利工作开展。"1"代表的是组织人事管理制度，企业开展知识产权工作仅有战略和组织是不够的，还需要有与组织人事相关的制度作支撑，以便顺利开展企业的标准专利工作，这当中包括标准专利工程师等关键岗位的职级和发展路线确认，以及在企业整体职业化体系中的定位、标准专利激励制度等。

企业标准与专利融合组织机构如图2所示，这些组织机构为笔者从事多方企业管理后，经过调研发现的大多数企业内部进行标准专利项目所依托的组织形态，也有不少企业已将标准与专利设在同一部门进行管理，但这种管理多在产品线级，例如在大型企业或者初创型企业。此外，也有不少企业的标准工作设在战略部或产业研究部，而非在质量部，但这些都只是各企业之间组织关系的不同而已，从根本上来看，仍然需要三方紧密配合进行协作。

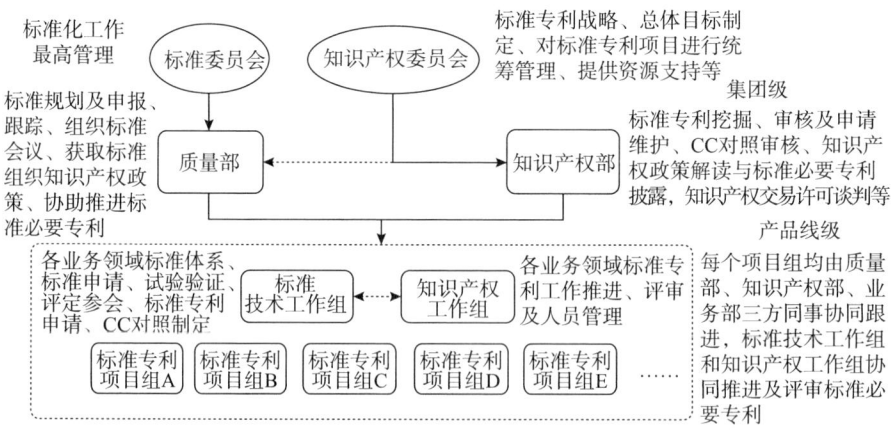

图2　企业标准与专利融合组织机构

三、企业标准专利培育与实现过程解析

（一）标准开发流程

标准开发的流程整体上可以分为标准立项、标准制定以及标准发布三个阶段。细分可以分为内部立项、立项答辩、外部立项、启动会议、征求意见、技术预审、送审（正式审查）、报批、公示以及发布十个阶段。在这十个阶段中，最重要的是内部和外部两条线的沟通协作机制。

关于内部立项阶段，这一阶段看起来似乎主要涉及的是企业内部的沟通，其实不然，其要先通过外部沟通拿到标准制修订路线，从而增加标准立项的成功率。这份工作不容小觑，如果基于准确的信息进行企业内部标准年度计划编制，进而分解落地到具体的标准项目立项，最终这些工作将会与整个行业发展相契合。而且，现如今大多数标准化组织均要求标准立项申请时应附带标准草案/提案，试想一下，如果没有获取到可靠的信息，编制撰写标准草案将会耗费企业不少的精力。此外，很多企业的标准开发流程是严格从企业标准上升到外部标准进行立项的，即如果要申请立项外部标准，必须先有已经存在并运行的企业内部标准，但笔者对这项规则持反对观点。诚然，企业标准经过了企业内部的应用与验证，相对而言成功立项的概率更大，这点不容否认，但不能简单把这一路径作为外部标准立项的必要先决条件，一来不可能所有企业的技术发展路线与行业完美契合，这与差异化竞争实则是相违背的；二来行业所需有时往往是紧迫的，例如储能电池火灾标准等，这些标准非常重要且紧急，往往企业或机构还没有成熟的应用与验证，需要在标准编制过程中融合各家的思想与实践，最后达成统一，针对这些标准，企业标准尚未建立，也就不会存在这一通路。

关于立项答辩阶段，指的是外部答辩阶段，此时标准已经通过内部立项并将标准草案及项目立项申请书提交至对应标准组织和工作组，其对应

的处理方式各有不同，有些标准组织是通过现场答辩，有些则是函审。如果是国际标准提案，除了前面内部立项审核，以及标准组织/工作组审核之外，中间还需要提交国内主管单位进行评审。

关于外部立项阶段，标准经过提案审查后，将会下发正式立项通知或提案审查通过函，此时可以拿到正式获批的立项号和标准编制总体要求。如果标准组织或工作组有初步意见反馈，主导申请的企业也会收到相关意见。

上述三个节点统称为标准立项，通过标准立项之后，标准就进入正式的编制与会议讨论阶段，即启动会议阶段。通常工作组组长或牵头单位需要在获得立项后先召开标准启动会，向标准编写组各成员说明标准立项情况与汇报草案内容。同时，启动会需要对标准草案进行编写组内的评议。

关于征求意见阶段，在标准征求意见阶段时，标准经过立项、工作组评议后修改形成标准征求意见稿，向全行业发出征求意见，这是标准编制的第一个重要里程碑。通常征求意见形式是挂网以及定向发送征求意见稿，周期一般为1~3个月，标准经过征求意见阶段，会收集到来自行业内外的任一主体提交的反馈意见。

工作组需要针对这些反馈意见进行分类汇总，并组织进行审议，这就到了技术预审阶段。注意不同的标准组织或者工作组对这个阶段的称谓会有所不同，但代表的均为征求意见后、正式送审之前的至少一次编写组会议讨论，会议讨论往往是多轮的，甚至复杂的标准需要每周都开会进行讨论。技术预审阶段要结合行业征求的意见，在编写组内部进行充分讨论，给出采纳或拒绝与否的决定与理由，并最终调整标准文稿，形成送审稿。

送审阶段是标准立项后进入编制阶段的第二个重要里程碑，是标准提交标准化管理机构、经由标准组织邀请的第三方专家进行的标准正式审查阶段。在这一阶段标准往往还会收到审查组的意见，如果通过审查，则根据这些意见进行标准文稿的调整，形成报批稿。

接下来的报批、公示以及发布统称为发布阶段，此时标准文稿变动的可能性已经很小，标准经过主管机构批准后进行公示，然后进行封板发布。

值得注意的是，上述流程是围绕一项标准申请与编制的闭环流程而进行的，从标准整体流程角度，发布实施之后还会进入定期复审阶段，审查标准文本根据实际情况进行有关调整，如增补内容或废止。如果需要修订，则再次进入标准修订流程，该流程同样也包括上述十个节点要求。

（二）标准专利申请及调整策略

1. 标准专利培育流程

围绕标准开发的十个流程节点，该怎么培育标准专利？在什么时间点进行申请？专利文稿应该如何对应标准文稿进行调整呢？在厘清这些问题之前，需要先了解专利与标准在一个标准专利项目中是如何并行运行的。

标准必要专利的形成与价值发酵如图3所示，其以某一标准项目为基础，从专利与标准两个维度，显示了两者之间如何并列运行的一个纵览。需要特别说明的是，这里纵向维度上没有严格时间线上的对应关系，即专利申请并非与标准草案稿的时间对应。而在现实中，往往专利申请是早于标准提案审查的。

可以看出，在专利授权之前，专利文本均有机会进行修改；标准文本在其发布之前，也均有机会进行修改。在每一次修改时，当然也包括第一次的新建文稿时，均要对专利和标准进行对照表的制作或更新检查，同时做好记录存档。这一步骤可能在一项标准开发流程中要重复经历数次、数十次，甚至数百次，唯一的目标要求就是通过对照表检查确保专利与标准的对应性。

标准专利的培育可以分为以下两个阶段。

第一阶段：标准专利的预埋。有些企业会将这个阶段的标准专利称为潜在标准专利，在一些发展较快、要求较高的企业，会将其直接称为潜在标准必要专利，从时间线上看这个阶段是在标准封板发布之前，此时专利文本还有调整的机会。

第二阶段：真正的标准专利，或者标准必要专利。此时标准已经封板

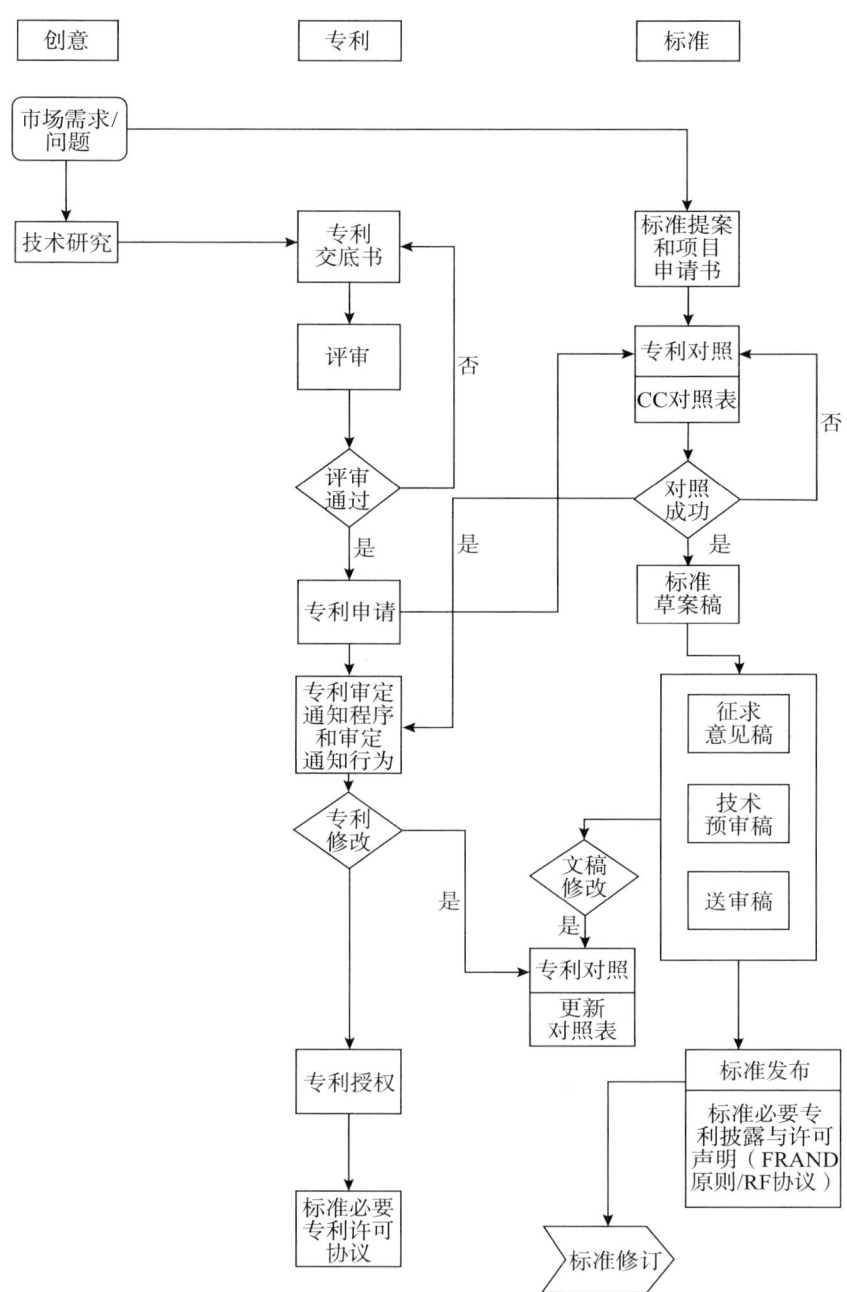

图3 标准必要专利的形成与价值发酵

发布，专利也已经提交申请，并确保能够获得一个与标准文本对应的权利要求范围。但是，笔者并不认为此时专利一定要拿到授权，除非企业用经营专利族的思维在进行专利方案组合与嵌套，确保还有专利处在未决（pending）阶段，那么此时可以去争取对应标准专利的授权，并确保授权文本与标准的对应性。

2. 标准专利培育原则

（1）市场需求原则

在一项技术进行开发并申请专利，进而将专利预埋进入标准中成为潜在标准必要专利之前，企业要先做好战略和市场洞察工作。结合行业技术发展路线图和标准路线图，提前分析行业、市场未来的需求点，进而开发对应的技术与专利。标准的制定通常是晚于技术与专利的开发与申请的，但注意不能晚太多，要掌握好标准立项申请与技术专利申请的节奏，否则专利授权之后就几乎失去了调整文本的机会，并丧失和标准对应的灵活性，最终导致目标较难达成甚至无法达成。这里有一个技巧是巧用标准专利进行布局，以弥补有关缺陷。

（2）防止公开原则

许多人可能认为标准专利申请的最晚时间点是在标准征求意见日之前，其实这个观点是错误的，或者说是过于绝对的。如果某一项标准在征求意见之前确定提案内容不会被不特定的第三方所获悉，那么这个时间点确实是标准专利申请的最晚时间点。但是，标准专利是一项严谨的开发工程，需要确保任何环节均不能出错，尤其是不能受新颖性的影响从而破坏专利稳定性，导致工作最终因为这个细节没有把控好而功亏一篑。在国内，的确有许多标准文本的首次公开日是征求意见日，但不少国际标准和行业组织的事实标准（尤其是跨国性的组织），因为工作组和审查组范围存在不确定性，会议频次又较国内标准高出不少，往往存在标准文本事实上会被不特定第三方所知悉的情况。在这种情况下，建议将标准提案首次向外部发送，或者上传系统服务器的时间点，向前推一日作为标准专利的最晚申请日，也即标准专利的申请日要早于提案首次外发日，这是防止公开原则的体现。

3. 标准专利文稿的调整

第一，申请稿尽量层次饱满，独立权利要求范围相比普通专利可以稍稍大一些，为后续标准文本调整留好冗余。同时从属权利要求和实施例撰写要细致、全面，为后续调整做好准备，特征描述上除非必须，否则不采用封闭式描述。

第二，专利在未提交申请之前可以灵活修改，但是提交申请后的修改次数有限，而标准文稿往往是专利提交后才进行的修改变动。因此，需要特别注意专利提交之后的修改，其分为主动修改与被动修改。国内主动修改策略包括主动修改及分案策略，这两个策略的时间和要求有所不同，但均受《专利法》（2020年修正）第33条规定的修改不得超范围的约束，这里作者用得比较多的是分案制度，但注意需要与上文进行分案组合嵌套，同时分案的优势在于可以多一种选择，确保其他对应性条文不动，有助于分而治之并使母案不受影响。被动修改是根据专利审定通知程序和审定通知行为情况进行修改（也包括被动分案），因为需要针对审查员提出的问题进行修改，故而其局限性往往比较大，一般很难达到与标准条文进行对应的目的。此外，在答复审查意见时，要特别注意禁止反悔原则。

第三，优先权制度的应用。当标准条文修改或增补特征，而这一特征未被专利所提及或方案未被包含时，这时就不能运用上文提到的修改策略对专利文本进行修改了，此时可以通过要求优先权的方式对之前的方案进行改写。这里要特别注意优先权关系，建议做好档案记录，特别是一个专利族内在审案件比较多，或者一个标准对应多个专利的情况下，对每一个专利的修改情况进行记录是不可或缺的一项工作。

第四，专利文本的调整虽然是基于标准的调整，且向标准专利目标的一致性看齐，但是应切忌功利主义，即不要为了达成标准专利而忘记专利本身的审查原则，例如创造性等要求，技术创造性要得到审查员的认可，只有在这个阈度之下进行调整，才是正确、理性的专利文本调整策略。

（三）专利信息披露策略

关于专利信息披露，在不少成熟的、已经存在知识产权政策的标准组织中，可按照政策要求进行披露和许可声明，这不会有太大的问题。但要特别说明的是，针对那些还没有成熟的知识产权政策的标准组织或工作组，存在行业的差异，例如通信行业与工业机械、传统制造业是不同的。在某些行业的标准组织或工作组内部，依然蔓延着一股不欢迎专利进入标准之风，甚至有标准参与方披露了专利后被直接取消标准编写资格，退出编写组的先例。

基于这一特殊情况，摆在这类行业的企业面前的核心问题便是：该不该向标准组织披露自己的标准专利呢？

答案是要分情况来看，即便有《国家标准涉及专利的管理规定（暂行）》和《标准制定的特殊程序 第1部分：涉及专利的标准》，但往往会被忽视，而且我国标准与专利融合路径确实走得还比较慢，法规和政策、标准的修订还没有完善，国家层面也尚未出台相应的标准专利指南。在这样的大背景之下，不免有些标准组织或工作组还是按照原有思维和经验处理标准中涉及专利的问题，而且这其中大多不要求披露具体的专利名称和专利号等信息，只要求披露是否涉及专利。针对这种情况，建议可以结合上述标准专利培育的阶段进行是否披露的决断：如果标准专利尚在预埋阶段，而且不是潜在标准必要专利，只是普通的潜在标准专利的话，可以不进行披露；如果标准专利已经到了真正的标准必要专利状态，那么建议披露，但在披露之前可以先与标准组织和工作组进行沟通，采用 RF 协议往往会更容易被接受，当然如果标准组织或工作组的要求并未有具体原则，仍然是只要求披露是否含有专利，则建议可披露"可能含有专利"，待对方明确要求后再提出具体对策。

四、利用标准专利为企业创造价值

（一）标准专利布局——构建专利池

如前文所述，标准专利培育的第一个原则是市场需求原则，在对标准专利进行申请、培育与预埋时，要洞悉行业规律，紧跟市场发展。但往往在这时候，很多企业会忘记这一原则，在进行标准专利培育时会受到教条化思维的影响，努力达成标准必要专利，必须严格地进行技术—专利—标准对照才行。在这种思维影响下，企业眼中可能只有标准必要专利，而忘记了标准必要专利周围的一些东西。这些东西是什么呢——围绕着标准必要专利构建的专利池！

怎么理解标准必要专利专利池呢？标准必要专利是标准专利的终极目标，是实施标准无法绕开的技术专利方案，但笔者在前文用了大量的篇幅介绍标准专利。标准专利是比标准必要专利更大的一个概念，是被写入标准文本，但并不唯一实施且无法绕开的技术方案。此外，在标准专利预埋阶段还包括潜在标准专利和潜在标准必要专利，这些专利都很重要，是标准必要专利外围的第一层防护。

那么在上述这些其他类型的标准专利之外，是否还有专利能围绕到标准专利和标准必要专利呢？当然是有的，而且还有三种类型。

第一种是标准实施的前置条件型专利。这些专利方案没有被写入标准文本中，但是在标准实施时必须具备这一先决条件，而这些先决技术条件可以被专利所覆盖。

第二种是标准实施时必须同时采用的专利。这些专利方案同样没有被写入标准文本中，但企业在实施该标准时，势必会同时采用这些方案从而构成现实中的事实标准，而这些同时实施的方案可以被专利所覆盖。

第三种是杀手型专利。如果说前两种可以被理解为广义的标准专利的话，那么杀手型专利则完全与标准专利搭不上任何关系，但又可以紧紧围绕标准必要专利，与标准必要专利形成互补。在某一技术实施领域中，未被标准条文所覆盖，但市场主体在实施标准时也需要用到的技术基础方案，这就是杀手型专利。杀手型专利不是标准实施的前置或并行方案专利，通常是某一项技术的基础型、原创型专利，具有比较强的技术基本属性。通常而言，不建议将杀手型专利放入标准必要专利的专利池构建范围中，因为其原则适用和专利运营策略与标准必要专利是不同的，至少杀手型专利不需要受 FRAND 原则的约束。

有了专利池的概念，还要有专利族的布局，这点前面已经提到过，专利族是某一技术方案在微观层面展开的布局，当然也有全球地域性的考量。切记，如果仅靠一件或几件专利进行产品与市场的保护是不现实的，一定要构建专利池！

（二）标准组织与行业机构的任职管理——人的因素至关重要

要通过标准专利为企业创造价值，第二个重要的因素是人才。企业要刻意培养、招募、挖掘兼具技术实力和有行业话语权的高级人才，并注重梯队管理。从标准会议参会发声人员，到工作组委员，再到技术委员会主席或相应高层职位，都要布局专业人才，通过持续参与标准活动，分享标准与产业利益。

除此之外，建立良好的内外部融合协作机制也不可或缺，例如企业内部的组织分工协作，结合人才可在四个方面的机制建设上进行投入。

1. 日常机制

第一，专项工作组机制，所有经过审核认定的标准专利项目均以工作组方式开展具体的工作，保持小分队作战。

第二，评审机制，包括专利申请的评审以及标准申报的评审，自立项初期开始进行相互融合规划，针对标准的"空隙"和专利的"蓝海"，进行系统性布局与预埋。

第三，数据共享机制，打通专利和标准两大数据库，同时建立标准专利项目库，并通过专利—标准对照表，以及标准专利档案表对已经申报的标准专利，以及相关披露、许可进展进行实时监控与管理。

2. 挖掘机制

第一，根据技术实施方案的通用性角度进行标准专利挖掘与预埋，重点是从市场、用户端找到通用性高的问题点入手解决，并提前布局专利，提出相关标准的制订申报计划。

第二，通过标准体系本身，参加标准规划讨论会议，获悉标准的路线图和发展动向，与企业技术、产品的路线适配，同时反向积极引导标准发展，推动标准组织认可企业技术引导，从而确定相关标准项目的立项研究，在此之前进行专利布局，实现专利包围标准。

第三，根据专利分析进行挖掘，从企业自身技术布局角度，提升内部技术创新能力，从现有专利分析的层面二次挖掘可嵌入的专利，并进行融合；如果某项高嵌入度技术已经被他人申请了专利，则可进行规避引导或将该技术购入从而推动标准。

第四，根据标准分析反向进行挖掘，通常专利的布局跟随技术产生，标准往往相对技术专利而言稍显滞后，且标准条文的规范颗粒度普遍粗于专利文本表述，但这并不代表标准就不存在"空隙"。通过研究标准体系，找到可能嵌入专利的标准空白点，准确提出在哪些技术指标方面需要深入细化，在保障专利布局的前提下积极向标准组织提交相关提案，而非盲目提出标准建议，可以有效地主动布局标准专利。

3. 推进机制

推进机制主要包括：保障标准专利的成功申请与授权；推动标准专利顺利进入标准发布文件；根据专利和标准文件的新建与修订制作专利—标准对照表。

4. 维护机制

持续不断地进行标准专利跟踪与维护的目的是：确保专利的权利稳定以及与文本有效性的对应；维护标准修订过程中的动态，并及时重启标准专利项目组。

（三）路线图与战略解码——行业影响力的基础

关于前文提到的路线图的作用：在标准项目开发早期的内部立项阶段时，需要对技术和标准路线图有清晰的了解，结合产业需求进行标准立项。在标准专利实现过程中，因为标准专利的成功申请与预埋，最终代表企业获得了行业认可，所以建议可以结合前文进行行业层面的战略影响，在后续路线图和战略制定时施加一定的影响力，从而为后续的标准专利项目提供帮助，以形成正向循环，为企业持续创造价值。相比于许多企业在标准成功发布后的市场宣传,对于提升企业品牌影响力有限。因此,该策略是从根本和底层逻辑上的行业影响战略,为企业长远发展布局。只有企业的行业影响力不断被凝聚,才会拥有更多的机会和话语权,才能在标准专利战略实施上少碰壁。

(四) 标准专利许可策略——灵活运用不同策略

关于标准专利许可策略,不少企业开展标准专利的工作的初衷是为了获取一个明确且有收益价值的许可声明,从而方便向标准实施者收取专利许可费。但在实践中,许可费率和基数测算的争议案件屡见不鲜,不同行业的应用情况又各有所不同。标准专利许可费策略可灵活运用,具体而言分为以下三种情况。

第一,不同发展阶段的标准专利要区分设置许可策略。如果企业刚开始尝试标准专利工作,尚未构建起标准专利池,专利技术对产品的实际价值贡献一般,此时标准专利许可费不宜定得过高;若标准专利培育已见成效,形成专利池保护,则许可费可以尝试按照行业普遍标准,并根据市场价值进行定价。

第二,不同层级的专利要区分设置许可策略。标准必要专利也有核心与外围之分,要对资产进行分类管理,可以对许可费区别定价,也可以按照专利组合统一定价。

第三,不同标准组织要区分设置许可策略。前文提到过许多行业标准组织尚未有明确的知识产权政策,包括标准专利披露与许可声明要求,针对这些标准发展尚未成熟的组织,可以尝试用 RF 协议声明,先把技术纳入标准,然后通过外围非标准必要专利,以及杀手型专利进行组合运营的方式,兼顾行业准入与专利综合许可策略,最终为企业实现增收。

五、结语

虽然标准专利培育与实现路径在各行业有着不小的差异,但总体原则和处理建议正如笔者所论述。未来，我国的标准与专利融合势必会更加紧密，即将要出台各种政策激励行业和企事业单位将专利与标准进行融合创新。企业要灵活运用笔者提到的各种规则，并结合自身发展阶段找到最适合的路径，从而实现这一工作的价值；也期望国内企业能在国际舞台上绽放光芒，不断提升话语权和影响力！

探讨技术型初创企业基于技术图谱的专利工作思路

杨 博

博世（中国）投资有限公司专利律师

一、技术型初创企业的专利需求分析

技术型企业创立之初，通常会依靠创始团队的产业积累和技术沉淀打造出一个有别于行业的"新产品"，并期望凭借此新产品迅速获得市场认可并扩大业务受众。以笔者所处的新能源汽车行业为例，每一家初创汽车企业所推出的首款车型，基本承载着一项或多项如技术引领、行业首创等高含金量的技术标签。这些标签一方面可以成为吸引消费者的话题，另一方面也用来彰显企业的技术实力。

据笔者观察，技术型初创企业通常有以下两种比较典型的技术发展路径：①优化行业现有技术，以解决一个或多个行业痛点或需求；②完全另辟蹊径，创设一条全新的技术发展路径。

对于路径①，在各行业中，特别是技术密集型行业中往往存在大量有待优化的"背景技术"，如何选择作为攻坚目标的"背景技术"以及如何持续推动优化技术落地，往往需要耗费大量时间和精力。

对于路径②，作为行业破壁者，一方面试错成本极高，另一方面面临着创新技术一经推出就可能被大量同行效仿并追赶的可能。

无论选择哪条技术发展路径，技术型初创企业对于技术信息的需求度都极高。高效的技术信息获取、导向性强的技术信息利用也是企业成长道路上重点关注的课题。

业界普遍共识的是，专利已实质成为世界上最大的技术信息汇聚载体。每年全球发明创造的成果有绝大多数会被记录在专利文献中。技术型初创企业在发展过程中所需要的行业情报信息、竞争对手企业的技术布局信息都可通过对专利信息的加工利用而一窥究竟。因此，技术型初创企业在规划自身技术发展路径、累积及保护自研技术、评估技术产品的预期法律风险等方面都需要多维度的专利工作的支持。

二、技术图谱的构建及动态完善

针对技术型初创企业对多维度专利工作的需求，笔者尝试提出一种用于信息展示的可视化工具——技术图谱。

通过该工具，可以直观地了解相应技术的发展及演进。在此基础上，行业中的相关技术参与方、各参与方的技术布局也能够从该工具中获得，该工具所展示的技术信息还能与专利信息互相印证。总的来说，笔者所指的技术图谱主要是提供能与专利信息互相印证、呈现企业自身及行业相关企业的技术发展、演进脉络的可视化工具，其具体呈现形式可以是地图、树状图、网状图等。

对应上述对此工具的定义，笔者所指的技术图谱可以承载三种信息要素：①结构化的技术信息，聚焦于某一技术主题，通过层层展开的方式呈现各种技术分支；②在不同层级的技术分支上的时间标引信息、企业标引信息等，通过时间标引信息呈现相应技术的出现及发展时间，通过企业标引信息呈现相应技术的技术输出方、技术应用方；③在不同层级的技术分支上的专利标引信息，例如典型专利、专利统计信息、专利诉讼信息等。

技术图谱中的结构化技术信息能够向企业提供有关特定技术主题的行

业技术布局及发展演进的信息。时间标引信息能够向企业提供该特定技术产生、发展、成熟的动态信息。企业标引信息则能提供行业内相关企业各自技术布局及技术应用的信息。专利标引信息则能向企业提供该特定技术的专利布局情况，以评估、分析、识别技术发展路径上的竞争方、合作方、产品落地的法律风险等。

依据笔者的实践经验，可以通过企业知识产权管理人员牵头并联合研发人员来构建技术图谱。其一，先应确定当前技术图谱的技术主题，接着在此技术主题的框架下，收集一切可得的信息，例如行业新闻、相关企业的技术发布、针对竞品的产品调研分析、专利信息调查等，以建立对此技术主题下行业现状的基本认知。其二，结合企业自身对该技术主题的理解，选择合适的维度对该技术主题下所涉及技术层层拆解，并在技术拆解的基础上添加各类关联信息的标引。

智能驾驶技术一级技术分支示意如图 1 所示，其展示了以场景应用及智能驾驶支持技术为一级分支来开展技术拆解。其中，场景应用可以包括主动及被动安全、行车、泊车和召唤等。

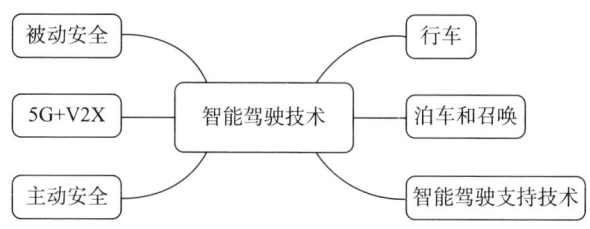

图 1　智能驾驶技术一级技术分支示意

一级分支决定了技术图谱对相应技术覆盖的广度，一级分支的覆盖度越广，最后形成的技术图谱越能够提供更为丰富的多维度信息及专利信息。如何确定一级分支取决于企业本身对技术图谱的信息利用需求。技术图谱本身能够承载多种信息要素，各企业可以基于其在行业中的上下游位置、自身业务模式及技术产品的构成来梳理其对于技术图谱的信息利用需求。在确定信息利用需求之后，再根据企业当前阶段技术的成熟度、相对于同行业其他企业的技术位阶、技术演进的规划来灵活确定技术图谱的一级分支。

例如，企业 A 作为提供各类感知用传感器的供应商，其主营业务是向行业提供各类高性能的传感器产品，其对技术图谱的信息利用需求在于了解行业中的相关传感器的技术演进路线、行业中已知或未知的竞品技术及竞争对手企业的技术布局等。该企业构建技术图谱时，其一级分支就可聚焦于各类传感器的基础技术展开，而无须过多考虑传感器的上层应用。

再如，企业 B 为新能源汽车主机厂（OEM），由于其主营业务是向行业提供新能源整车产品，相对某智能驾驶技术，其更关注相对同行具有竞争力且更能吸引消费者的场景应用。在此前提下，其对技术图谱的信息利用需求将涉及更多场景应用关联的技术选择。当然，对智能驾驶支持技术的信息需求依然存在，特别是在开发全新场景应用时，有关支持技术能够实现该全新场景应用将是一个必要需求。技术图谱所能提供的信息支持将帮助该企业从行业中选择合适的供应商技术进行集成或与供应商合作开发，或者当行业中尚不存在相应技术时，辅助企业决策是否自主开发。

在确定一级分支后，可继续就各一级分支的技术层层拆解及展开，智能驾驶技术一级技术分支中的智能驾驶支持技术的二级技术分支如图 2 所示，其中还展示了部分三级技术分支（感知和定位）和部分四级技术分支（目标检测和跟踪）。

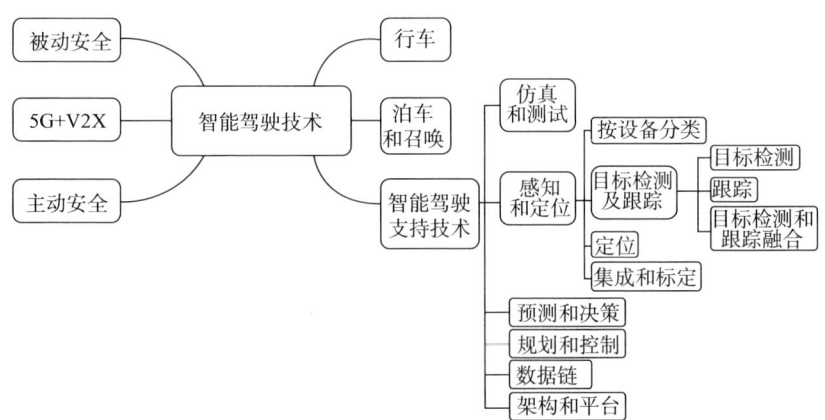

图 2　智能驾驶技术部分二级技术分支示意

需要注意的是，技术图谱中技术分支拆解的深度也需要考虑企业自身对相关技术的信息需求的颗粒度。理论上，任何技术都可层层拆解至最小单元化的底层技术。但技术图谱是为了向企业提供更直观有效信息展示的图形化工具，若相关信息内容并非企业期望关注的，例如某一层级很深的底层技术，在进行技术分支拆解时也没必要达到这一层级的深度。

在形成初版的技术图谱后，构建技术图谱的工作可以说刚完成了一半。作为一个工具，好用才是唯一标准。因此，不断验证技术图谱中技术分支拆解的合理性、信息标引的准确性、内容展示的直观性是接下来的重要工作。

在此，笔者提供两个方面的思路以供参考：一方面，企业结合自身已有的专利积累，尝试在当前版本的技术图谱中的各技术分支上进行专利标引，验证技术分支的展开方式是否适合专利信息的展示；另一方面，结合对行业内相关企业的技术调查分析及专利调查分析，验证当前版本的技术图谱对所关心技术的覆盖度是否既包括了企业的技术，又包括了行业相关企业的技术。若技术图谱仅是站位于企业自身技术来构建，其所能承载的信息要素将有所减少，相应的信息指引作用也将减弱。

三、技术图谱在专利挖掘方面的应用

高效及有质量的产出一直是企业日常专利挖掘工作所期望的结果。笔者认为，专利挖掘并不应该是单纯由工程师主导或由企业知识产权管理人员主导。完成度较高的专利挖掘工作需要工程师和企业知识产权管理人员之间的高效协同。但作为专利挖掘工作的沟通双方，工程师和企业知识产权管理人员各自的技术背景及思考维度存在巨大差异，进而导致对同一技术的解构思路也不同，这显然不利于专利挖掘工作的高效展开。

从工程师的角度来看，其日常的技术产出积累主要来自两个方面：实际开发项目产出的技术成果，对行业相关技术的理解思考后所产生的概念设计。其中，哪些技术产出是适合专利申请的，很多工程师并不是十分清楚。随着工程师和企业知识产权管理人员在专利挖掘工作中的沟通增多，工程师会逐渐对此有深入的理解。但就初创企业而言，大多数工程师对"什么是适合专利申请的技术产出"仍处于初级认知阶段。

此外，限于企业本身的研发模式或研发组织架构，每个工程师通常也仅对自己的职能技术比较了解，对职能技术的关联技术或更全局的技术认知则因人而异，这将引发拓展性专利挖掘的障碍。

从企业知识产权管理人员的角度来看，虽然一些成熟企业会存在项目研发团队和知识产权管理人员团队的定期沟通机制，但对于初创企业来说，这种定期沟通机制可能尚在建立之中，企业知识产权管理人员无法立即借助这种形式来获取研发信息。即使存在定期沟通机制，鉴于每期沟通时长和沟通颗粒度的限制，企业知识产权管理人员对研发项目的进展细节及研发项目中遇到的问题也不能了然于胸。因此，企业知识产权管理人员有时给到研发团队的挖掘建议仍会偏于理论，并不能立即作为研发团队着手挖掘可专利方案的工具。

此外，由于专利申请的与日俱增及审查尺度的日趋严格，经常会遇到专利提案稍经检索就有较多相关现有技术的情况。长此以往，一方面会打击工程师提报专利的积极性，另一方面反复的内部检索也会大幅增加专利提案挖掘阶段的耗时。

通过以上梳理可以发现，专利挖掘工作中出现的难点或痛点，其核心症结在于沟通双方的信息差。而对此的解决路径也在于拉齐沟通双方对于同一技术的认知，进而在统一的技术认知基础上开展专利挖掘工作。

笔者下面对技术图谱在专利挖掘工作中将提供哪些方面的信息指导逐一展开介绍。

（一）站位企业实际研发项目的专利挖掘

对应特定的技术主题，技术图谱能够直观提示企业待应用技术的重点积累方向。应用于实际研发项目的技术类型一般可分为：企业自研技术、与合作方合作开发技术、合作方的成熟技术、行业通用技术等。当技术图谱上的各技术分支包含上述技术类型的标引信息时，企业知识产权管理人员可以会同工程师先重点关注标引自研技术及合作开发技术的技术分支，从这些技术分支中提炼可专利方案。由于企业很明确应在哪项技术分支上提供对应的技术产出信息，工程师也能快速提炼出方案汇报的内容。而企业知识产权管理人员也明确接下来将与工程师展开技术讨论的起点。

当这些技术分支进一步包含专利标引信息时，企业知识产权管理人员可结合专利标引信息，初步评估工程师所汇报的专利方案的预期授权前景，以及快速和工程师讨论确定该可专利方案的申请方向。如此，通过技术图谱所提供的信息，能够有侧重地选定专利挖掘的具体方向，并支持专利方案的预评估与申请策略的选定，以利用这种高效的专利挖掘方式不断夯实对应自身技术优势的专利壁垒。

（二）站位行业技术洞察的专利挖掘

通过技术图谱的构建可知，技术图谱已能提供有关特定技术主题的行业全景信息。考虑到企业的重点技术积累方向和行业内其他企业的重点技术积累方向并不完全一致的情况，除积极在企业本身重点技术上积累专利，还可针对存在差异性的其他企业的重点技术积累方向进行针对性分析。

企业通过技术图谱中相应技术分支所提供的技术布局信息及专利信息，可以分析及改良已知的解决方案，在实际研发项目之前将改良方案进行预先专利布局。一方面增加自身专利布局的多样性，另一方面为后续可能到来的争议提前准备筹码。

如果企业从技术图谱中发现某些技术分支存在参与方极少或暂无成规模专利布局的情况时，经过企业讨论分析认为其属于暂时还未被重视的潜在重要方向，则应有意识地引导工程师在这一方向上进行预研，并对预研的技术产出进行专利布局来占得先机。

四、技术图谱在专利情报方面的应用

专利情报对于技术创新具有重要的先导作用。专利情报可被用于分析市场需求、研究竞争对手、筛选高价值技术、寻找合作伙伴等诸多方面。对于专利情报的利用率越高,越能助力企业上述各个方面的需求。但是,当信息可得程度相比于从前有所提高时,随之带来的问题并不是缺乏专利信息,而是专利信息太多。

近年来全球专利申请量及授权量大幅提升。根据国家知识产权局于2023年1月发布的《五大知识产权局统计报告2021年》中显示,2021年世界五大知识产权局(欧洲专利局、日本特许厅、韩国特许厅、中国国家知识产权局、美国专利商标局)共受理290万件发明专利申请、授权150万件发明专利,仅就中国而言,其以158万件的发明专利申请受理量远超其他四局。❶

若缺乏有效的信息筛选手段,从浩如烟海的专利信息中定向获取能够满足企业特定需求的信息将会耗费大量时间和成本。虽然有些企业倾向于引入第三方调查机构来提高信息获取效率,但也会因为调查机构对企业的了解及需求的掌握程度而影响最终可得信息的效用。

专利情报的应用目的,实质是在不同时间阶段所产生的需求。初创企业由于其本身所掌握资源相对于成熟企业就较有限,更应在每一阶段都考虑投入产出比,这也同理于专利情报工作。

例如,当企业确定了自己的技术发展路径后,接下来就需要整合上下游的优秀资源来打造具有高竞争力的产品。一般来说,上下游的技术与自身的技术发展路径匹配度越高,推动产品落地的效率也就越高。利用专利情报来高效寻找上下游的合作伙伴就成为当前阶段优先级最高的任务。针对这个目的,专利情报就应向企业呈现上下游的相关技术分布、参与企业及其对相关技术的掌握成熟度,并可以用来和其他维度所获得的情报进行综合研判。

开展上述专利情报工作时,将面临"确定与自身技术发展路径高关联的技术"的任务。技术图谱中所包含的结构化技术信息应先提供确定关联

---

❶ 国家知识产权局战略规划司. 世界五大知识产权局统计报告2021年[EB/OL]. [2023 – 06 – 20]. https://www.cnipa.gov.cn/module/download/down.jsp?i_ID = 185466&colID = 90.

技术的必要输入。具体来说，企业可以通过技术图谱快速圈定自身技术发展路径所在的技术分支层级位置，并由此进一步确定此技术分支层级的周边技术，而所确定的周边技术就构成了关联技术的初步输入。

例如，企业自身技术发展路径为 A1 技术的话，技术图谱中展开的 A1 技术包含的 A1.1、A1.2、A1.3 就属于关联技术，当 A1.1 还进一步展开为 A1.1.1、A1.1.2（即 A1.1.1、A1.1.2 构成 A1.1 的支持技术）时，该两项技术也构成 A1 的关联技术。

确定多大范围内的周边技术作为关联技术取决于专利情报的时间要求、颗粒度要求，也和企业在行业上下游所处的位置相关。如果企业本身提供的是终端产品，其最需要密切关注的就是上游的一级供应商，也可再进一步关注一级供应商上游的二级供应商，反映到技术图谱上就是在其技术所处位置向下展开的一级子类技术、一级子类技术向下展开的二级子类技术。而更上游的三级、四级供应商就不在优先关注的范围内了。如果企业本身就是零部件供应商，则除了密切关注其上游的供应商（支持自身技术实现），还应密切关注其下游的客户（自身技术的需求方或技术应用方），反映到技术图谱上就是在其技术所处位置向下展开的一级子类技术、二级子类技术，以及沿技术分支向上回溯的父类技术。

当技术图谱包含企业标引信息时，在确定关联技术后，还能同步确定相应技术的已知参与方，进而可以在开展专利情报工作时以这些已知参与方作为优先调查对象。当技术图谱包含企业标引信息和专利标引信息时，由于专利天然的时间属性，除了知晓已知参与方，还能在启动全面专利检索之前，结合专利标引信息对相应企业的技术掌握成熟度有一个初步的了解。

总结来说，技术图谱能够在开展专利情报工作之初就提供一系列明确的针对性信息，进而依靠技术图谱的"信息降噪"作用来推动专利情报工作的执行效率。

此外，专利情报工作中所获得的信息也能作为反馈来进一步修正技术图谱中相应信息的描述，以完善技术图谱。可以预见，随着技术图谱的越发完善，其对专利情报工作的推动作用也越强。

五、技术图谱在专利侵权预警方面的应用

传统的专利侵权预警通常是先确定待调查的目标技术，通过对目标技术的理解梳理描述目标技术的关键词，再基于关键词进行专利检索来获得相关专利，并进一步将目标技术与相关专利中的权利要求逐项比对分析来识别风险专利。

在此过程中，目标技术关键词的确定往往需要经过反复讨论，甚至需要通过一些尝试性的专利检索进行调整及修改。此后还需要通过多轮技术标引来选定最终进行权利要求比对的相关专利。在这一过程中，需要耗费大量时间来通读专利文献。检索及技术标引相当程度依赖检索人员的个人经验及对目标技术的理解程度。有时为了尽量排除噪声，会结合国别地域、专利分类号、申请人等进行筛选，这些筛查项的确定同样依赖个人经验及对目标技术的理解程度，这将可能导致检索过程中的信息遗漏，进而对最终的风险评估产生不利影响。

仍以笔者所处的新能源汽车行业为例，时常会有行业外的技术被转用至该行业，而行业中的参与方及在上下游所处的位置也经常会伴随各自业务模式的改变而发生变化。例如，一些一级供应商除原本业务，可能通过与他人的合资而新增 OEM 的角色。上述举例的变化带来的不确定性也给识别相关技术分类及相关专利申请人带来巨大困难。

此外，确定待调查的目标技术本身也非易事，这对于靠近行业下游终端的企业来说尤为如此。行业的技术集成度越高，出现在待定清单中的目标技术也将更多。对于初创企业来说，更应集中资源在最迫切需要进行调查的目标技术上。

技术图谱中所包含的企业标引信息能够直观反映某一特定技术层级上的技术竞争性，在同一技术分支上已知的企业越多，相应的竞争性也越强。而技术图谱中的专利标引信息能够直观反映某一特定技术层级上的专利密集程度，在同一技术分支上已布局的专利越多，拟实施技术将面临的

相关专利也越多，潜在的被诉风险也越高。因此，当存在多项企业关注的技术时，可以通过技术图谱来优先选择技术竞争性强及专利密集程度高的作为待调查的目标技术。

在选定待调查的目标技术之后，技术图谱的结构化技术信息能够提供有关该目标技术清晰的层级信息。即目标技术所属的父类技术类别、构成目标技术的子类技术及其变化分支都已通过技术图谱清楚呈现。在此基础上，能够很容易地确定目标技术所属的技术分类，进而在期望以专利分类号作为筛查项时，更准确获得专利分类号信息。并且，构成目标技术的子类技术及其变化分支的信息，能够很有效地帮助目标技术关键词的整理。

技术图谱中的时间标引信息能够提供某一特定技术产生、发展、成熟的动态信息。在此基础上，对于一项待调查的目标技术，也能凭此框定一个相对准确的调查时间范围。对应当前待调查的目标技术本身的成熟度所在阶段，可进一步选定精准的调查时间阶段。

除了反映技术竞争性，技术图谱中的企业标引信息还能够提供行业内相关企业各自对应技术布局的信息。在此基础上，针对目标技术的上下游信息也能很容易获得，而上游技术提供方及存在业务竞争的同类企业也将给专利申请人这一筛查项的选择提供有利信息。

针对目标技术的专利检索是专利侵权预警中至关重要的阶段，技术图谱中的专利标引信息积累得越多，越能够用来修正上述检索及筛查用信息。例如已知某企业同类技术的专利信息，可以提取相应专利中的专利分类号信息作为较准确的分类号备选。多家企业同类技术的专利信息，可以从中提炼出高频使用的技术关键词，避免各企业对同一技术的不同描述而导致的信息遗漏。

总结来说，针对专利侵权预警，技术图谱能够在选定待调查的目标技术及专利检索、技术标引多个阶段提供信息指引，进而尽量减弱由于经验及技术背景的差异而影响最终风险评估的可能性。

六、结语

技术迭代的速度及技术集成的方式已明显打破了各行业原本固定的技术构成框架及技术演进模式,特别是对于一些新兴行业来说,再无"本行业技术"一说。随时可能转用至行业的技术及随时可能遭淘汰的技术都对一家成长中的技术型初创企业提出了巨大挑战。在这个过程中,信息利用程度越高的企业也越能在与同行的竞争中占得先手优势。笔者所分享的技术图谱就是此类信息利用的工具。通过笔者在日常工作中的尝试性应用也看到了此类工具在各维度专利工作中的收益前景。限于笔者的经验,上述构建及应用此类工具的观点可能存在偏失之处,也由衷期待各位同行可以一起参与讨论及指正。

小型企业与中型企业的知识产权管理差异

陈天伟

广东小天才科技有限公司首席法务官

中小企业是国民经济和社会发展的生力军，也是扩大就业、改善民生、促进创新创业的重要力量。中小企业的数量占到了整个国内企业总数的九成以上。可以说，中小企业发展和地区经济增长关系非常密切。工业和信息化部的调查显示，省级层面，中小企业数量、营业收入、从业人员3个指标每增长1%，本省GDP将分别增长0.12%、0.14%和0.24%。❶同时，工业和信息化部的研究也发现中小企业研发人员、研发费用、有效发明专利数3个创新指标每增加1%，本省GDP将分别增加0.08%、0.06%和0.05%。❷可见知识产权可为中小企业乃至当地地区的发展带来利好，但知识产权却在中小企业并未获得足够的重视。笔者对5位小型企业负责人和5位中型企业负责人作了访谈❸，其中对中型企业负责人的访谈中则会一并挖掘他们各自企业在处于小型企业时对知识产权的一些想法与决策。经过调研，笔者发现这些负责人对知识产权均有基础理解，但同时认为知识产权投入高、价值实现周期长。因此，他们迫于生存压力下，在经营策略上不得不对知识产权作出了牺牲。但有意思的是，虽然都会对

---

❶❷ 王春霞. 中小企业发展对地区经济带动作用到底有多大? 工信部回应 [EB/OL]. (2022-05-19) [2023-06-20]. https://m.gmw.cn/baijia/2022-05/19/1302954098.html.

❸ 因笔者与受访人员都签署了保密承诺，故本文出现的受访人员均采用化名。

知识产权作出牺牲，但小型企业的负责人与中型企业的负责人对知识产权的排序略有差异。而且接受访谈的 5 位中型企业负责人都坦然自己在从小型企业发展到中型企业的过程中对知识产权的观念发生了一些修正，把知识产权从末位提升至较高的位阶。笔者以访谈为基础，围绕小型企业成长到中型企业的过程中企业负责人对知识产权的观念变化，以及在这种变化之下企业内的知识产权管理作出一些分析与建议。

一、小型企业的知识产权态度与管理特点

在讨论小型企业的知识产权管理特点前，首先要了解小型企业的经营特点。小型企业受其经营规模影响，普遍存在抗风险能力差、组织架构松散、人力资源素质普遍不高及资金较为紧张的特点。而这些特点决定了小型企业的决策模式与决策取舍方向。

（一）谁是企业老大？

企业成立之初，各股东一般会以相互之间的经营合意作为企业创设基础，然后他们会约定在公司治理过程中，以各自擅长的领域来分管业务。不过表决权则原则上归某一大股东。所以，企业构成虽有"资本组合"形式，但业务决策过程多走过场，同时，股东间为了获得最高的决策效率，也多以"一言堂"的形式存在，即决策以大股东意志为准。两者因素之下，小型企业实质以"人治"为主。因此，小型企业的决策更多是依赖大股东（"老板"）的个人能力与魄力。

（二）"活下去"是第一要务

小型企业的负责人主要精力会放在企业的生存与发展之上。根据中国中小企业协会于 2022 年 12 月发布的 2022 年 11 月中国中小企业发展指数来看："人流物流受阻，市场不确定性增多，经济下行压力加大，中小企业恢复的基础有待稳固。11 月，中小企业发展指数（SMEDI）为 88.1，比

上月下降0.1点,自6月起逐步下降,低于2021年同期水平。"❶ 可见,没什么比"活下去"更重要。

由于小型企业的流动资金越来越紧缩,因此小型企业对于任何一笔支出的投入产出比(ROI)都非常重视。

(三) 知识产权的心理位阶

正因为小型企业的管理高度依靠负责人,所以企业资源的分配更多是取决于负责人的想法。负责人站在经营角度,对每一项业务进行投入产出比的评定,评分由高到低进行排位,就形成了负责人的心理位阶。在企业资源固定的情况下,高位阶的业务必然能拿到更多的资源,例如产品研发、营销等业务,这些业务比采购、财务、IT等职能业务位阶要高。而且,小型企业量产的产品少,客户多为固定的特定对象,往往是依据该对象要求制作个性化定制产品,导致企业负责人并不了解知识产权保护必要性。知识产权作为一个投入大、回报周期长的业务,在企业资源不充裕的情况下,其重要性往往只停留在小型企业负责人的口头上,而未能深入他的心坎里。在访谈过程中,有负责人说:"知识产权重要,但活下去更重要,有钱宁可投营销,起码多卖一个设备,就有可能多存活一些日子。"可见,知识产权的位阶在小型企业负责人心中位阶并不高。

(四) 小型企业对知识产权的诉求

既然负责人的意志代表了企业的意志,那么企业的知识产权诉求其实就是负责人对知识产权的诉求。究竟小型企业负责人在何种情况下会在知识产权上投入资源?如图1和图2所示,笔者就该主题分别与10位企业负责人进行了访谈,从访谈结果可以看出——他们对知识产权的诉求各异,但从其目的上看,将知识产权诉求分成了人有我有、短期决事及以小博大三个类别。

---

❶ 中国中小企业协会. 2022年11月中国中小企业发展指数有所下降 [EB/OL]. (2022 - 12 - 08) [2023 - 06 - 20]. http://www.ca - sme.org/content/Content/index/id/36660.

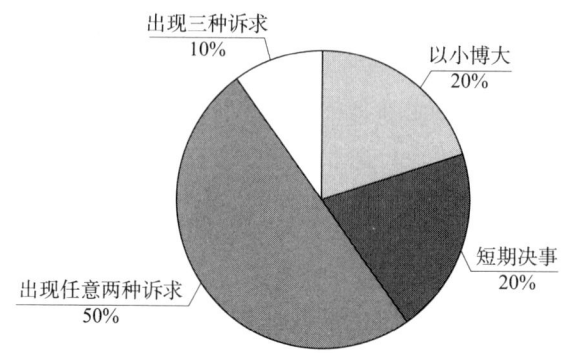

图 1　小型企业的知识产权诉求类型分析❶

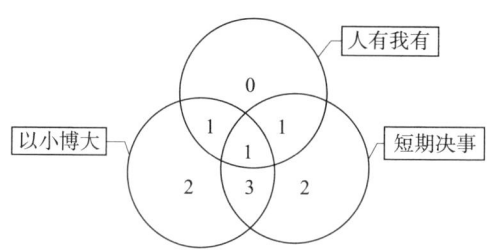

图 2　小型企业的知识产权诉求统计❷

1. 人有我有

该类别的企业负责人对知识产权没有任何细化概念。在他们的意识中，知识产权只是一个临时的、源于攀比心引起的冲动消费。生产卷发棒的小型企业负责人张某谈到，有一次他和隔壁同样生产卷发棒的王某吃饭，饭局上王某说明他的产品有专利。张某心想王某的产品都有专利，他怎能比王某差！所以饭局后张某就立马安排员工去申请了专利，数量要求就是比王某的多一件。这种心态之下，企业负责人张某根本不知道知识产权的用途，但他就是不能输给王某。在这个状态下，知识产权价值的实现形式是纯粹的数量比较，根本谈不上重要性。当企业负责人回归理性之

---

❶ 出现三种诉求和出现任意两种诉求是指在企业发展过程中，企业负责人以前述事由作出知识产权投入行为，并非指通知一个知识产权投入决策同时存在两种诉求。

❷ 图中数字表示受访人员的数量，重叠部分是指该数字对应的受访人员曾就对应的诉求上作出知识产权投入。

后，这些专利申请基本上都面临被放弃的下场，哪怕授权后维持，也仅是企业负责人的饭后谈资，无法实现知识产权本身应有的价值。不过庆幸的是，这种观念多发生在企业创业之初，后续也会因其他诉求而继续专利申请。

2. 短期决事

这类企业负责人拥有敏感的投入产出意识，每一个决策都会衡量投入产出比。当知识产权可以为企业负责人带来短期收益或入市需要时，他们会在知识产权领域以最小的投入来解决问题。这类诉求的典型特征就是以事件为诉求触发点，导致诉求单一、零散。从事洁面仪生产的李某在2019年的时候想参加中国进出口商品交易会（简称"广交会"），结果在提交资料时被要求提交产品的商标注册或授权证明，没有商标的李某就立即安排员工开展商标申请工作。经过了一年的筹备，在2020年拿下了属于李某公司的商标。然而当他再想参展时，当年的展会全程在线上开办，整个展会效果远低于他的预期，导致当年公司营收也低于预期。李某因为经营需要，不得不对知识产权作出被动式投入，就是短期决事的典型情况。访谈过程中，李某虽然很懊悔自己当时没有提前申请商标，但他始终认为知识产权是成本，并非资产，如非必要，不作投入。

3. 以小博大

这类企业负责人已经知道知识产权的基础概念，清楚知识产权可以为其带来不错的收益，尤其是通过高新技术企业认定可以享受一定优惠政策。因此，这部分群体的企业负责人，开始有意识地储备知识产权，其储备需求大部分是基于收益的推算，也就是根据相关收益项目需要的最少知识产权数量为基准进行预算投入。洁面仪生产的李某谈到，2014年其为了申请高新技术企业认定，特意申请了一批实用新型专利以满足有关知识产权评分。当时他只要求以最少数量、最低成本的专利与公司研发项目挂钩，至于相关专利的质量，他根本没有关注。这个类别的知识产权投入是主动投入，但是从目的上看，他们仍是追逐短期收益，该收益与知识产权的质量无任何关系，并且数量诉求与申请类型的指定也凸显了负责人关注的是成本投入。虽然李某的高新技术企业认定最后通过了申请，但这个申请策略却为其后续的知识产权使用埋下了隐患。

（五）企业内管理岗位的兼任化

既然知识产权的诉求已经产生，就需要人员落实执行。由于小型企业的人员复用要求极高，哪怕是位阶处于首位的产品与营销都是一人多用，更何况是"地位更低"的知识产权工作。于是，调研企业在小型企业阶段都形成了统一的默契——企业内知识产权管理根本无设置专岗的必要。有意思的是，在受访的企业中，在小型企业阶段兼任知识产权工作的员工中，有6人是财务人员，3人是行政人员，1人是企业负责人亲自跟进。就像之前所述，知识产权对于负责人来说只是一个成本，且不需考虑质量。在这种心态下，成本管控是企业负责人当下的关注点，故让深谙成本管控的财务跟进就再自然不过。

（六）最低成本的投入

上述三类群体都集中提到了知识产权企业的成本投入，由于企业负责人不曾想到，也不曾寄希望于知识产权的质量可为其带来任何收益，因此企业负责人并不关注知识产权的质量。受经营规模的限制，企业负责人会将绝大部分资源投入研发或营销，而无暇顾及知识产权的支出。他们对知识产权的投入产出比诉求，决定了他们对知识产权除了必要的申请成本，并不打算作额外的投入，这佐证了"活下去"是小型企业的第一要务与知识产权的低位阶。此外，知识产权兼任人员缺乏专业的知识产权背景，不能从知识产权专业角度自主处理业务，只能希望外部代理支持。如图3所示，因为缺乏技能，无法从多个维度识别知识产权代理机构水平，故对知识产权代理机构

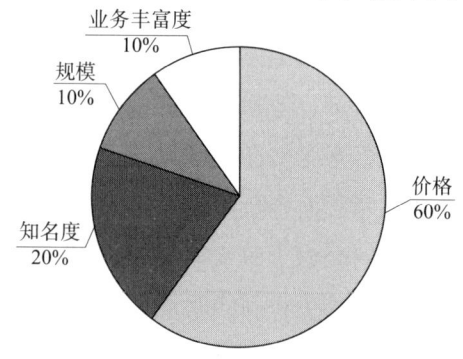

图3 小型企业对知识产权代理机构的考察因素分析

的优选维度是价格，再次放大了知识产权的成本投入。

（七）放养式管理

综上，小型企业阶段的知识产权管理，核心其实在于费用的管理，只要非专职企业内做好成本管控，敦促知识产权代理机构将实现企业知识产权需求即可。但是兼任人员受到专业背景的限制，缺乏专业知识的支撑，无法有效挖掘企业知识产权需求，同时也缺乏与研发人员互动的技巧，无法有效发掘创新点。兼任人员在接到工作任务后，第一反应就是找外部资源执行企业负责人的指示，并只能将企业的诉求机械地传递给知识产权代理机构，由知识产权代理机构根据其自身理解进行实现。因此，该阶段的知识产权工作本质是"传声筒"。绩效的角度也显示了该阶段的知识产权管理属于"无关痛痒"的状态。在被调研企业中，小型企业阶段的企业负责人均没有将知识产权作为绩效考核内容，且只有当知识产权有成果时，兼任人员向负责人简单汇报相关任务已经完成则可。其中，由财务兼任知识产权工作的，会将知识产权的成本管控作为其成本管控的一环简单提及，而不会对知识产权投入与产出作出任何进一步的深化与分析。基于知识产权的管理在实际工作以及绩效评价上都无法体现其价值所在，自然也就不会引起兼任人员对知识产权的重视，在知识产权上的精力投入也极其有限，也就导致了小型企业的知识产权管理实质是一种放养式管理，就像看着羊群的牧羊犬，只要保证羊不少，任务就算完成。然而，这种放养式的管理，在小型企业成长为中型企业后，还能继续适用吗？

二、中型企业负责人的知识产权位阶显著提升

中型企业不论人员规模还是营销规模，都比小型企业要提高一个档次，所以这时企业的决策模式可能会发生改变，从小型企业的单纯"人治"，可能会逐步过渡到利用科学的决策机制进行企业运营。但在相当长的一段时间内，企业负责人的意识仍然会在中型企业内形成主导意见。所

以，当小型企业成长为中型企业后，之前对知识产权的放养式管理还是否奏效呢？这个答案，还是要回到核心，就是企业负责人的态度。

（一）诱发知识产权位阶改变的因素

仍以前文李某的企业为例，李某的企业从小型企业发展为中型企业。他说在多年前曾生产了一款洁面仪，市场销售业绩非常好。但产品在上市几个月后，销售团队就反馈市场上开始出现仿冒产品。当时他很着急，希望通过平台投诉，将仿冒产品撤架。但是当平台要求其提供知识产权凭证时，他发现自己除了商标，只有之前申请高新技术企业资格认定的那些专利。然而这些专利都和他的产品没有直接关系，无法作为权利基础投诉仿冒企业。同时，除了仿冒企业，他的网店链接也遭受某洁面仪品牌商投诉，诉称其侵犯了该品牌的产品外观设计专利，要求下架产品。当时他天天找负责知识产权的职员开会商量处理方案，然而该职员由行政兼任，一是缺乏技能知识，二是缺乏处理经验，也是毫无头绪地"病急乱投医"。在2020年年初，李某的企业经历了产品被仿冒和自家产品被要求下架的多重打击，元气大伤。

笔者继续问李某，后来他是怎样挺过来的。李某说，当时他首先就想着要重新上架产品，然后找上述品牌商谈和解；对于仿冒产品，他说之前的专利没有与产品一一对应，无法作为权利基础对仿冒产品采取措施。为此，他痛下决心，改变了企业架构，自己亲自把关知识产权的储备工作并招聘专人负责知识产权管理与执行工作，并划拨专项预算。后续通过快速迭代自己的产品，围绕自己的新产品开始做知识产权布局，经历了8个月，终于有了属于他自己产品的专利和稳定性评价报告。当其他仿冒企业再跟进自己的新产品时，李某通过平台投诉成功将对方产品下架，产品市场逐步恢复，经营也重新回到轨道。李某经过多年的发展，把知识产权的位置摆得很高，每个新产品生产与发布都会提前进行专利布局。而且随着专利数量增多，李某还发现了诸如专利融资等渠道，可以帮助企业带来更多的经营支持。

这个案例深刻地揭示了诱发知识产权位阶的改变因素："吃苦头"与"尝甜头"。

当企业成长到一个新的阶段时，其产品获得更多人的关注，不论是竞争产品的侵权诉讼风险，还是仿冒产品的追随者战略，其知识产权风险明显提升。如果企业对待知识产权的整体意识不发生改变，不进行知识产权的前置储备，企业极容易遭受冲击。除了案例提到的情况，中型企业有更大的规模和底气来追求企业荣誉，例如专利奖、科学技术奖等，而相关荣誉都需要知识产权作支撑，这也形成了对知识产权的新需求。

所以，企业规模的扩大只是为知识产权在企业负责人心中位阶的改变提供了经济基础，与知识产权意识的改变并无直接关系。真正让企业对知识产权发生改变的，往往是企业尝到了知识产权的"甜头"或吃到了"苦头"。就像李某因为吃到了"苦头"和尝到了维权的"甜头"，了解到更为高阶的知识产权的价值实现，才有意识地提升了知识产权的心理位阶，并且在企业经营中得到了体现与贯彻。除了李某，剩余的4位中型企业负责人都不约而同地表示是受到要打击仿冒产品的原因而推动了他们对知识产权的关注。

（二）新的位阶，新的管理模式

通过李某的案例，可以了解放养式的知识产权管理无法满足中型企业的知识产权诉求，应针对中型企业的知识产权诉求重新梳理并调整知识产权管理工作。

1. 管理的目标要发生变化

企业在规模扩大及遇上知识产权有关问题两种情形下，可以推动企业负责人对知识产权业务位阶的提升。在此情况下，知识产权的管理目标会从小型企业时期的有知识产权成果即可，变成知识产权应满足企业的多种需求。小型企业的知识产权目标往往就是企业负责人对知识产权的诉求，且多数诉求不会与知识产权质量相关联。在访谈结果中，30%的企业负责人希望除了满足短期收益，还能对产品提供一定保护，而高达70%的企业负责人只有单一的诉求，或为产品生产、销售需要，或为获得高新技术企业认定资格。小型企业看中的是知识产权带来的短期价值，而非基于知识产权的质量带来的长期回报。但在进入中型企业后，知识产权的诉求就不得不变得复杂，尤其在保护需求方面。如图4所示，访谈的5位中型企业负责人均提出了知识产权的价值优先要保护产品，其次才是以小博大。这说明企业对知识产权的"可用"目标提升了要求——除了之前的短期收益，还会追求更多效能，例如知识产权的保护效能以及融资效能等目标。诚如李某所说，当他发现只有为了通过高新技术企业认定而虚构的专利，没有可用于维权的知识产权时，立即觉得悔恨。笔者问其根因，他说因为当时一门心思地只想顺利拿到高新技术企业认定资格，所以仅从申报标准倒推了知识产权需求。后来他对知识产权已经有了新的认识，不但要服务资格认定，还要贴合产品，可对产品进行保护，让别人不能1:1地复制自家的产品。

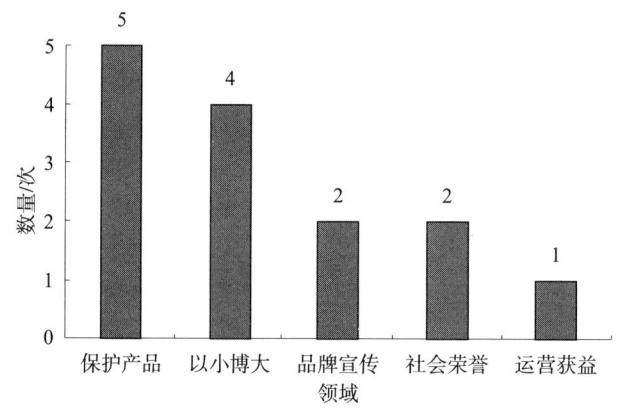

图4 中型企业负责人知识产权关注的领域

2. 目标的实现需要人力支撑，专人专岗

随着企业规模的增加，其业务复杂程度也会增加，人员也会随着企业增长逐步形成分工。为了对知识产权作更精细的管理，人员需要从兼任变成专岗。李某为了更好地对知识产权进行布局，特意聘请了专人跟进就是典型的例子。需要注意的是，虽然中型企业的人力资源仍较为紧张，但除非有匹配度极高的人才，否则不建议首次设立岗位时采用内部转岗。一是企业现阶段需要的是有经验的知识产权从业人员，到岗即可识别企业知识

产权问题并快速整改，转岗无法有效提供即时的支撑。二是知识产权作为交叉学科，其法律属性与技术属性二者都非常重要，并非一时半刻能掌握。转岗培训多需要依靠个人自驱力自学，学习质量无法保障。三是知识产权的获取和应用需要严密的法律思维。内部人员或许有产品思维，但可能缺乏法律思维的养成。当面临知识产权确权或纠纷时，内部人员可能不先以法律思维思考，相关决策或执行恐与法律风险识别有所偏差。因此，如果为节省人力资源而进行内部转岗，那么在相当长的一段时间内该人力可能不但无法转化为生产力，还会让原领域的产出受到影响，反而得不偿失。

3. 管理颗粒度需要细化

基于人员水平的提升、管理目标的变化，管理的颗粒度上会有质的变化。诚如前文所述，小型企业的知识产权管理是做好"传声筒"的角色及做好成本管控，对于知识产权质量的关注度极低。对于中型企业而言，既然企业负责人关注领域已经包含了产品保护，其质量也会提上管控日程。但是，关注质量不代表就会忽略成本管控。企业管理的关注点需从纯成本管控变成质量和成本两手抓。记得笔者在2018年的一次业务交流会上，遇到有一名从事空气泵生产的中型企业的知识产权管理人员就提到，他们的企业负责人很喜欢追问企业的专利是源自哪个技术点，是否一定要申请专利；如果有数个专利指向一个技术点时，会关注为何要在一个技术点上投入多个专利的费用，且这些专利是否都能授权和保护产品。可见，哪怕企业负责人已经对知识产权的位阶有调整，但这个阶段的知识产权仍属于成本中心，必然会在关注质量的同时，同步关注价格。因此，企业负责人必须在成本与质量中进行管控。不仅要对研发人员的专利点进行识别并申请专利，而且需要对申请文件进行审核，同时对代理机构进行持续管控。通过对专利点识别和文件的审核，保证知识产权产出与企业业务相关，解答企业负责人提出的能否授权和能否保护的问题；对代理机构的管控则需要从过往纯粹的代理费用管控，晋升为对代理机构资源的综合调配，通过谈判策略识别代理机构的优质代理资源并尝试以尽可能低的价格锁定合作，在保证成本支出可控情况下实现知识产权诉求。考虑到企业内部人员的精力有限,为保证管理颗粒度,管理广度上仍有一定取舍,具体可参考基础职能和进阶职能两个因素。

(1) 基础职能

作为企业知识产权管理人员,需要从产品保护、价值转换、意识灌输及资产管控的维度出发明确自身职责。

第一,做好基础保护。满足最基础的业务诉求,保护好自己的创新成果,同时对产品的可能侵权情况作出充分的摸底与应对预案制定,从而最大限度地做好知识产权风控,确保产品顺利推入市场或推动企业的成功上市。

第二,找一个靠谱的代理机构。一是借力解决人手不足,二是保证基础保护尽可能地实现。但需要注意,小型企业和中型企业在寻找合作的代理机构时要多比较,注意交叉比对。一般结合企业3~5年的知识产权规划,比对内容可以从技术、费用、流程三个维度考量。

对于技术,包括两个层面,一是要确认该代理机构属于综合机构还是精品机构,尤其要关注擅长的业务领域,例如有部分代理机构的领导是专利审查员出身,那他们可能更擅长专利检索分析;如果是律师事务所划分资源成立的代理机构,则可能更擅长专利无效和诉讼;二是确认代理机构的业务领域后,依据其业务量的发展情况,评估代理机构愿意在企业投入的资源有多少。大型综合代理机构虽然拥有优质资源,但相关资源往往会对核心客户倾斜,若业务量未能进入核心客户圈,则大型综合代理机构提供的服务可能不如中小型代理机构。

对于费用,根据自身预算寻求合适的费用区间。有必要了解代理机构的费用构成,然后估算一个合理的成本区间,并就该区间商议代理费用,如果代理费用不足将会严重影响办事人员的积极性。代理费用若不足以维护事务所运营,可能导致其服务质量下降,或者在后续程序中以各种原因为由增加费用,最终都不利于企业知识产权工作的推进。需要注意的是,部分地区的行业协会定期会公布代理费参考价格,但是该价格往往与实际价格有较大偏离,相关数据仅供参考。

对于流程,由于该阶段的企业需要高度依赖事务所的支持,所以代理机构对流程的管控将会直接影响企业内部人员的工作效率。此处的流程要关注代理机构内部的文书审核流程及与企业的外部对接流程，前者确保文书质量，后者确保合作高效顺畅。

第三，关注对政策的利用。利用与自身行业相关的各类政策，有效冲抵申报成本，例如专利授权资助、高新技术企业认定资格申请等。

第四，人员培训。对于管理层多提风险与价值；对于自身要不断拓宽技能面；对于业务层面要用自己的能力传导知识产权的价值，向员工植入知识产权意识。

第五，建立流程。通过流程管控企业知识产权的形成、确权与运用。

第六，形成台账。通过台账对知识产权进行关注与跟进，避免遗漏。

（2）进阶职能

在有精力的情况下，可投入下述业务，进一步扩大自身对企业的价值贡献。

第一，挖掘分析需求。挖掘产品的检索需求，例如侵权预警分析、产品技术路径分析、竞品专利情报分析等，形成知识产权领域内容输出，支持企业产品决策。

第二，加强风险管控。多关注知识产权合同条款，切实维护企业权益；如果是追随策略企业，应注意做好责任切割、风险规避，避免因侵权事件导致企业遭受损失。

三、结语

可以看出，与小型企业的知识产权管理相比，中型企业知识产权的管理不论是广度还是深度都会产生飞跃。如果知识产权管理的理念未跟上企业规模的成长，势必会对企业的发展造成阻碍。但也存在一个现实——小型企业负责人对知识产权管理缺乏一定的超前意识，需要在组织架构上予以赋权，在做好企业的知识产权诉求外，不妨思考如何构建企业的知识产权业务框架，例如对外储备代理资源、对内搭建基础流程框架、对自己进行知识储备、对他人予以意识宣导等。这个框架的目的是使知识产权业务能够快速迭代,在企业成长为中型企业后,能够快速适应中型企业的知识产权诉求,更好地支撑企业的发展。

在与李某访谈的最后,笔者问他现在对知识产权的感受是什么,他笑着回了一句:"哎哟,真香!"

人才观察

气缸模型及其单项冠军

——以互联网云服务型企业为例

岳 强

科沃斯集团原知识产权总监

一、引言

孙子云：故经之以五事，校之以计，而索其情。

……

夫未战而庙算胜者，得算多也；未战而庙算不胜者，得算少也。多算胜，少算不胜，而况于无算乎？吾以此观之，胜负见矣。

——《孙子兵法·始计篇》

二、气缸模型与团队管理

内燃机的发明使人类打开了第二次技术革命的一扇门，内燃机包括个气缸，气缸约束住活塞，火花塞点燃可燃气体，活塞被气缸内的燃烧气体驱动在气缸内进行往复运动，从而推动曲轴爆发出澎湃动力。

从微观层面来观察气缸的运行，会发现气缸内的气体分子是进行布朗运动的，每一个分子的方向都是不同的、随机的，但这些随机运动的气体分子会组成一个整体，在气缸的约束下推动活塞做规律的运动。分子的布朗运动充分释放了每一个分子的能量，类似地，人才的个人追求也是随机的、各不相同的，只有给予每一个人充分选择自己专业追求方向的权利，才能让个人充分释放自己的能量，发挥主观能动性。与之相对的，组织的目标是规律的，在一定时间、一个阶段需要集体中的每一个分子按统一的方向去努力。组织中的每一个人在不同的岗位上，从事不同专业的工作，怀抱各不相同的个人追求，在组织的约束下推动组织目标的达成。

从组织行为管理的角度去观察内燃机，会发现以内燃机的运行原理来指导组织管理也是科学的、可行的。一个团队也可以构成一个气缸模型，并高效运转。

知识产权团队是一支由复合型人才组成的队伍，在创新与法律之间搭建桥梁，厘清创新的边界，用法律工具雕刻创新、捍卫创新并追求驱动创新。知识产权团队的管理关乎个人追求与组织价值达成的矛盾与统一。

知识产权团队的管理分为内部团队的管理和外部事务所团队的管理。笔者以高科技企业的知识产权团队为例，从人才、组织、绩效这三个方面，通过阐释气缸模型的知识产权团队的运行机理，以及如何激励团队分子成长为单项冠军来阐释内部团队的管理；而外部事务所团队的管理则仅从单项冠军的层面来论述。

（一）内部团队的管理

1. 人才

对于内部团队的管理，首先要关注的是人才。

（1）选择一个合格的团队负责人来担任"发动机"的火花塞

气缸内的气体是否被点燃以及什么时候点燃由火花塞负责，团队负责人决定了整个团队的气质。在这个模型中的团队负责人，要做到公平、专业、富有激情地严格践行组织价值观并带领团队实现组织目标。

（2）只选择并保留可以被点燃的人才

就如同气缸里面注入的是空气和燃料，这样的混合气体是可以被点燃的，剧烈燃烧产生巨大的能量。如果注入的不是空气和燃料，而是惰性气体或者是混合后无法点燃的气体，那这个气缸是运行不起来的。具备强烈成长意愿的人才，才是气缸模型知识产权团队所需要的。

具备强烈成长意愿的人才会具备一种"味道"，这种"味道"是可以被同类型的人所闻见的，是积极、阳光、负责任的。故而选择人才的最后，"闻味儿"是非常关键的，从团队中选出3~4位具备团队典型气质的人来与候选人进行随机的洽谈，大家一起感受：这个候选人能否被大家所"点燃"，是否愿意把自己的能量辐射给身边的人，从而提高组织温度，是否能够在气缸中与大家保持一个既竞争又协作的关系，这就是"闻味儿"环节需要重点考察的。只有团队中的每一个人，都具有非常积极的意愿去学习、沉淀、成长、分享，不断提升自己，不断给组织加热，才能成就这个气缸模型。

此外，还要及时将"惰性气体"分子排除出去，防范团队出现劣币驱逐良币的现象。即使经过严密的面试、"闻味儿"，也难免有惰性气体分子进入团队，这对团队是非常危险的，团队负责人要非常敏感地感知、鉴别出惰性气体分子。尤其是在今天"躺平"之风盛行的年代，一个分子"躺平"，没有积极的学习意愿，长时间不产生沉淀，如果再传染给周边的分子使其消沉下去，那整个发动机都将慢慢失去爆发力。没有爆发力的发动机将处于非常危险的境地，结局就是逐渐走向被替换、淘汰乃至报废。因此，需要借助详细论述的绩效考核规则来识别并移除这些惰性气体分子。无法被点燃的惰性气体分子是不能继续保留在团队里的。

（3）要给团队每个分子设计一个或多个布朗跑道

何谓布朗跑道？跑道的方向是自由的、不特定的。在现今这多元化的社会，布朗跑道的设计要充分遵从并鼓励个性化专业成长追求，同时又具备成长空间。布朗跑道的方向以及选择的人都是自由的，要让这些布朗跑道成为每一个团队分子的加速器，让每个团队分子尽可能地给自己的专业特长加速，遵守布朗规则以最大的速度运动。以专利工作为例，从业务的链条来区分，跑道的设计可以划分为多个比较典型的环节：行业技术研究、检索分析、专利布局申请、答复无效、专利诉讼、投诉维权、创新驱动等，同样地，商标、著作权、不正当竞争以及商业秘密也以此类推。下面以专利为例分别来进行阐述。

第一，行业技术研究。

很多企业都会有多个产品线，产品线之间的技术往往会有很大的差别。以典型的互联网公司来举例，一般包含电商、搜索引擎、即时通信，地图导航等业务，从底层的技术逻辑看，各项业务所依赖的技术存在一定交叉，但更多的是不同。当一位知识产权从业人员负责一条产品线的时候，行业技术研究是一条具备非常高成长空间的跑道。一个资深的知识产权从业人员如果不能非常熟悉自己长期负责领域的技术，并对行业整体专利的布局情况了如指掌，这是不称职的，也是无法取得产品线信任的。例如，当知识产权从业人员负责即时通信业务时，可以把行业内主要竞争对手的专利先细致过一遍。通过将这些专利读一遍，这个产品的形态、用户的需求、侵权特征、识别点就会在脑中形成一个概略图，此时才能真正成为熟知本领域技术的普通技术人员，在这个基础上做专利挖掘、布局、申请或帮助产品线做分析研究，才能有一个坚实的基础。每个知识产权从业人员都需要一个或多个这样的跑道，先做技术专家，再做优秀的知识产权从业人员。并且，这样的跑道彼此之间互不相同，却又互补。

第二，检索分析。

当对产品线的技术研究很熟悉、深入的时候，检索分析的工作将会变得很轻松，但检索分析是知识产权从业人员的基本功，而基本功往往是同行之间分出高下的关键。俗话说：适度专业吸引客户，过度专业吸引同行。检索分析往往是折服同行的撒手锏，在支持产品线规避现有技术时，一篇关键的文献、一个早期的现有产品，抑或是一个测评视频，都能将产品线开发道路上的拦路虎扫除掉。在技术专家的基础上，磨炼成为检索专家，精准、快速地把创新的真伪鉴别出来，客观地厘清创新的边界，帮助产品线切实地解决问题。对于可以明显被无效的专利拦路虎，可以给产品线开绿灯，如果有被骚扰的风险，亦可及时通过稻草人将其无效。对于真正的高质量专利壁垒，就需要针对性地规避，或者准备专利武器对冲风险。这些解决方案都要基于一个前提，检索分析的结果是可信的。因此，磨炼检索技能也是一个非常有成长空间的跑道。

第三，专利布局。

作为专利工作最基础的部分，这个跑道是最容易被忽略的，但它却是整个专利工作中最重要、最核心的部分之一，申请前的各项工作都是为了布局高质量的专利服务的，这是由于申请后的各项工作，比如诉讼、无效，都依赖于专利申请的质量。在全球化背景之下，专利申请的撰写还要兼顾中国、美国、欧洲乃至其他国家和地区不同的法律规定，这就对专利申请的布局和撰写提出了更高的要求，这个跑道上的分子会成为整个气缸模型中极为重要的部分。知识产权从业人员可以跟踪美国、欧洲及中国等国家和地区的法律动态、实时案例，将法律动态和案例中的最新体会沉淀、融入日常的专利申请布局中，并落到书面上，形成系统的规范指引。这是一个长效机制，经过一段时间的打磨，将专利申请的挖掘、布局、申请、审核都在一个系统性的规范指引下去推进，实现标准化作业，将这条跑道打造成核心跑道。

第四，无效和诉讼。

这是专利工作开花结果的跑道，前述行业技术研究、检索分析、专利布局申请的成果将在这里汇合，而这些成果并不会自然地融合并开花结果，关于无效、诉讼的方法，这里不过多赘述，但团队中从事无效和诉讼的知识产权从业人员，必须是具备前述一到多项特长的专家，这样才能胜任整个团队中"尖兵"的位置。

第五，驱动创新。

这条跑道是知识产权从业人员的极致追求，每一个知识产权从业人员都应当树立一个理想追求，即向产品架构师靠拢。在这条跑道上，需要思考专利工作，乃至知识产权工作的终极意义是什么？知识产权工作的意义不是为了打赢一些诉讼，也不是通过许可赚取一些营收，知识产权工作的终极意义是保护创新的实施、推动创新的实施为用户服务。研究法律、研究技术的终点是研究产品、研究人的需求。一条产品线的专利布局就如同一个产品架构设计的拓扑图，是用一系列专利把产品架构师设计产品的构思给显性化展示出来，而对于知识产权从业人员来讲，何不再往前跳一步，用架构师的视角去思考产品，然后驱动研发将产品实现出来呢？这并不是痴人说梦，在高科技行业，任何一条产品线所有的创新以及产品的迭代路径都会汇集到知识产权数据库中，而这些专利所形成的拓扑图是需要通过细致的分析、甄别来绘制出的。当把这样的拓扑图绘制出以后，就可以清晰地感受时代产品技术迭代的波动曲线，研究这个产品线的用户需求，与研发人员一起合作，通过创新的技术方案去满足这些用户需求。

人类的创新大体可以分为两种情形，第一种情形是不需要外力驱动，也无法驱动的创新活动。人类历史上很多科学技术的开创性突破具有非常大的随机性，科学家对感兴趣的领域具备强烈的内驱力，在某个领域进行长期的研究，开创了人类科技的先河，但这些科学家往往不太在意如何将这些开拓性的创新进一步细化变成产品和服务，抑或终其一生，这些开创性的创新所依赖的社会基础还不能成熟使这些开创性的创新变成产品和服务进入千家万户。很多开拓性的科学创新往往要经过几十年乃至上百年的时间，经过一代一代人的进一步尝试，才能将这天才之火引入寻常百姓家，变成新的产品和服务，让用户的生活变得更美好、更便捷。作为保护创新的专业人员，此时修炼的布朗跑道是用深厚的技术积累，发现一些科学创新的应用方向。在这种情况下，知识产权从业人员是要勇于将一些开创性的创新呈现给研发人员，让他们在这些创新的基础上进行产品化。此时进行的产品化创新是创新的第二种情形，这种创新往往是基于经济利益推进，这也是高科技企业所要耕耘的创新空间。所谓给天才之火浇上利益之油，往往浇的是这些把开拓性创新推进实施的小火，这些小的创新往往表现为产品的形态、外观的设计、结构的设计、人机工效的设计、软件控制方法、组合式创新发明等。基于这些小创新，一个行业可能会申请成千上万件专利。与此同时，为了将这些产品推向市场，需要全球布局成百上千件商标。至此，知识产权从业人员通过驱动创新的方式实现了职业的终极价值，让创新为用户服务，为让这个世界变得更美好贡献一份力量。

除了这些比较明显的跑道，比如外观设计、分案制度、专利流程管理等都能成为提高个人专业能力的布朗跑道。将这些布朗跑道设计出来后，分享给团队分子，让他们按照个人的意愿选择跑道，或者帮助他们自己设计出个性化的跑道，而所有这些布朗跑道的设计目标都是提高个人专业能力。个人专业能力的提高要追求的是什么、布朗跑道的终点又是哪里？答案是：单项冠军，一是团队内部在某个领域的专业能力单项冠军，即在这样一个专业领域内，自己可以领先团队的所有人；二是行业内这个领域的单项冠军；三是在全世界成为这个领域的单项冠军。比如，在团队内做到对美国创造性的判断标准研究最深入的团队分子，以此为基础，成为一位美国专利无效诉讼的专家。在这个布朗跑道的加速过程中，会有很多沉淀产出，这些产出同样会加热整个团队。我国所处的竞争环境也要求有追求的每一位知识产权从业人员成为具备世界竞争力的专家。

将所有位于这些布朗跑道上团队分子的追求方向综合起来，就组成了一个知识产权从业人员的职业修炼跑道，这些团队分子则构成了驱动活塞运动的所需要的可燃气体；此时，就需要一个"缸体"来约束这些可燃气体。

2. 组织

气缸型知识产权团队的组织管理需要一套独有的管理方法论，这个方法论构成了气缸模型的缸体。当团队在负责人的激发下，点燃激情爆发能量的时候，这个组织管理方法论像气缸的缸体将高速运动的团队气体分子约束在规定的方向上施力。这个方法论主要包括两个方面。

（1）设定团队目标

设立一个科学合理并且符合企业需求的团队目标，是达成团队共识的核心。很难想象一个发动机在活塞运动方向与曲轴的转动区间不匹配时该如何运转。一个知识产权团队的团队目标要严格与企业需求匹配，甚至可以高于这个需求。可以将企业未来对知识产权团队的要求作为团队目标，抑或是，以同行业各个知识产权团队作为竞争对手，把超越他们作为团队目标；更远大的目标可以是成为这个时代最优秀的知识产权团队。只有设立远大的目标和理想，才能在团队中达成一个共识，有了这个共识，团队分子才会自发地团结到这个目标之下。每个人的布朗跑道构成了团队的专业基础建设，这个目标和共识让团队拥有了上层建筑。

（2）价值观

很多企业都会有自己的价值观，这些价值观不仅是一句口号，而且是在实际工作中要时刻践行遵守的行为准则，企业的价值观是整个企业的行为基准，而在此基础上，知识产权团队基于自身的工作性质可以形成自己独特的价值观。知识产权团队作为高科技企业创新保护的核心，能打仗、打得赢也是最终的目标。相较于销售、研发、财务等兄弟团队，知识产权团队的阵地有其独特性，故而独特的团队价值观是必不可少的。在战场上，侧翼是薄弱部位，当阵地的侧翼被攻破，正面阵地就岌岌可危了。而在知识产权攻防战中，侧翼则体现为专利权利要求的稳定性！对于专利来说，权利要求能否得到说明书的支持、在先的对比文献检索是否充分、是否会被轻易无效都将直接关系到正面阵地的安危。商标也存在这样的问题，如果商标可能被轻易无效，其所保护的品牌的正面阵地就会轻松被穿插包围，从而可能导致整个商业版图的全面瓦解。因此，木桶理论完美地诠释了这个场景。团队的协作、每一环节工作的质量决定着最后的结局，有一个环节出现问题，都可能导致功亏一篑。"你的后背交给我！"是日常工作、战斗出击时要时刻践行的价值认同。

前文介绍了整个知识产权系统工作的各个布朗跑道，把在各个跑道上修炼的专家在统一的价值观之下团结起来，组成一个钢铁的队伍，用各自的具备单项冠军的实力打造出高质量的武器，在各个环节上守护战友的后背，以达成最后的胜利。以专利工作为例，前端在专利挖掘布局时，基于对行业的把握而在产品和服务关键的节点上布局专利，这些关键节点上的专利布局使得竞争对手很难规避，并且有非常好的市场前景，这直接关系到诉讼的标的额。说明书的撰写、附图揭示的详细程度对答复审查意见有至关重要的作用，直接决定了对权利要求进行调整修改乃至进一步进行分案布局的操作空间。授权后，独立权利要求的撰写以及从属权利要求的布局就是战斗中一层层互相掩护的阵地。专利稳定性直接关系到整个行动的成败，团队的检索专家必须在这个环节守住阵地。所有的这些不同环节的工作，需要团队不同的人在不同的专业领域分工合作，如果仅靠个人来进行管理，团队的负责人就要扛起所有的责任，并且要保障所有环节的质量，这是不科学且难以保证质量的，而如果用价值观让大家互相配合并发挥各自的强项，为一个共同的目标各显其能，从而达成组织价值，就会事半功倍。

"你的后背交给我！"在知识产权工作的各个重大项目中，都需要团队在这样的价值观之下进行合作，一个环节的工作要经得起整个团队的检验，经得起战斗的考验。而团队在选择人才时的所谓"闻味儿"动作，就是依据团队独有的价值认同对候选人"闻味儿"，并判断候选人是整个团队可以放心将后背敞开的那个人。在这个"闻味儿"中建立每一个团队分子的组织认同感。

3. 绩效

与一般的绩效考核不同，气缸模型知识产权团队的核心在于考核工作业绩的同时还需要考核组织贡献，工作业绩是基础分，组织贡献分是排名分。以知识产权的产生为起点，经过全生命周期的经营，直至产生价值，在这个过程中知识产权团队的工作职责大体可以分为前端、中端和后端。前端是申请、挖掘、布局工作；中端为专利的答复、授权、分析、无效工作，商标的撤三、无效以及流程工作；后端则是诉讼维权以及驱动创新。

团队负责人拟定各个工作岗位的任职资格以及工作职责，并安排工作岗位。完成职责范围内的工作业绩，得到的是考核基础分，考核基础分占整个考核分的60%，而如果连职责范围内的工作都不能完成，则60分都拿不到，那就是不及格，是要被淘汰的。对于拿到基础分60分的团队分子，拉开差距的就是各自的组织贡献分。

在团队分子选择了各自的跑道后，以年度为限产出课题成果，这些课题成果的价值是以组织贡献度来进行衡量的，课题产出不是工作任务而是组织价值贡献指标。团队分子的课题研究是自愿的、自由的。就如同气缸内的气体分子，可燃的气体分子在气缸内被点燃，在自由的方向上进行布朗运动。是否进行课题研究是自由的，课题研究的方向是遵循布朗规则的，团队分子通过课题产出的方式向团队展示自己在布朗跑道上的加速成果。不提交课题研究成果并不会被认定没有达成工作指标。当团队每年都能有一定数量的研究产出乃至每人都能有一篇或是多篇的研究产出时，团队便形成了争相学习研究的氛围。将这些课题产出在团队内进行分享从而让大家共同提高，这个氛围就是团队分子通过燃烧自己为整个团队加热的过程，而如果所有团队分子都能自愿地在自己的布朗跑道上进行研究并沉淀分享，这就达成了整个团队专业能力的爆燃。气缸模型知识产权团队的建设关键就是，通过每个团队分子的能力提升，带来整个团队的能力提升。其核心在于这个提升是基于每个团队分子对于团队的价值认同，是自发的、自由的行为。因此，课题产出不是工作成果考核的具体任务，而是认同团队价值观的体现，气缸模型知识产权团队的核心机理就在于，团队分子对团队组织价值观认同之后，自愿建设组织、壮大组织的行为。

（1）组织贡献度的评价指标以及方式

第一，积极性。每年课题成果的产出速度是重要的指标，前文已经阐明，气缸模型中的团队分子需要有强烈的积极性。不管是上级的安排，还是个人的意愿，在进入某个岗位之后，如果只是很好地完成该工作岗位的工作安排，则此时，这个岗位还只是一个任务；如果能自发地深入这个岗位所涉及的领域进行研究并能快速地产出成果，那么此时这个岗位才转变为布朗跑道。在各自负责的领域，按照各自的布朗跑道方向，发现问题、思考问题、提出解决方案，并最终形成课题沉淀，就代表着这个团队分子在这个跑道上是不断前进的，而不思考、不研究、不沉淀的团队分子则代表着原地踏步。企业可以每年设置一个时间线，这个时间线就是团队负责人作为"火花塞"的点火时间，在此时间线之前，每个团队分子自由选择将自己本年度的课题产出提交给组织，而提交的先后顺序是组织贡献度的重要考核指标。

第二，价值贡献。产出的课题成果要轮流在全团队进行分享，课题成果的价值排名是由团队进行不记名投票产生。

（2）课题成果考查方向

第一，专业深度。既然是课题研究，就得研究一些大家感到新鲜的内容，前文提到一个现代俚语：适度专业吸引客户，过度专业吸引同行！此时就要看所产出的课题内容对同行的吸引力了，例如一个经典案例的非典型性解读、欧洲和美国新的法律动态分析、其他行业的他山之石、法学理论的研究产出、知识产权对商业模式的影响等，课题研究的立意强调的就是与众不同，或深入浅出，总之是百花齐放，百家争鸣。

第二，业务关联度。知识产权团队不是象牙塔里的班级，不能仅从事专业的研究但不要求经济上投入产出比。知识产权团队的课题研究必须锚定投入产出效益点，业务关联度是核心指标，面对一个经典案例的宣判，需要结合业务现状、评估风险并提出解决方案。面对欧洲和美国新的法律法规颁布，需要考虑其对日常工作的影响以及如何适应性调整工作方式方法。面对基于业务推进过程中发现的特定问题，需要进行法学理论的深入研究。面对其他行业的布局、撰写和维权的经验，需要展开拿来主义，为我所用。此外，还要不断尝试驱动创新，参与产品形态的设计和构思当中，并为产品服务的全球推进设计商标品牌的布局策略。所有的研究课题既要上得去，还得下得来，既要眼睛能看得见星星，脚上也要有泥。

综合专业深度以及业务关联度，可以将课题质量的考核指标概括为四个维度：高度、广度、深度以及态度。每一个课题研究要放在行业价值的层面去思考，这是高度。比如对于一个技术难度不高，但设计差异化比较突出的家用电器行业，如何进行全面有效的知识产权保护，外观设计可能就是一个突破口。可以在大多数人盯着发明专利的时候，将外观设计以及GUI设计建设成一条相对隐蔽的创新护城河。为了建设这条隐蔽的护城河，理论研究要先行准备，这个准备不是只研究一些诉讼案例就足够了，要站在整个行业的层面，将设计挖掘、国内外布局、《保护工业产权巴黎公约》、《工业品外观设计国际注册体系》、整体外观、局部外观、GUI、海关备案、平台投诉、工商投诉以及国内外诉讼等一整套体系都研究透，并设计出系统的方法论来推进。这也体现了课题研究的广度。而深度，就是要在法理上进行深入研究，当一项外观设计专利经过法院审理，进入二审阶段的时候，每一个出庭的知识产权从业人员首先要认知的一个事实是：坐在审判席上的审判员不仅是行使司法审判权的法官，而且是资深的法学专家。如果能够在专业上得到这些资深法学专家的肯定，将给整个诉讼带来事半功倍的效果。课题产出的态度，继续以外观设计的例子来说明，局部外观、GUI，具体该如何保护、如何维权，整个知识产权行业都还在摸索研究中。俗语说：世上本没有路，走的人多了就成了路。如果有成熟的方法，那就用成熟的方法去保护维权，如果没有成熟的方法，那就需要在对前人案例批判吸收的基础上，大胆地提出新的方法和思路，并进行论证，以达成目标。

企业可以通过团队民主的方式来决策组织贡献度。一个课题的产出，需要团队分子付出大量的心血，在投票评价贡献度时要看这些课题产出对大家是否有帮助，大家能否在实际工作中因为这些课题的研究而得到助力。而这个助力就是燃烧自己来给整个组织加热的过程，大家都觉得某一篇或者几篇的课题产出符合"四度"要求，并能够给自己未来工作带来帮助，即整个气缸里的气体分子都被加热了，那产出该课题的团队分子就可以拿到较高的组织贡献排名分。

打造学习型组织是很多团队的目标，而对于知识产权团队来讲，跟谁学是首要问题。建设气缸模型的知识产权团队可以很好地解决跟谁学的问题，每个团队分子在认同团队的价值观之后，自我学习、互相分享，通过价值观激励个人成长实现组织提升，因人成事，通过人才、组织、绩效三者结合达成团队建设的目标，让团队成为一台高效运转的发动机，为企业的发展助力，并且这台发动机天然具备自我更新、自我迭代的能力，从而能够不断适应时代的变化、企业的发展。

（二）外部事务所团队的管理

以上阐述的是高科技企业知识产权内部团队的气缸模型管理。不同的阶段使个人、团队成为各个专业领域的单项冠军，而成为单项冠军不只是内部的个人和团队的追求——知识产权工作还有一个影子团队，那就是外部合作律师事务所和代理机构（以下简称"事务所"）。事务所的维护，如果通过人才、组织、绩效的内部管理方式进行管理并不适合，此时，应该以更显性的单项冠军准则进行管理，即将需要外部事务所来完成的工作进行细分，在每个细分领域中对所有事务所进行对比评估，将各事务所最具竞争力的细分领域评估出来，然后有针对性地与内部团队合作。

知识产权工作的外部事务所从工作链条划分大致可分为两类：一类是从事申请、维护工作，另一类是从事诉讼维权工作。取决于行业的不同、服务区域的不同，需要不同的具备专业特长的事务所配合内部团队达成组织价值。

首先,知识产权申请、维护的事务所布局。从知识产权的分类看,能够把专利申请布局、商标申请布局同时都能做到高质量,并且具备性价比竞争力的事务所可能是很少的,科学的管理方法是将不同的业务重心委托给不同的事务所,让它们在不同的业务上互为备份。以专利布局举例,面对不同技术领域的专利,即使是各事务所的顶级代理师之间也存在巨大的差异。有的事务所对于方法类专利撰写非常有心得,而有的事务所对于结构类专利、外观设计的保护有特长的研究,此时应该将这些小范围内单项冠军的事务所给予优质的资源充分巩固好。方法专利特长事务所为结构专利特长事务所的备份,商标特长事务所为外观设计特长事务所的备份,各事务所之间既互相竞争,又互相补充。

其次,不同法域具备竞争力的事务所布局。由于海外的申请维护工作主打性价比,因此需要布局一些中小事务所来支持申请布局,申请布局的质量以内部团队的判断进行保障,这是因为内部团队分子更加熟悉产品、行业和技术。比如专利权利要求布局的层次、分案的重点、商标共存的可行性等问题可以先由内部团队进行决策,再由外部事务所来完成不同法域适配的工作。

最后,诉权维权的事务所布局。不管是国内还是国外,诉讼工作都是整个知识产权工作的塔尖,通常来说,诉讼工作要尽可能交给顶尖事务所,它们战斗经验丰富。将内部团队各个环节的单项冠军们"打造的子弹"交到战斗经验最丰富的人手里,才能高效地达成最后的目标。

事务所除了委托的具体工作,每年也需要拿出沉淀内容与内部团队进行交流学习,知识的流动与分享既能增进了解,也能互相激励,让大家都能看见对方优秀的样子,从而营造出一个内外团队互相欣赏、互相学习、共同成长的良好氛围。

三、结语

综上所述,知识产权工作中何种工作谓之五事?笔者认为,知识产权工作的五事可以归纳为三个方面：其一，管理层的信任，只有取得管理层的信任，知识产权的各项工作才能在推进中师出有名；只有取得管理层的信任，才能调动企业的资源支持知识产权工作，包括但不限于研发的技术支持、品牌的公关支持、财务的资金支持等。其二，人才的选拔，知识产权的最终价值达成终究要落在专业而优秀的人才身上，这些人才就是兵法所云的将。其三，上下一心的价值认同，是关键时刻能拧成一股绳的战斗精神。

知识产权工作中何种工作谓之算？笔者认为，就是要企业付出比竞争对手更多的努力，更深入地开展技术研究、文献研究、法律研究、法理研究、红蓝对抗以及为打赢或驱动创新所需要的一切准备。

知识产权整体工作中的五事以及具体工作中的算，其矛盾的交汇点就在于团队的能力，如果每个团队分子都能成为一个或多个布朗跑道的单项冠军，并且如果一个常规的几十人的知识产权团队能够多年坚持在几十个专业布朗跑道上，时刻紧盯业务需求，紧追法律动态前沿，那么此气缸模型知识产权团队就可成为一台高效的发动机。在这台发动机的驱动下，知识产权的各项工作，吾以此观之，胜负见矣。

气缸模型知识产权团队内部通过组织、绩效、人才三个层面进行管理，外部则严格选择单项冠军型合作伙伴进行合作，晓之以计，而索其情。让每个内外团队分子不断给自己加热，以提升所有团队分子的温度，让不特定的自由方向上的个人能力提升与组织价值的确定方向交汇并形成合力，从而实现自由的个人布朗跑道方向与组织价值的矛盾与统一。

企业知识产权管理人员核心能力分析

李 阳

深圳市帝迈生物技术有限公司知识产权总监

一、引言

  随着越来越多的企业重视知识产权工作，不仅是中大型企业，甚至是一些科创型的小微企业，也开始设立企业知识产权管理人员这样一个岗位。然而什么样的人适合做企业知识产权管理人员，或者说企业知识产权管理人员应该具备怎样的知识、能力和素养，才能将企业的知识产权工作做好，这是一个值得思考的问题。很多时候，企业在招聘知识产权管理人员时，会比较看重应聘者的专业能力，比如有没有从事过知识产权工作、懂不懂专利法、有没有写过专利申请、有没有做过专利分析。诚然，专业知识和经验固然重要，然而相对于企业的需求来说，还不够。

  首先，企业知识产权管理人员的工作跟其他职能部门一样，要服务于企业经营目标，然而企业的经营目标是什么，企业在当下对知识产权工作的需求是基于何种商业目的或商业逻辑，将决定这个岗位在企业的定位以及核心价值输出。企业知识产权管理人员应当具有一定的经营意识，有意识地去了解企业所属行业的发展和竞争状况、企业的核心竞争力和产品技术路线，清楚其所负责的产品线对知识产权的工作核心诉求是什么，是偏重风险管控，或是偏重资产布局，进而帮助企业或相关产品线构建适配的知识产权工作规划或解决方案，为企业经营目标达成而赋能。

其次，由于企业知识产权工作的落地执行需要企业内部多个部门以及外部各种专业服务机构之间的协同合作，因此企业知识产权管理人员要完成工作任务的执行除了要具备较好的沟通协调能力，还要学会用项目管理的方式将一个复杂工作任务进行合理分解，并完成相关工作任务的进度、风险管控，确保最终的价值输出，企业知识产权管理人员的项目管理能力就显得尤为重要。

再次，企业知识产权管理人员大多数工作涉及专利和技术秘密，这些都是技术性很强的工作，若不懂产品技术，则无法与研发进行有效沟通，也无法把握住工作要点，更谈不上有效开展工作。产品技术是一项基础知识，能够快速学习产品技术则是一项核心能力。

最后，法律专业技能是不可或缺的专业技能，这里的法律专业技能不仅是指要通晓知识产权相关的法律法规，而且要具备能够开展专利检索、自由实施调查、侵权分析、专利挖掘、专利布局、审核申请文件、撰写法律合同等硬技能。

总的来说，如图1所示，企业知识产权管理人员的核心能力可以概括成以下四个方面：产品技术知识、法律专业技能、项目管理能力和商业化思维。❶

二、企业知识产权管理人员核心能力

（一）产品技术知识

产品技术知识在知识产权工作中的作用不言而喻，企业专利工作一般涉及专利调查分析、专利挖掘布局、专利侵权分析和专利无效等方面。笔

---

❶ 国家知识产权局知识产权保护司. 企业知识产权保护指南［M］. 北京：知识产权出版社，2022.

者就自己的经验，分别从这几个方面谈谈熟悉相关领域的产品技术知识对于提升知识产权工作有效性的重要性。

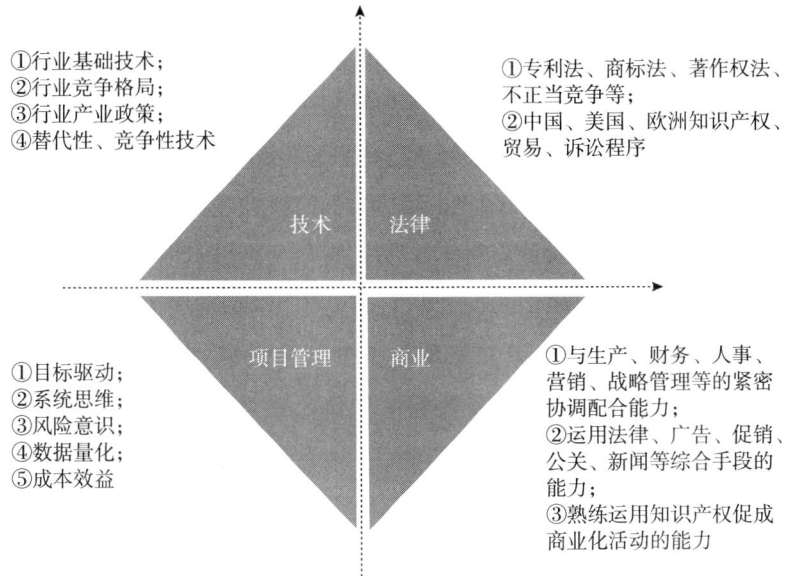

图 1　企业知识产权专业人员需要具备的能力

专利调查分析工作的目的有很多，比如为专利风险管控或专利布局策略提供情报分析，而开展调查分析的第一步，就是要了解相关产品或技术方案，尤其是遇到较为复杂的产品或技术，如果不能将该产品或技术进行分解，是无法开展有效的专利调查分析工作的。通常来说，我们需要将复杂的产品或技术拆解成不同的功能模块、不同的技术主题或者不同的专业分类，如此才能进一步定义相关技术模块的检索关键字。而如何进行拆解和分类，很大程度取决于相关行业常用的产品或技术的分类方式，或者依赖于研发技术人员的习惯或理解。另外，也有赖于项目团队或市场部门对某些重点技术的关注需求，如果企业知识产权管理人员能够按照研发、项目团队或市场部门的需求对专利情报进行适当分类和挖掘，就有机会让分析后的结果以更加宏观的情报展现给需求部门或高层领导，提高报告的可视性或可读性，提升专利调查分析工作的附加价值。企业知识产权管理人员在开展相关工作时，其一，要熟悉业内或研发人员对该产品或技术常用的分类方式或习惯；其二，要根据业内或研发人员的分类方式或习惯，用较为确定性的语言定义或概括出来，形成能够用于在专利筛查或标引过程中的标准。尤其是在一些创新活跃度较高的产品技术领域，这个转化和概括过程非常考验企业知识产权管理人员对相关产品或技术的熟悉程度和对企业研发人员的习惯或分工方式的了解程度，也考验企业知识产权管理人员对业内厂商，以及相关产品技术的专利布局方式、撰写语言的熟悉程度和对企业需求的敏感性。

专利挖掘布局工作对产品技术的依赖度就更强了。第一步是理解产品技术，如此企业知识产权管理人员才能建立与研发人员对话的窗口，获得研发人员的尊重和认可。第二步是要学会引导研发人员完整披露技术方案，在研发人员看来，似乎只有在技术层面具有较高创新水平的技术方案才值得申请专利，其实不然，很多看似不起眼的技术创新方案也是有机会申请专利的。第三步，有些创新水平很高的技术（比如软件算法类）因为侵权可视度和取证的问题，完全按照研发人员的思维进行专利披露或撰写也是有问题的。所以如何引导研发按照正确的方式、完整披露技术方案就非常重要。这就要求企业知识产权管理人员对整个产品技术不仅要做到整体、系统认识，而且要对一些可能存在的小改进或者实用技术有敏感认识，甚至还要了解这个产品技术在诉讼实践中如何进行有效举证，这一切都是建立在企业知识产权管理人员对产品技术的理解和掌握的基础上。在完成专利挖掘后，如何引导研发开展有效的专利布局，帮助研发人员做充分实施例扩展，就更考验企业知识产权管理人员的产品技术功底了。那些在专利布局方面表现很优秀的企业知识产权管理人员，往往对于本领域解决某一类技术问题时常用的或可能采用的变通方案能够了然于心。这也是为什么学历越高或者具有研发经验或相关领域技术背景的企业知识产权管理人员在开展专利工作时会更有优势的原因。

在专利侵权分析和专利无效宣告请求中，企业知识产权管理人员对技术理解也能够为案件带来很好的效果。在侵权分析中，第一步要做的是权利要求解读和技术特征拆解，在这些方面，熟悉产品技术的企业知识产权管理人员有时比外部律师或者研发人员做得更好，而解读深度和拆解方式不同，往往可能带来截然不同的比对结果。第二步是在专利无效宣告请求中，熟悉相关领域产品技术且具有一定检索经验的企业知识产权管理人员，所检索的相关证据有时要比外部律师或者专业检索分析机构检索的相关证据要更好用。

（二）法律专业技能

知识产权工作属于法律工作范畴，法律知识是基础，这也是很多企业知识产权管理人员为何要考取专利代理师资格、国家统一法律职业资格的原因——不仅是为了执业认证的需要，而且是要通过对知识产权相关法律知识的系统学习建立法律思维，学会用法律语言进行表达和沟通。笔者需要提醒新入行的企业知识产权管理人员，不应满足于专利代理师资格或国家统一法律职业资格所涉及的法律知识，如果有条件，还要学习和研读最高人民法院发布的与知识产权相关的司法解释，以及涉外业务中的重点国家或地区知识产权相关法律和程序等。

笔者将涉及企业知识产权工作常用的实务技能也归类于这个部分，例如商标检索、专利检索、自由实施调查、专利分析、专利挖掘和布局等技能。这里，笔者借用某位业内大咖的观点来展开论述。❶

1. 技术交底书能力

这是最基本的技能。对于企业知识产权管理人员来说，确保企业的专利申请进度是基本要求。技术交底书是企业研发人员阐述自己技术方案的文件。按理说，专利代理师仅根据研发人员的技术交底书，就可以运用专利语言，形成专利申请文件。但实际情况是，研发人员往往不能从专利视角来发现自己的技术方案到底是否具有专利性，或者即使技术方案本身有创新点，研发人员也没有时间来写出一份焦点明确的技术交底书。这时企业知识产权管理人员的作用就显现出来：从专利角度，将技术方案中的发明点明确。简而言之，技术交底书的背后，体现的是企业知识产权管理人

---

❶ 邱裕峰. 一文说透：知识产权职业分析之 IPR. ［EB/OL］. （2022 - 08 - 05）［2023 - 06 - 20］. https：//mp.weixin.qq.com/s/GoOe_0dthknti2hP9aGqXA.

员从专利角度去解读企业技术专利性的能力。作为企业知识产权管理人员，必须知道如何寻找产品的发明点，这是最基本的要求。优秀的企业知识产权管理人员往往通过与研发人员沟通、注重检索同行业专利、积极参与研发项目进展、加强自身学习等方式，保证技术交底书的专业性。企业知识产权管理人员常常遇到的问题是：研发人员太忙，没有时间写技术交底书，或者说研发人员在写技术交底书花费的时间太多，耽误研发进度。那么，如何能够让研发人员高效写出一份有质量的技术交底书就变得非常重要。笔者认为，除了要学会给研发人员做技术交底书培训、与研发人员保持良好的沟通，还可以学会根据不同产品技术特点制定不同技术交底书模板，检索一些相近领域撰写比较好的申请文件为研发人员提供参考，并经常总结研发人员在撰写技术交底书中常见的问题，时常给研发人员正面反馈，持续帮助研发人员不断提升技术交底书的水平。

2. 审核代理机构提交的文件质量

代理机构完成专利申请文件的撰写后，一般要反馈给企业知识产权管理人员审核修改。企业知识产权管理人员作为专利运用一方，专利是否好用必须自己把关。可以从权利要求布局是否有梯次、独立权利要求是否包含非必要技术特征、技术问题是否定位精准具体、技术方案描述是否与企业方案有出入、技术效果是否描述充分这几个角度来审核。尤其是技术问题的定位是否精准，这是常常被人忽略的问题。专利申请文件撰写质量不高的首要表现就是对技术问题泛泛而谈。这不利于之后可能遇到的创造性答辩，也是对自身技术方案没有信心的表现。这些方面关系到专利可能遇到的审查意见、无效宣告请求的应对策略，也决定了一个专利的质量和价值。建议企业知识产权管理人员将撰写质量分为明白质量、授权质量和诉讼质量3个层次去审核，明白质量指的是申请文件有没有把技术讲明白，授权质量是这个专利能否授权（这里指发明授权或权利具有稳定性），诉讼质量指的是权利要求是否具有较高的侵权可视度，方便调查取证。

3. 专利挖掘、布局的能力

可以重点关注以下方面：挖掘技术方案中可申请专利保护的创新点，对重要的创新点进行延伸拓展，对可替代的技术方案组织研发人员及代理师讨论收集、布局申请，掌握主要国家的专利基本制度和申请方法等。可多研习行业内头部企业的专利文献，对每个权利要求中的技术特征深度理解，相信很快就能找到窍门。用一句话来概括就是"大处着眼、小处着手"，什么叫"大处着眼"，笔者认为进行专利布局要站在最终希望达到的商业目的去考虑，站在整个产品技术成果和项目研发全生命周期去规划；什么叫"小处着手"，笔者认为在专利挖掘时，不要放过在关键技术或者可能形成专利壁垒的任何技术改进中，深入挖掘技术细节，如此也能让后续的技术交底披露更加充分，有更多可以体现创新性的技术细节和有益效果。进一步，可以帮助专利代理师在撰写申请文件过程中，有更多有价值的从属权利要求部署，提升该专利申请文件在后续审查或无效诉讼中的权利稳定性。

4. 出具分析报告的能力

专利检索是一项基本功，不仅要做到查全，而且查准更重要。例如，在自由实施调查中，能否查到与该产品技术核心技术方案最接近的关联专利，从某种程度来说，可以作为评价一个自由实施调查报告质量好坏的标准。可以综合运用关键词、分类号、权利人、发明人、同族专利、引用专利等线索，顺藤摸瓜。但检索只是一个动作，最终应以分析报告的形式呈现。

专利信息本身可读性较差，通过分析报告，可以将有效的专利信息分享给研发人员。分析报告包含重点同业企业的专利监控、具体专利技术解读、技术路线解读等。按时提供一份分析报告给研发人员，可以逐渐养成大家重视运用专利信息的习惯。

因为专利信息的公开往往早于产品上市的时间，所以通过专利检索往往总有意想不到的收获。例如，通过专利检索，发现同业企业一些新产品新技术的信息，分享给研发人员和销售人员后，有可能为研发人员和销售人员提供很有价值的技术情报或商业情报。

5. 出具 FTO 报告的能力

自由实施（FTO）报告这个概念备受关注，好像不会做 FTO 分析就不算是企业知识产权管理人员。其概念简单就是，在产品进入国外某一市场之前，需要先对该国进行专利检索，看是否能自由实施，排查侵权风险。狭义的 FTO 分析由具有一定资质的律师事务所出具，这样即使产品进入市场后，侵犯了他人的专利权，也可以用提前委托律师事务所出具 FTO 报告为由，排除故意侵权的嫌疑，这也是欧美市场形成的习惯。但对于优秀的企业知识产权管理人员来说，产品绝对不是只在上市之前才做一次 FTO 分析。它最终目的是控制侵权风险，而企业知识产权管理人员为了能随时了解产品信息和研发进度，控制侵权风险应该进行的工作可以分为三个阶段：①在产品立项时，进行第一次专利检索，聚焦重点企业和重点专利；②在产品方案形成时，可以结合方案进行第二次检索，更具体地排除风险；③在最终产品上市前进行第三次检索，排除之前未公开的专利带来的风险。听上去很麻烦，好像大海捞针，这么多专利，怎么知道谁家的哪一件专利会让企业有侵权风险呢？实际操作中，风险往往来自可能起诉的同行企业。因此，哪些地方可能存在风险、哪些风险是值得关注的、在有限的时间和有限的资源情况下如何完成有效的 FTO 分析、如何抓住风险工作重点就是关键。

6. 合同审查能力

很多人可能认为，合同审查就是审核一些知识产权条款，照着法条逐一审查即可，其实不然。首先，知识产权类合同有很多类型，比如商务合作中的保密条款、技术合作中的知识产权条款、采购合作中的知识产权条款、投融资中的知识产权条款等，每种合作类型对知识产权关注的重点和要求是不同的。例如，商务合作中若涉及重大商业秘密披露，则需要重点关注商业秘密资料的清单披露，以及对方接收相关保密信息或资料的证据固化。再如，在技术合作中，根据不同的技术合作类型，以及企业方的诉求，对知识产权权属条款的设计会有不同的侧重。在采购合作中，要特别注重知识产权风险的披露和责任约定。不管是哪种合同，其背后都是源于企业知识产权管理人员对某种商业诉求的理解以及对相关知识产权法律规则的灵活运用，企业知识产权管理人员要根据具体商业诉求设计相关的知识产权条款，在防范风险的同时，帮助企业发展才是取胜之道。

7. 知识产权诉讼处理能力

对于企业知识产权管理人员来说，需要具备哪些能力才能处理好诉讼案件呢。一是熟悉案件相关的知识产权法律法规，企业知识产权管理人员需要了解每种知识产权案件背后的法律逻辑及涉及的知识产权法律法规，需要通过对案件的分析迅速找到这个案件的重点。例如，某友商未经授权使用了 A 公司的试剂配方，市场部门需要知识产权部提供法律援助主张权利，那么 A 公司的知识产权管理人员首先要分析，该友商侵犯了何种权利，是专利还是商业秘密，如果 A 公司曾经与该友商开展过某种商务方面的合作，也不排除可能违反了合同约定；二是企业知识产权管理人员要考虑举证的问题，证据是所有案件中的关键，如果该友商涉嫌侵犯 A 公司的专利权，但难以举证，比如很难买到该友商的产品，或者即使买到了，却因为侵权可视度的问题难以证明侵权，在这种情形下，专利诉讼就不一定是合适的途径。但经调查发现，A 公司某试剂部门核心员工 B 跳槽到了该友商，A 公司与该员工 B 签署了竞业限制协议，并且有足够的证据证明该员工 B 在该友商从事的是与试剂配方开发相关的工作，此时，用商业秘密方式维权也许是更理想的选择。

企业知识产权管理人员还要学会找到匹配的律师，隔行如隔山，不同律师事务所或律师所擅长的案件领域不同，企业知识产权管理人员需要做的就是，通过有关资源或者对行业的了解，迅速找到对某个领域的案件比较擅长、有丰富经验的律师或律师团队。此外，关于费用的合理性，笔者认为，企业知识产权管理人员要先考虑如何保证胜诉或者尽可能增加胜诉的机会，尤其是那些对企业来说影响重大的案件。企业知识产权管理人员尽量帮企业节省费用，例如，企业知识产权管理人员可以去了解同等级律师事务所的收费标准，并且将费用进行合理的细分（如基础费＋风险代理等模式）。当然，企业知识产权管理人员还要考虑案件的投入，有些案件是需要律师高强度投入的，比如技术类的案件，律师费自然会高些。如果企业知识产权管理人员以及研发人员可以分担一些工作，也能相应减少一些费用。

（三）项目管理能力

一方面，项目管理能力是企业知识产权管理人员工作推进的一项基本技能，可以说，除了企业已经制定了管理制度、工作流程的工作，其他大部分工作都需要用项目管理方式去推进执行。另一方面，知识产权部在企业是一个职能部门，或者说是属于支持体系，其工作要服务于业务、服务于研发、服务于市场或者说服务于企业整体的风险控制或经营目标，其工作的落地和执行自然也依赖于内外部协同。

专利挖掘和布局这项工作的落地，需要管理层、项目经理和关键研发人员参与方案策划评审，需要研发人员配合披露技术方案、提供技术交底、审核专利文件，也需要专利代理师参与专利挖掘、参与技术学习并按照规定的时间和质量完成撰写文件，前面这些工作事项存在大量的沟通和协调工作。进一步的，针对某些重要产品或技术标的开展专利挖掘和布局工作，涉及项目目标的制定、项目任务的分解、项目计划的跟进，还要通过定期或不定期的会议讨论如何挖掘专利、如何扩展实施例、如何完成技术交底书、如何评审专利质量、如何控制风险等工作，要定期反馈工作进度，几乎涉及项目管理所有核心要素。因此，对于企业知识产权管理人员而言，建立项目管理思维，学会项目管理方法，并通过项目管理方式来完成工作任务执行落地就变得非常重要，也是区分企业优秀知识产权管理人员与普通知识产权管理人员的重要评价指标之一。

在专利诉讼中，对项目管理能力的要求就更高了。企业知识产权管理人员在诉讼中，需要协同的内部资源不仅是研发，而且包括市场部门、销售部门、财务部门、供应链以及管理层。外部协同的资源一般是律师、专利检索分析师，这些人都具有很高的专业素养和行业经验，关键是，这些人的时间都很宝贵。一些富有经验的律师（涉外律师）的费用一般是按照工作时间来计算的，这意味着，对于企业来说，一个优秀的企业知识产权管理人员的组织能力将直接决定企业在诉讼方面的成本支出。如果企业知识产权管理人员没有高效的会议组织能力，就无法在短时间内对案件达成某项共识或决议，势必会带来更多的费用。

另外，企业还有很多流程建设、体系认证、项目申报、培训宣传等工作，这些工作也非常依赖于管理层、内部相关部门、外部机构的共同参与和支持，如果没有出色的组织协调和项目管理能力，这些工作的开展将变得十分艰难，也会打击企业知识产权管理人员的工作信心，降低工作的成就感。

（四）商业化思维

笔者曾说过这么一句话，"一个顶尖的知识产权经理人与其他的经理人最大的差别在于商业意识"。什么叫商业意识，听起来似乎很容易理解，但是，真正要做到并不容易。因为很多企业知识产权管理人员在从事这项工作的起步阶段，都是从某个领域的专业工作开始，比如专利撰写、专利检索或者商标代理等工作，这些工作专业性很强，所以企业知识产权管理人员也很乐于专业层面的学习，然而随着时间的推移，他们就可能比较容易陷入一种专业思维，而忽视了商业思维的训练。企业知识产权部门很多时候设置在研发体系中，研发体系也是专业性很强的部门，可能因为氛围的影响也容易让企业知识产权管理人员习惯以专业性思维思考问题。对此，企业知识产权管理人员需要思考企业知识产权工作的本质是什么？笔者认为，企业知识产权工作本质就是为企业商业成功服务的。如何做到为企业的商业成功服务呢？要先理解企业的商业需求，对企业特点、核心竞争力、企业的发展规划、企业所处的营商和竞争环境有深入的认识。例如，不同产品线知识产权工作重点是不同的：A产品线的技术在业内领先，其他同行都处于追赶中，那么A产品线的知识产权工作就可以是保护为主，包括强化专利布局及核心员工、核心技术的商业秘密管理；B产品线属于某行业的新进入者，在学习和模仿同行的产品技术，那么该产品线的工作重点就是风险防范，需要重视专利调查分析以及入职员工的竞业限制审查；C产品线涉及的产品技术较为成熟，那么该产品线的工作重点可以选择多开展知识产权运营，通过运营为市场营销或技术研发赋能。

企业知识产权管理人员在进行专利布局的时候，往往会陷入技术性思维,就是从技术维度开展各种专利挖掘和布局,这种思维是必要的,但也会有很多弊端。例如,当企业一个非常重要的产品上市时,销售部门会问,这个产品有什么专利卖点吗?很多时候,企业知识产权管理人员盘点了很多专利,发现找到非常具有代表性的专利支持市场营销并不容易。当竞争对手抄袭产品时,也不太容易找到可以跟竞争对手抄袭的产品技术方案直接对应的专利。此外,企业资源总是稀缺的,当企业知识产权管理人员所掌握的资源不够的时候,企业知识产权管理人员在专利布局挖掘时应该优先考虑这个产品核心卖点的布局,以及竞争对手会以怎样的方式模仿抄袭企业的产品,从这些目标和角度来设计企业知识产权管理人员的布局方向和专利申请目标,以确保有限的资源投入得到最大的产出结果。这样的例子在企业数不胜数,企业知识产权管理人员所有的工作,都要考虑两个方面:第一,对企业的商业成功有什么帮助,或者对于业务部门有什么意义;第二,成本是否能接受?

三、企业知识产权管理人员人才培训课程体系

如表1所示,笔者根据自身一些浅薄的经验,设计了一套培养企业知识产权管理人员四大核心能力的课程体系。

表1 企业知识产权管理人员核心能力培训课程

课程大类	课程名称	课程大类	课程名称
产品技术知识	A产品线产品技术培训	法律专业技能	知识产权法律概论
	A产品线专利文献阅读训练		专利法及审查指南培训
	B产品线产品技术培训		商标法及注册流程培训
	B产品线专利文献阅读训练		著作权法及注册流程培训
项目管理能力	项目管理概述		商业秘密及保护体系介绍
	高效能人士的七个习惯		专利新创性检索培训及实务训练
	时间及目标管理		专利无效检索培训及实务训练
	高效会议管理		FTO调查技能培训及实务训练
	沟通与表达培训		专利侵权判定及实务训练
	向上管理		专利撰稿培训及实务训练

续表

课程大类	课程名称	课程大类	课程名称
商业化思维	某行业及商业竞争概况	法律专业技能	技术交底书及专利挖掘培训
	公司概括、管理制度及文化价值观		专利布局培训及实务训练
	企业知识产权管理概念		商标规划注册流程及实务训练
	知识产权战略介绍及年度工作计划		著作权登记流程及实务训练

当然，表1的课程根据招聘的人员背景、经验可以作相应的适配。行业内优秀的企业知识产权管理人员还是比较稀缺的，对于企业来说，在招聘时要找到理想的知识产权人才是比较难的。由于这个行业优秀的人才流动频繁，因此一个企业知识产权部门建立一套人才培养体系是非常必要的，当然，这也属于重要不紧急的事情，需要管理者高度重视并持续投入方能见效。

在招聘面试过程中，如何识别面试者是否具备产品技术知识、法律专业技能、项目管理能力、商业化思维四个方面的能力或潜质呢？其一，判断面试者是否具备相应的产品技术知识，可以通过简历或面试了解面试者是否具有相关行业的从业经验、是否做过类似的产品技术研发，或者撰写过类似的专利申请。其二，判断面试者是否具备相应的法律专业技能，可以了解面试者是否考取专利代理师资格或国家统一法律职业资格、是否接受过类似的专业技能培训、从事过相关的专业实务工作，也可以通过一些实务方面的试题来测试面试者的实务技能。其三，判断面试者是否具备项目管理能力，可以了解一下该面试者是否从事过项目管理方面的工作，以及在项目中的角色和职责，如果没有从事过项目管理方面的工作，可以通过面试沟通、组织、协调、表达方面的能力来判断面试者是否具备项目管理方面的潜质。其四，至于商业化思维，如果面试者从事过咨询方面工作或者做过客户需求挖掘、维护方面的工作，则可以作为参考。另外，还可以考察面试者的学习能力以及平时对产品发展、商业竞争是否有兴趣关注和积累等。

在建立培训资源方面，也要运用"内外部协同的思维"，充分利用企业内部和外部资源。例如，在选用外部资源方面，笔者认为选一家重视人才培养的代理机构是非常有益的，原因在于：一方面，每个机构的优质专利代理师资源难免会流失，重视人才培养的代理机构可以保障不断培养出优秀的专利代理师；另一方面，可以借用代理机构资源针对企业知识产权管理人员进行能力培养。另外，重视人才培养的企业内部也有很多不错的资源，这些资源在训练企业知识产权管理人员的商业思维、项目管理能力、产品技术知识方面有不错的效果。另外，也有很多好的线上课程，不管是专业类的，还是职场能力类的，尽可以拿来主义，进行资源的优化配置、有效组合，打造适合企业知识产权管理人员培养需求的课程体系。

工作实践和导师队伍是培养人才的重中之重，对于一个企业知识产权负责人来说，如何根据企业需求和人才培养的特点，构建一个企业知识产权人才评价和晋升机制，有效牵引企业知识产权管理人员更加重视自身能力提升和锻炼，这是重点，也是难点。但是，如果能做好这件事，就有机会帮助企业源源不断培养出优秀的知识产权管理人才。

浅述企业知识产权管理人员的工作能力与职责

桑 耀

珠海市杰理科技有限公司知识产权总监

一、引言

专利制度起源于欧洲，兴盛于欧洲和美国，并逐步推广应用在全世界。在19世纪初期，英国实行了最早的专利检索制度，随后，专利检索制度扩散到其他国家。截止到今天，全球建立专利制度和专利法的国家超过175个。

专利是一种在一定期限内具备法律状态和法律意义的技术性文件，只有专利权人（发明人）或被许可的使用人才能够实施，其衍生物就是专利文献。专利文献在全球形成一个特别大的专利数据库，例如中国、美国、欧盟、印度等专利文献数据库。通过在固定区域实行公开换保护的方式，专利制度为人类的科技进步、经济发展提供强有力的保障。

因此，在企业进行知识产权管理时，专利工作就显得尤为重要。接下来，笔者主要通过以下两个方面来阐述企业知识产权管理人员如何做好专利工作。

第一，介绍企业知识产权管理人员需要具备的工作能力，包括法律法规知识、统筹规划能力、科技技术能力、专利挖掘能力、情报检索能力、评估撰写能力、专利运营能力七种能力。一个优秀且全面的企业知识产权管理人员，应当具备这些能力，不管是在初创型企业还是成长型企业或是大型科技企业，以上七种能力都是杰出人才必不可少的。

第二，介绍企业知识产权管理人员的职责，包括专利总监的职责、专利经理的职责以及专利工程师的职责。每个岗位的职责范围不同，所产生的企业效益和社会利益也有所不同。笔者所述的岗位职责，适用于各类型企业，各岗位职责的具体内容不必局限于对应的岗位，也能够随着企业自身发展动态调整。例如，小微型公司的专利总监，其包含专利总监、专利经理及专利工程师所含的职责。

二、企业知识产权管理人员的工作能力分析

（一）法律法规知识

一名合格的企业知识产权管理人员应该懂哪些法律法规？笔者认为，无论企业知识产权管理人员身处哪个岗位，以下法律法规都必须熟悉并熟练查阅。

首先，由全国人民代表大会常务委员会通过的《专利法》（2020年修正）是每个企业知识产权管理人员必须熟读且熟练查阅的。《专利法》（2020年修正）是一个整体纲要文件，通过熟悉《专利法》（2020年修正）能够使企业知识产权管理人员快速掌握国家制度和行业基础脉络。

其次，由国务院及相关部门制定的法规和部门规章，包括《专利法实施细则》（2023年修正）、《专利审查指南2023》、《专利侵权行为认定指南（试行）》等，也是企业知识产权管理人员必须熟读且相对熟练查阅的。

企业知识产权管理人员不需要对以上法律法规了如指掌，但必须做到熟悉法律法规的各个章节，在有需求时，能够快速查阅到具体条款，以便提高工作效率。其中，作为企业知识产权管理人员，对于《专利法》

(2020年修正)和《专利法实施细则》(2023年修正)的熟悉程度需要更胜一筹，可以理解的是，涉及专利的基本概念都规定在其中，例如，专利的新颖性、创造性和实用性的说明及解释，专利申请的主体及其解释，专利侵权判定以及专利无效的说明及解释等。

最后，由最高人民法院颁布的司法解释，包括《最高人民法院关于审理专利纠纷案件适用法律问题的若干规定》(2020年修正)、《最高人民法院关于审理侵犯专利权纠纷案件应用法律若干问题的解释》等。除了企业专利律师应熟练掌握，其他类型的企业知识产权管理人员可以根据实际需求进行学习查阅。

（二）统筹规划能力

企业知识产权管理人员的统筹规划能力主要是针对企业专利负责人而言。专利统筹规划能力主要包括以下三个方面。

1. 专利的整体布局重心

企业，尤其是科技企业的技术创新和产品创新一般依附在新产品的研发和旧产品的技术迭代上。在有限的人力、物力和财力的运作下，如何将专利布局发挥在刀刃上是企业知识产权管理人员需要深思熟虑的地方。

例如，A公司所研发的新项目产品比其他同行都存在技术领先，预计能够带来可观的市场经济效益。那么，A公司的知识产权管理人员可以优先考虑将人力资源和经费用在新项目产品的专利申请与布局上，对新项目产品实行包围式的专利申请布局。

B公司所研发的新项目产品比其他同行也存在技术领先，但经过调研发现其市场主力产品依然是旧产品的技术迭代升级，预计旧产品的技术迭代能带来更为可观的经济效益。那么，B公司的知识产权管理人员可以优先考虑将人力资源和经费用在旧产品技术迭代的专利申请与布局上。

C公司所研发的新项目产品比其他同行也存在技术领先，但旧产品的技术迭代依然是其市场的主力产品，而C公司在专利运营资金相对充沛。那么，C公司的知识产权管理人员可以考虑将人力资源和经费用均用在新项目产品和旧产品技术迭代的专利申请与布局上。

2. 企业专利体系的建设与更新

2020年，国家知识产权局印发了《关于推进中央企业知识产权工作高质量发展的指导意见》，其中着重提及要完善知识产权管理体系，重点说明要完善知识产权管理制度，夯实工作基础，推动专利、技术秘密等集中管理；在关键核心技术研发、重要成果转移转化过程中，配备知识产权专员；鼓励有条件的企业贯彻实施《企业知识产权合规管理体系　要求》（GB/T 29490—2023），优化知识产权管理体系。

企业知识产权管理人员可以参考有关规范文件建立企业专利体系，也可根据自身企业当前环境，自定义建设符合当前环境的企业专利体系，或者将上述两者结合起来。

不同类型的企业在专利体系建设方面也存在一定的差异，例如，制造业以及制造类科技企业的产品主要以终端产品为主，相应地，专利申请布局的方向、专利侵权维护的方式、专利人员的配比，都需要根据企业规模、产品销量和技术迭代而制定，以建立符合自身发展的专利体系。再如，对于非制造科技企业，尤其是互联网产品或集成电路企业，其科技研发人员占比非常高，技术更新迭代非常快，专利侵权维护相对困难，那么企业知识产权管理人员除了精通专利知识，对于软件知识和底层技术知识也要有足够的储备才能胜任。科技企业的专利产品需要根据自身的发展目标和战略，合理规划专利申请布局的方向、专利侵权维护的方式、专利人员的能力和配比，从而构建符合自身发展的专利体系。

企业知识产权管理人员需要根据企业自身的发展状况，实时更新其专利体系，以更加符合未来发展。不管是什么类型的企业，当企业规模瞬间扩大或逐步扩大、科技研发人员增加一定数量后，或在新产品、新技术持续面世前，判断什么样的专利体系能够快速响应这些变化并切实做到保驾护航的作用，这是企业负责人必可不可少的能力。

3. 专利人员岗位分配

为了适应企业的发展状况，应该合理分配企业知识产权管理人员的岗位职责，以更加高效地推进企业专利体系的建设和发展。通常来说，企业知识产权管理人员按照相对全面的岗位职责而言，可分为专利总监、专利经理、专利工程师，其中，专利工程师又可以进一步划分为高级专利工程师、中级专利工程师、初级专利工程师。这些岗位的划分方式仅供参考，具体岗位职责还需根据企业自身发展而定。

当企业处于创始阶段，而企业所研发的产品是跟随市场主流的产品，那么可配备一名中级专利工程师，用于产品的微创新布局。

当企业处于快速发展阶段，而企业所研发的新产品属于行业领先且具备市场潜力的产品，产品技术也是当前市场环境所未曾出现的新技术，那么可配备一名专利经理和两名工程师，通过合理的专利申请布局和突出的专利申请质量，快速占领市场并形成护城河。

当企业处于行业龙头阶段，不管企业当前所研发的任何产品，都需要配备一名专利总监、多名专利经理以及多名专利工程师，在所涉及的所有产品线均布局专利产品，并实时监控竞争对手的专利状态。

如何配备企业知识产权管理人员并不是一成不变，企业专利负责人需要全方面思考分析，根据企业的经营收入、研发投入占比、产品技术迭代、科技创新预研、企业财务分配等重要因素进行合理分配。

（三）科学技术能力

想要一个高质量、全方位的企业专利布局，那么企业知识产权管理人员的技术能力一定不能是空白的。换一个方位说，从事专利工作的同事，除了要具备优秀的文字能力和逻辑思维，还需要具备企业所对应的产品技术知识。

职场可能存在这样一个偏执的认知，即有些企业的研发人员认为企业知识产权管理人员属于打字员或文员的范畴，如果企业管理层也持有类似的观点，那么该企业的专利体系将会存在较大的风险和漏洞。大多数的企业研发人员并不懂专利基础的实用性、新颖性和创造性（"三性"），更别提如何将产品形成专利保护网，而专利基础的"三性"恰恰又是必要技术特征的体现，如果企业知识产权管理人员不懂技术，如何能够让所申请的专利获得授权,更别提保护范围。

因此,时刻让企业知识产权管理人员更新自身的产品技术知识,是企业专利发展强大的必要环节。那么,如何做到保持企业知识产权管理人员的产品技术知识库不断更新,可以从以下四个方面着手:①专利工程师应优先招聘专业对口的理工科专业背景人员;②根据企业产品线,分配不同的专利工程师跟进该产品的技术迭代;③根据企业技术线,分配不同的专利工程师跟进该技术路线的深入发展;④根据竞争对手的专利申请,分配专利工程师时刻预警当前产品或技术的更新迭代等。

只有专利工程师的产品技术能力提高了,应对企业的专利技术申请才能够得心应手和顺手拈来,企业的专利发展才能够进入快速通道。

(四)专利挖掘能力

专利挖掘是指在技术研发和产品研发过程中,对所取得的技术成果从技术和法律层面进行剖析、整理、拆分和筛选,从而确定用以申请专利的技术创新点和技术方案。具体而言,专利挖掘就是从创新成果中提炼出具有专利申请和保护价值的技术创新点和方案。

无论身处何种岗位,专利挖掘能力都属于企业知识产权管理人员的基础能力之一。相当一部分优秀的产品和技术往往是在经过专利挖掘后形成了企业自身的产品专利。企业知识产权管理人员的专利挖掘能力主要体现在以下五个方面。

第一,能够分析技术方案并能与技术人员进行技术方案交流,在技术方案中时刻关注技术细节的变化与技术细节的创新点。

第二,能够从核心技术点到次要技术点的分层次归类,或能够将技术方案合理拆分成不同的技术模块,并准确分析出具备创新的核心技术点。

第三,能够沿着技术路线进行单一方向的挖掘,包括产品结构由内到外、由上到下、由进到出、由输入到输出,从而提高专利挖掘的全面性,避免技术创新点的遗留。

第四,能够回忆未被采用的技术方案,一些技术方案的技术创新点存在遗漏，企业知识产权管理人员应该引导技术人员进行回忆。

第五，能够根据技术方案的细节进行技术内容拓展，包括替代方案、改良方案等，可以丰富技术方案的具体实施例，增加权利要求的层次，以获得更大的保护范围。

（五）情报检索能力

专利情报就是将专利信息经过收集、分析处理，转化为互相联系的、准确的、可使用的情报。企业知识产权管理人员应该能够通过专利检索，根据专利或技术的一个或多个特征，从大量的专利文献或专利数据库中挑选符合某一特定要求的文献或专利信息。专利检索既能为产品研发、商业决策提供依据，又能在专利的确权、维权等问题上提供支持，对于企业而言将极大节省研究成本，避免走弯路。

为什么要做专利情报的检索？首先，绝大多数的先进技术方案会通过专利申请的方式进行公开，少部分会通过发表论文的方式进行公开。其次，绝大多数的国家采用的是先申请制度，为了更快地抢占市场，专利申请人会在产品公布前进行专利申请布局。最后，绝大多数国家法律保护专利申请，通过公开换保护的方式避免被其他竞争对手侵权。

情报检索能力也是企业知识产权管理人员的基础能力之一，不管企业知识产权管理人员身处企业哪种岗位，在有需要的时候必须快速响应情报的挖掘。企业知识产权管理人员的情报挖掘能力应该具备以下三个特点。

第一，科技情报收集能力，企业知识产权管理人员通过自身对当前市场技术的了解，通过专利、论文、专业书籍、网络网站等渠道收集企业所需要的专业技术，并判断当前产品的市场行情状态是处于上升期、成熟期还是没落期。

第二，竞争对手调查能力，主要是通过专利检索和论文检索的方式进行调查。绝大多数企业会通过以上两种方式公开或半公开部分技术，其中又以通过专利申请公开的技术为主，企业知识产权管理人员需要多方位了解竞争对手的专利申请状况和论文发表情况，并时刻将前沿技术分享给企业科研人员。

第三，产业机会发现能力，通过专利情报的挖掘和分析，核实哪些创新技术是目前市场上的空白区域，并初步判断该创新技术是否能够引领市场行情，如果发现创新技术被其他企业申请了专利，企业知识产权管理人员可以在经企业领导层同意后积极展开专利运营操作，例如专利独家许可、合作研发产品、合资并购等。

企业知识产权管理人员应该根据当前自身的企业经营状况和市场环境情况，合理地开展情报挖掘的工作，并将该工作做到极致。

（六）交底书撰写能力

一份优秀的技术交底书，能够抵上十次的技术沟通。撰写技术交底书是企业知识产权管理人员的基础能力之一，也是最直接展示其能力的方式之一。

什么是技术交底书？从字面来看，"技术"意指发明构思、创新构思，"交底"意指述明、告知，"书"意指文字表达，即发明人通过文字（含图片）的形式，将创新构思告知专利代理师、专利审查员及社会公众。

技术交底书的撰写主要包括三个方面：背景技术及缺陷、技术方案及创新点、有益效果。技术交底书一般由发明人撰写，由企业知识产权管理人员进行修改，或者由企业知识产权管理人员自行撰写，无论采用哪种方式，最终经企业知识产权管理人员把关的技术交底书，应该是全面、清楚且具体细节经得起推敲的专利文件。

（七）专利运营能力

专利运营指企业为获得与保持市场竞争优势，采用专利制度提供的专利保护手段及专利信息，谋求获取最佳经济效益的总体性谋划。专利运营的方式主要包括：专利许可、专利转让、专利租赁维权、专利质押融资等。其中，专利许可是常见的专利运营方式。

企业知识产权管理人员如何能够做好专利运营工作？众所周知，专利运营是专利工作的后期环节运作，其需要具备大量的高价值授权专利。因此，企业知识产权管理人员应当具备以下三种能力。

第一，具备快速积累授权专利的能力，如果没有足够专利数量的有效专利支撑，专利运营就是一个空中楼阁，其运营活动将非常不稳定，且运营过程也将消耗极大的时间成本。授权专利数量是专利运营的根基，企业知识产权管理人员能够在短时间内快速积累授权的专利，是实现专利运营的第一步，也是重要的一步。

第二，具备高价值专利的申请能力，企业知识产权管理人员应能够快速有效地辨别出哪些专利是与企业产品相关的高价值专利，并确保其稳定授权。高价值专利在专利运营中扮演着至关重要的角色，与可能获得的高额赔偿息息相关，如果想要赔偿额高，就离不开单个专利的高价值性和多个高价值专利的组合规模。

第三，具备专利无效和诉讼能力，企业知识产权管理人员在专利运营中要想理直气壮地占据专利运营的谈判高地，关键在于所交易的专利要经得起无效和诉讼的考验，而其前提是企业知识产权管理人员的专利无效和诉讼能力也必须经得起考验。

具备专利交易的谈判能力，企业知识产权管理人员要在合理的谈判空间中高溢价地转让专利，避免被谈判对手忽悠，从而导致专利运营出现交易亏损。

综上所述，专利运营是企业知识产权管理人员的高级阶段，需要具备非常高的综合能力，只有把前面的专利工作都做好，才能够进一步胜任专利运营的任务。

三、企业知识产权管理人员的职责分析

企业知识产权管理人员按照岗位职责来划分，可大体归以下三类：专利总监、专利经理和专利工程师，其中专利工程师又可进一步细分为高级专利工程师、中级专利工程师和初级专利工程师。在不同规模和不同类型

的企业，其配备的企业知识产权管理人员也不尽相同。

举例来说，大型企业，特别是大型科技企业可配备相对较全的专利部门体系，包括专利总监、专利经理和专利工程师；初创企业的专利工作刚起步，可能只配备专利工程师。为了更好地阐述企业知识产权管理人员的岗位职责，笔者对这三类岗位职责进行剖析。

（一）专利总监

专利总监的岗位设置一般以大型企业常见，部分快速发展的成长型企业也可能设置这个岗位，这意味着企业的专利发展已经达到或快达到了顶峰状态，需要专利总监来维持且进一步发展专利工作。因此，专利总监的职责主要包括以下四个方面：专利规划、专利战略、专利许可和专利融资。

1. 专利规划

专利总监需要考虑的专利规划相关问题主要包括四个方面：①企业每年计划申请多少件发明专利和实用新型专利？②企业每年的专利活动经费有多少，活动经费包括哪些？③企业的产品和技术哪些要重点申请专利布局，哪些要基于技术秘密保护？④企业专利人员的增减工作分配如何执行？

专利总监需要将至少以上四个部分的问题用清晰的表格罗列出来，执行详细的工作计划安排并落实到位。

2. 专利战略

专利总监需要考虑的专利战略相关问题主要包括：企业每年的专利战略主题是什么？是积极申请专利布局、主动出击的专利攻击，还是积极防御外部的专利攻击？

专利战略并不是一成不变的，需要根据企业内部环境和外部环境变化而变化。如果企业在今年立项了新产品和开发了新技术，那么当前的专利战略主题可以是新产品、新技术的积极专利申请和布局。倘若外部环境出现变动，竞争对手发起了专利诉讼和无效宣告请求，则企业应积极调整战略方向，采取有效的防御措施，以保护企业的专利活动安全性，这时，按照企业专利发展的重要性排序，企业当年的专利战略可以理解为：防御 > 布局 > 进攻。

专利总监需要具备敏锐的嗅觉，实时注意专利工作的内部变化和外部变化，并针对变化实时调整企业的战略规划。

3. 专利许可

专利总监需要考虑的专利许可相关问题主要包括两个方面：①企业曾经有多少专利许可给其他企业，又有多少专利被其他企业许可使用？②企业今年预计有多少专利参与对外许可？许可的条件有哪些，利益有多少？

专利许可带来的不仅是经济价值，还有行业的影响力，专利总监需要严格落实好企业年度的专利许可工作，这项工作不仅需要与公司领导层和技术研发层详细沟通，而且需要与许可方或被许可方进行谈判。

专利总监在进行专利许可的谈判中，需要考虑如何将专利许可发挥最大的价值，例如，通过较小的成本获得其他企业有用的专利技术实施权，通过较高的价值出售己方的专利技术使用权。

4. 专利融资

专利总监需要考虑的最后一件事是，所获得的授权专利是否有必要执行融资操作？需要注意的是，设定质权的专利必须已经获得国家知识产权局专利局的授权，对于尚未授权的专利申请不能进行质押登记。

专利总监需要与企业领导层进行详细沟通，如果需要执行专利融资，则应当订立书面合同，这是由于根据《专利权质押登记办法》第3条的规定：以专利权出质的，出质人和质权人应当订立书面合同。质押合同可以是单独订立的合同，也可以是主合同中的担保条款。

专利融资并不是每个企业都必须做，可以根据企业当前的经营情况而定，如果确实要进行专利融资，则按照企业工作流程按部就班地进行即可。

（二）专利经理

专利经理的岗位大多出现在大型企业和成长型企业。作为一个部门的负责人，专利经理的职责主要涉及四个方面：专利布局、专利诉讼、专利无效和专利情报。

1. 专利布局

对于技术部门提供的一个市场前沿技术，应该采用多少专利进行布局？专利经理在面对新技术到来的时候，需要重点考虑这个技术背后涵盖的技术点。这些技术点是否构成一个新的技术架构，还是属于原有技术架构下的局部创新？对于一个新的技术架构，优先考虑的是采用多个点面布局，使之形成一个专利网/族，而对于原有技术架构的局部创新，则应重点考虑多个替代方案的申请布局。

在专利布局方面，专利经理不仅要应对技术问题，甚至在部分企业，专利经理需要比专利总监和专利工程师更懂公司产品技术。高质量的专利布局能够为后续的专利诉讼、专利无效和专利运营带来极大的便利。

2. 专利诉讼

侵权判定是专利诉讼的根基，要做好专利诉讼，侵权判定的能力必须重点提高，并且专利诉讼还会引发专利无效的问题。

侵权判定是专利经理必须掌握的技能之一，同时，专利经理还必须具备一定的技术能力，因为在面对专利诉讼时，需要专利经理快速做出响应并开始收集侵权的技术证据。

需要特别注意的是，专利诉讼不仅是一种法律武器，而且已发展成为一种商业模式，也就是说，专利经理除了面对生产经营中的专利侵权和被侵权的问题，可能面对"专利蟑螂"的骚扰。

3. 专利无效

专利经理需要考量的一个问题是，什么时候启动专利无效宣告请求程序？和专利诉讼一样，专利无效宣告请求不仅是一种法律武器，而且已发展成为一种商业模式。

那么，应该什么时候开始启动专利无效宣告请求程序呢？主要涉及四个方面：①被竞争对手或专利流氓盯上，收到律师函、警告函和法院传票等；②计划使用他人专利技术，但是对方要求不合理；③有侵犯他人专利权的风险，且侵权所获得的收益较大；④他人以授权专利为卖点，并有可能抢占市场。

如果被其他人或其他公司发起了无效宣告请求，那就要积极去应对，努力保护企业的有效专利。

4. 专利情报

专利情报网的搭建是专利经理需要重点关注的一件事情。当前公司有哪些竞争对手，有哪些上下游厂商，有多少技术重叠，竞争对手和上下游厂商的专利申请情况如何，竞争对手当前重点布局的专利技术有哪些等。对此，专利经理需要列出详细的专利情报表格，并及时反馈给专利总监和企业管理层。

（三）专利工程师

任何类型的企业都需要设置专利工程师岗位，其岗位职责主要包括专利挖掘、检索分析、交底书撰写和专利审核沟通。为了突出专利工作的重要性，专利工程师还需要做好高价值专利挖掘、高价值交底书撰写和高价值专利检索分析。

什么是高价值专利？通俗易懂地讲，高价值专利至少对企业是有用的专利，而不是胡编乱写的专利。

专利挖掘是指对技术部门提交的技术点进行挖掘，使之具备能够申请专利的条件。

检索分析是指对提出或挖掘的技术点进行现有技术排查，使之能够申请专利并获得授权。作为企业的专利工程师，其一，要了解企业所处的行业位置，重点掌握专利产品和专利技术的核心关键词以及关键字扩展词；其二，要勤检索专利和非专利文献，多积累掌握企业的产品和技术，养成检索并分析的良好习惯；其三，检索要有耐心和持续力，多方位、多角度、多平台地执行检索，要有"不检索到就不罢休"的理念。如何将检索的专利信息和非专利文献信息为企业所用，这对专利工程师是一个不小的能力考验。

技术交底书撰写是指将提出或挖掘的技术，有逻辑、有层次地撰写成技术交底书，使专利代理师能够据此较为轻松地理解相关技术方案并转化为专利文件。

四、结语

企业应根据自身的经营状况具体地划分企业知识产权管理人员的岗位职责，不同岗位职责的企业知识产权管理人员需要配备对应的工作能力。

通常来说，专利总监应兼顾全局，重点考虑如何结合企业产品执行专利申请规划，使专利产品产业化落地；如何利用企业的有效专利执行对外许可和对外融资，将专利资产发挥出其应有的经济价值。

专利经理需要根据专利总监的整体规划和自身的个人能力来预判如何做好企业专利申请的攻击与防御，监控竞争对手的专利申请布局和有效专利布局，监控竞争对手的专利对外许可情况，积极应对突如其来的诉讼和无效。

专利工程师则需要根据专利总监和专利经理的专利布局规划，进行高价值专利的挖掘、检索、分析和技术交底书的撰写和修改（这个过程对于后续的专利获权和维权工作影响巨大）；根据企业技术工程师的需求，执行国内和涉外专利申请的流程处理，答复国内和涉外专利申请的审查意见；针对企业内部技术工程师递交的专利构思和技术交底书，做好检索和分析，形成对应的检索分析报告。

企业知识产权管理人员的心性管理

——赋予工作不一样的意义

陶 琴

恒生电子股份有限公司专利主管

企业知识产权管理中,企业知识产权管理人员可凭借专业能力和经验解决众多棘手的"技能问题"。与此同时,企业知识产权管理人员还必须面对另一个心性层的"认知问题",在选择、协作、决策时,人性交织的瞬间,往往会触发很多思考,影响事态发展。

除了持续提高专业能力,磨炼和提升心性以激发正向的心性力量,可以让企业知识产权管理人员走得更远,为工作赋予不一样的意义!

一、认清方向,笃行不怠

企业知识产权管理主要包括创新知识运营(生产性创新管理)和创新成果运营(资产分配性管理),两者相辅相成。对于前者,企业知识产权管理人员聚焦对内赋能,包括知识产权体系建设、检索分析、布局、申请,以及各部门协作、研发组织创新生态维护等。对于后者,企业知识产权管理人员聚焦对外作战,以专利诉讼、许可、运营为主,对外作战时,短期经济价值更可显,对企业影响也更大,企业知识产权管理人员的工作更能获得认可和尊重,自身的价值感也更高。但并不是所有企业都具有创新成果运营的成熟条件,而且很多时候,看不见的事务决定了看得见的成效,创新知识运营的优劣很大程度直接决定创新成果运营的成败。因此,如何在企业深耕"价值难显"的创新知识运营,既是挑战也是机会。

从表象看,挑战来自企业看不到创新知识运营的短期价值,一般会将知识产权职能定位为成本部门,而忽略了企业知识产权管理人员这个岗位的重要性和迫切性。从深层次看,也有可能是企业知识产权管理人员个人画地自限,导致专业能力和经验难以沉淀,同时在长期"没有意义"的琐事中对工作逐渐丧失热情和信心。面对这样的职业困境,企业知识产权管理人员是继续被动地应付性工作,还是及时觉知,磨炼心性,主动挑战?

纵然创新知识运营短期价值不显,但并不表示它不重要,深入事务内部,以纯正的心态探求当下工作的内在价值,把当前的困难,看作获得更高一层认知的代价,对企业知识产权管理人员来说何尝不是一种机会。

由被动转主动,沉下心来深耕某个领域,在提升专业技能的同时,磨炼心性,不被暂时的成果吸引,在正确的道路上笃行不怠,从而赋予工作不一样的意义,让实现目标的过程不再煎熬,职业生涯也必将越走越远。

笔者以企业中的专利工作为例,论述企业知识产权管理人员如何在创新知识运营工作中磨炼和提升心性,助力企业创新,希望能为读者带来一些启发。

二、正向引导,激发创新

创新知识运营中,企业知识产权管理人员经常会遇到申请量和授权量的任务考核,有时会为了完成指标而要求研发部门提交更多的提案,搞得彼此关系紧张,甚至影响提案质量。企业知识产权管理人员是选择双方在"相爱相杀"中反复博弈,还是选择升维突破,搞定困局?这个时候,企业知识产权管理人员心性修炼至关重要。

激起发明人对技术创新的渴望,企业知识产权管理人员不再只盯着发明人的提案量,而是从创新的源头开始关注,分析发明人提案困难的根本原因，同理他们的难处，同时，也从专利提案审核的角度转为合作者、赋能者，在创新的道路上，尽力成全发明人，而不是旁观者。建议企业知识产权管理人员从以下三个方面切入研发组织内部，从源头着力。

（一）日积月累见真章

发明人在研发工作中，会有很多一闪而过的创意，只有少数人会记录下来付诸实践，大多数人都仅仅只是动念，后面无疾而终。往往在某一天看到一件专利或看到一个竞品，才发现为时已晚。

让研发部门在日常工作中做好创意的书面记录，一则可以不断改进产品性能，二则可以积累专利交底材料，让专利量不再是一个企业知识产权管理人员给他们的任务，而是发明人的创新过程及其成果实录。

这属于创新机制和激励，不能仅靠企业知识产权管理人员督促，而需要企业知识产权管理人员跟研发负责人深度沟通，达成一致，创新文化的建设需要研发组织内外协力共建，企业知识产权管理人员则要尽"心"协助和赋能。

（二）检索中成长

没有两片一模一样的叶子，但相似的叶子有很多。企业知识产权管理人员应为发明人提供简洁、易操作的检索指引，培养发明人主动检索的习惯和能力。这么做并不是为了减少企业知识产权管理人员的查新工作，更多是让发明人在检索时，看到别人公开的技术方案，进而更客观地审视当前的创新点，也可以弥补企业知识产权管理人员因技术面窄而造成的漏检，为技术创新提供更全面的技术情报。另外，当发明人发现技术方案已被公开，也可以节省撰写技术交底书的时间，避免做无用功。

（三）集思广益

发明人梳理出各自的技术创新点后，除了自检之外，建议与同组的研发同事一起评估，可以得到更全面、客观的结论。评估时，如果创意被大家认可，则既是一种收获，也是一种动力。同时，大家也可以共创、集思广益，产生新的技术构思，进而形成更优质的产品方案和专利提案。

通过技术创新点记录、自检、互评，激发主动精神，让发明人更好地审视自己的技术，与业内现有技术相比，是先进还是落后，是一直在重复造车，还是在突破自己的技术高度。这样，可以在专利形成过程中使发明人在组织中得到认可和成长，从而激发内心对技术创新的渴望。

企业知识产权管理人员应及时推翻阻碍研发人员思维的"围墙"，创造开放的环境，减少"量"的硬性指标，尽量让研发人员回归自己的真实状态，不为了专利而撰写，更不为了完成指标而去"制造"专利，让个人的创新能力在不受压制的情况下得到最大程度的演绎，从而形成可持续输出创新力的良性循环。

当企业知识产权管理人员真诚地站在对方立场做正确的事时，必然能赢得平等对话的权利，让彼此合作更顺利。

三、开诚布公，保持透明

当企业知识产权管理人员在一个封闭的单维空间中打转时，很容易碰壁，比如，被发明人质疑专利评审不够专业、被投诉奖金发放不合理等。此时，如果企业知识产权管理人员事先没有建立起经得住考验的制度、流程和有效及时的发布途径，就可能有苦难言，从而备受质疑。

企业知识产权管理人员在日常工作中要尽可能地营造一种氛围，让每个人都有权利了解合理之事，不管是明文规定的制度、流程文件，还是公司内约定俗成的处理原则，企业知识产权管理人员应保证每一个人都有高效的获取途径并能全面理解，避免因误解、曲解引起的质疑。专利评审和奖励机制中透明文化的必要性体现为两个方面。

（一）营造公平开放的评审文化

专利评审时，发明人解说完专利方案后，要留一定时间让发明人和评委互动,这样既可以使评委对技术方案有更深入的认识,又可以帮助发明人全面地看清自己的技术特点,指引发明人进行更深层的技术挖掘和创新,哪怕最终评审未通过,发明人也能有一定的收获。

在信息安全机制完善的情况下,建议公开评审,对待评专利提案有兴趣的同事都可以参加,促进交流开放、信息流顺畅,往往会收到很多意想不到的效果。

评审结果反馈也应尽可能详细,仅仅给出一个结论是不够充分的。不要害怕被质疑,不同的声音能锻炼企业知识产权管理人员同时站在自己和别人角度去看待问题的能力,并让事情越做越好!

(二)建立公正透明的奖励机制

高额奖金并不必然会带来高产量,更不会自动带来高质量(当发明人眼里只有高额奖金时,容易急功近利,导致专利申请"走偏")。想单纯通过专利奖金提高申请量和申请质量是非常难的。另外,专利奖金应该是用来奖励发明人对公司技术创新做出的贡献,感谢发明人的创造性付出,为公司产品带来更大的竞争力,而不只是因为发明人申请了一件专利(即忽略专利的技术价值),否则将有失公平。企业知识产权管理人员应保证专利奖励制度合法、公正且高效,例如参照专利产品的经济效益、研发人员薪资定奖金额度、及时发放奖金等。另外,专利申请奖金的设置可以让发明人前期工作得到认可,从而更有动力去推动专利撰写这个"费心"的工作,而授权奖金的设置则更是围绕专利为公司创造的价值而定级。

此外,专利奖励制度必须足够透明,让发明人非常清楚:为什么奖励?奖励多少?什么时候奖励?最好在公司的公共场所定期公布,给予发明人荣誉表彰的同时,也接受所有人的监督,让制度越来越完善。

企业知识产权管理人员也要实时监督整个专利流程中其他部门是否存在影响公平和质量的问题,比如有些部门会单独制定专利奖金规则,将一部分奖金划入部门,虽然这是部门自发的规定,但是企业知识产权管理人员要有第一责任人的自觉,主动确认部门奖金的设置是否合规合法,对发明人是否公平，如果发现不合理，应及时主动沟通并推动规则的改进。

企业知识产权管理人员可以对"越努力，越幸运"深信不疑，但前提是方向正确，且在努力地背后没有漏洞，很多时候"止漏"比努力更重要！

公正透明、信息互通可以使所有人最大程度地了解所做之事的意义和价值，避免立场对立、成效不显。

四、构建信任，赋予工作更高的意义

如果企业知识产权管理人员在非工作时间，需要其他部门紧急提供一份材料，哪种沟通方式可以得到更高质量的反馈？是以领导指示或者对企业非常重要这样的理由来"布置任务"，还是真心诚意地沟通，并且给予足够的体谅和尊重来说服？后者有信任的力量，相信对方有能力，也有高尚的品德愿意提供帮助，这份信任可以激发对方的责任感和积极性，促使他们有更好的表现。

在彼此信任的环境中工作，能够让企业知识产权管理人员内心更加坚定，也更有信心去面对工作中的挑战。反之，在缺乏信任的环境中工作，很容易让人产生倦怠、拖延，导致工作难以展开。但构筑坚实的信任基础非常不易，需要企业知识产权管理人员持续努力。信任基础由信任关系和信任维度组成，其中信任关系包括信任他人和被他人信任，信任维度包括能力信任和品德信任，一个人能力非常出色但责任感低或者一个人品德非常高尚但能力平平，可能都很难取得他人的信任。企业知识产权管理人员无法要求实际工作中对方都具有出色的能力和高尚的品德，同时也无法要求对方在未建立信任基础时就完全信任自己。企业知识产权管理人员可以做的是培养自己出色的专业能力、提升自己的心性，以及先从信任他人开始做起，然后通过实际行动来赢得对方信任。

笔者分别从发明人、专利评委、其他部门同事、代理机构等日常合作伙伴的角度来介绍信任的构建。

（一）信任是最好的赋能

如果把专利提案评审仅定位在通过筛选优质提案、淘汰不合格提案而得到一个筛选结果，那结果是只有企业知识产权管理人员单方得利，对发明人来说，就有一定压力，久之，势必降低其积极性。

有些发明人因技术挖掘能力、书面表达能力较弱，没有表达到位，导致创新性不显。如果企业知识产权管理人员仅仅根据文字内容，不充分沟通、扩展，就下判断，会错失很多优秀的技术构思，对发明人也不公平。企业知识产权管理人员应给予技术上的信任，最大限度帮助挖掘、梳理，输出高质量的技术交底书。

相信研发人员的创新力，相信每个专利提案都有技术亮点，信任是最好的赋能！在这个前提下，也会触发发明人对企业知识产权管理人员的信任，从而碰撞出更大的创新。

（二）信任是最诚挚的邀请

建立一个既懂技术、产品、市场，又懂专利审查规则，稳定高效的专利评审团队，是知识产权管理工作中非常关键的一环。

在专利评审团队建设时，企业知识产权管理人员一般会遇到两大难题：找不到合适的专利评委，或者找到了合适的专利评委但其参加意愿不高。

针对前者，可以采用新老结合的培育方式：在每场评审中，选择 4～5 位经验丰富的资深评委，再增加 1～2 位新任评委，新任评委可以是各个领域的技术专家，学习领悟能力突出，相信他们会快速掌握专利评审要点，这样坚持下去，时间一久，专利评委团队规模会越来越大。另外，不要以职位高低来选择评委，而要以各项能力的匹配度来邀请适合的人员参与评审。

针对后者，除了通过专利评委数量来保证，企业知识产权管理人员要善于发现评委们的好奇心和求知欲，激发他们参与评审的热情，把被动邀请转化为主动参与。对评委来说，专利评审也是一种学习，可以了解公司现在有哪些先进技术，近距离扩充知识点，还可以了解这些技术应用在哪里，是否对自己的产品或其他产品研发有借鉴意义，避免重复开发、浪费资源。可以定期对专利评委进行回访，了解他们的真实看法。这种氛围的形成需要企业知识产权管理人员站在评委的角度多思量，非一朝一夕之功，但一旦形成，何愁缺评委。

每一次邀请都要本着信任的初心，让评委公平公正、客观全面地给予评审结论和建议，同时又能乐在其中。当然，企业知识产权管理人员也要持续观察各评委的评审过程，如果主观想法高于客观情况，则需要淘汰这类评委，这是保证专利评审纯粹的关键，否则时间一久，沉疴积弊，积重难返，专利评审也将失去意义。

专利评审一旦形成公正、稳定、高效的氛围，企业知识产权管理人员的专业技能加上评委的技术加持，高质量的专利产出将会变得非常顺利。而双方也会在长期的评审中积累起信任的火种，为彼此的信任打好坚实基础。

（三）信任让沟通更高效

企业知识产权管理需要多人、多部门协作，高效的沟通要基于彼此的信任，而建立信任很关键的一步是"讷于言而敏于行"，懂得保持谦逊的心态倾听他人意见，虚心接受多方观点。善用"55387"定律（沟通中55%的信息来自仪态、姿势、表情，38%来自语气、声调、语速，仅7%来自说话内容），不妄言、不轻诺，真诚、客观、高效地表达自己的观点，避免误解、矛盾产生，进而建立良好的人际关系，为信任打好基础。

行动可以是最好的语言，很多时候，企业知识产权管理人员会不知不觉陷入现实中经常发生的一种"信任伪像"：彼此认真沟通了，也得出可行性方案了，但疏于实践，止于实干落地，最后成果不显，彼此推诿，信任崩塌，企业知识产权管理人员以为是半途而废，其实是从未开始。只有实干、真干，并做到言行一致，才能赢得他人的尊重和信任。

通过"敬人之心"的表达和"利他之心"的行动，赢得彼此信任、减少组织内耗，使知识产权管理真正落在实处。

（四）信任是最高的敬意

专利产出经常离不开外部服务机构的合作，这是一件"良心活"。企业在选择服务机构时，除了机构规模、流程管理能力、团队稳定性、专利代理师专业能力、代理费用等客观因素外，还需要观察专利代理师心性素养，例如是否敬业、是否虚心听取别人的意见、是否求真等。

合作过程中，企业知识产权管理人员经常会遇到一个棘手的问题：当服务机构出现工作失误时，企业知识产权管理人员应该以怎样的心态面对和处理？是严厉斥责，中止合作关系，还是网开一面，以观后效，抑或是仔细分析，同理对方？更换代理机构或许不难，难的是如何在解决问题的过程中吸取教训，得到成长。如果对方能力和品德都有欠缺，那及时止损不失为良策；但如果对方能力和品德都较好，出现失误纯属意外，那就应该认真分析原因，商讨解决方案，共同面对困难，让专利代理师看到企业的格局，对企业的案件也会更加用心，这一过程对企业知识产权管理人员和专利代理师都是一种成长，而且也会让双方的合作关系升华，这不单单是业务层的合作，更是一种心性层的深层次合作。

另外，专利撰写没有必然绝对的标准，在不影响权利范围的前提下，尽可能尊重对方的撰写习惯，为专利代理师搭建与发明人沟通的桥梁，杜绝无效沟通，让专利代理师尽可能把精力聚焦到案件本身。遇到想法不一致的情况，可以先静下心听听专利代理师的想法，而不是直接以甲方的立场驳回对方意见或者指责对方不专业。给予信任、表达敬意，最大化激发专利代理师正向能量，从而使其输出高质量的专利。

彼此成就的赋能、真心诚意的邀请、止于至善的沟通、发自内心的敬意，企业知识产权管理人员通过心性的提升，构筑彼此信赖的文化环境，让信任深入内心，升华工作意义，促进组织内外隐性的、复杂的、高质量的信息传递，进而为组织积聚强有力的内化创造力，助力企业创新。

知识产权管理中"技能问题"和"认知问题"环环相扣，企业知识产权管理人员用专利做推手，使专利既可以是一种技术创新的成果展示和保护罩，也可以是一种促动企业内部创新的隐形武器，让组织形成健康、活跃的创新氛围，越气氛自由，越能激发个体能动性。而个体创新的同时，也为组织创新保驾领航，最大程度激活企业知识产权这项核心资源，使企业知识产权管理人员的价值更丰满，进而，建立高维的职场自信，为企业知识产权管理人员的工作以及人生赋予不一样的意义。

谨以此文献给在知识产权领域默默耕耘的同路人，并不是所有的努力都会被他人看到，也不是所有的付出都会在当下收获，真正触及企业知识产权管理人员心灵深处，让企业知识产权管理人员勇往直前的是人性的光辉：对正道的坚持、源自内心的真诚、对他人的信任、直面挑战的勇气，以及对知识产权的热爱。